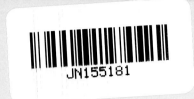

幼児教育・保育の　アクティブ・ラーニング

3·4·5歳児のごっこ遊び

Q&A+事例+ドキュメンテーション+指導計画+園内研修の方法+「遊びの中での学び」

監修・編著：國學院大學　教授　神長美津子

編　　　著：岩城眞佐子、東京都中央区立月島幼稚園

協力・執筆：國學院大學　准教授　山瀬範子

ひかりのくに

はじめに

～協働しながら創造的な社会を築いていける人に～

中央区立月島幼稚園　園長（ご執筆時）　岩城眞佐子

これからを生きていく子どもたちのために

本書は、当園が研究主題を「豊かに表現する幼児の育成を目指して　～ごっこ遊びの指導の工夫～」として園内研修でまとめたものを、より広く保育に携わる皆様にお届けするために再編集したものです。

情報化やグローバル化の進展などによって、社会は大きく変化していきます。そうした時代を生きていく子どもたちには、様々な価値観や多様性を尊重し、互いに相手を受け入れ合い、認め合って、他者と協働しながら創造的な社会を築いていってほしいと願っています。

しかし最近の子どもたちには、人との関わり方に課題があったり、表現が不得手な実態が見られたりしています。人格形成の基盤となる幼児期に、様々な人との関わりを楽しみ、体験を通して感動することや感じたことを素直に表現すること、さらには自分の表現が相手に伝わる喜びを十分に味わっていくことが大切なのではないでしょうか。

そこで本園では、主体的に表現する遊びであるごっこ遊びを視点に、「豊かに表現する幼児の育成」を目指し、子どもの心の動きに寄り添い、一人ひとりの育ちを支える保育者の援助について、研究することにしました。

そして、主題設定の理由は、以下のようなことです。

少子化やグローバル化が進む現代において、子どもたちには様々な事柄について積極的・能動的に関わり、自分の力で考え、人と協力していく力が求められています。本園の子どもの実態を見てみると、家庭で大切に育てられており、明るく素直です。しかし、核家族で高層マンションに住む子どもが多く、入園前に家族以外の人と関わる経験が少なくなっています。また、大人が子どもの思いに先行して動いてしまい経験の幅が狭かったり、大人の生活に合わせて生活していたりすることも多いようです。そのため、園で初めての活動に抵抗を示す、友達との関わりに慎重になる、自分の考えや思いの表し方が分からずに困る、などの姿が見られています。

子どもの実態に対して、保育者は経験年数が短く教材の引き出しが少ない、保育を進める上で子どもの主体性と、保育者の指導性とのバランスに悩むことが多いといった課題を感じています。

このような子どもの育ちの実態、それに伴う保育者の指導の悩みを踏まえ、本研究に取り組むことを通して、様々な体験を通して感性を豊かにし、自分の思いが素直に表現できる子ども、人と関わる力を持った子どもを育てたいと考えました。そのために、園生活の核である、自ら選んで主体的に遊ぶ時間の中で、ごっこ遊びに焦点を当て、保育者の援助や環境構成について明らかにしたいと考えました。なぜなら子どもたちは、自分ではない誰かになりきったり、ここではないどこかを想定したり、再現したりして遊ぶごっこ遊びが大好きだからです。

大好きな遊びですので、子どもたちは「やりたい」「またやりたい」「もっとやりたい」と、意欲的に取り組み、役になりきって、いろいろな表現を主体的に楽しみます。また、ごっこ遊びは模倣を軸とした遊びですが、単に個別的な模倣遊びとしてではなく、ほかの子どもとの関わりの中で成立する遊びです。年長児になると、役割分担が生まれ、友達とイメージを共有し共通のストーリーや目的を持って遊ぶことを楽しむようにもなっていきます。さらに、遊びに必要な物を作る、描く、何かになったつもりになり、歌う、体を動かすなど、自分から創り出していくといった表現的な要素が多様に含まれる遊びでもあります。

次代の教育の方針を審議する中央教育審議会(教育課程企画特別部会…平成27年８月より学習指導

要領、幼稚園教育要領の改訂について議論され、平成30年４月から施行される。その改定内容にも合致するものです)において、「何を教えるか」という知識の質・量の改善に加え、「どのように学ぶか」という学びの質や深まりが重視されており、主体的・協働的に学ぶ学習(アクティブ・ラーニング)の充実が打ち出されています。学校教育の始まりである幼児教育で、ごっこ遊びを楽しみながら培う意欲や探求心、友達と協同的に目的を達成する経験は、将来、主体的に取り組む力や協働的に学ぼうとする力につながっていくと考えます。

以上のようなことから、研究主題を「豊かに表現する幼児の育成を目指して―ごっこ遊びの指導の工夫―」としました(下図をご参照ください)。

この研究を、この本によって、もっと広くこれからの保育に生かしていただけましたら幸いです。

本書発行に当たり、改めて、温かく丁寧なご指導を賜りました國學院大學教授　神長美津子先生、山瀬範子先生に、心より感謝申し上げます。

研究の構造図

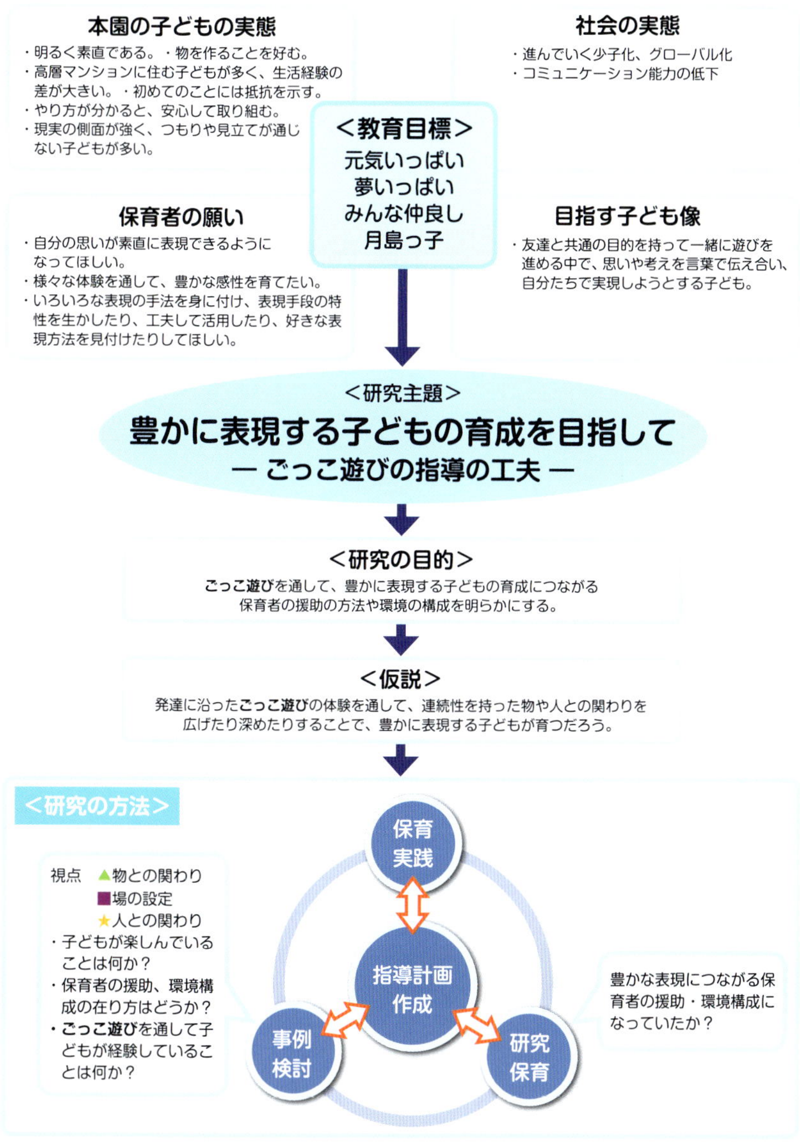

はじめに

～これからの幼児教育に期待されていること～

國學院大學　教授　神長美津子

現在、幼児教育から高等学校まで一貫して育むべき資質・能力の三つの柱に沿って教育課程を編成するという基本的な視点に立ち、幼稚園教育要領、幼保連携型認定こども園教育・保育要領、保育所保育指針の改訂(定)が進められています。これまでの学習指導要領等の改訂時の中央教育審議会答申を読む際、つい幼児教育の部分だけを読んで確認していたところがありましたが、今回はそうはいきません。アクティブ・ラーニングにしても、カリキュラム・マネジメントにしても、全てに「幼児は、……」、あるいは「幼児教育は、……」が含まれていますので、「それは、小・中学校の問題」とするわけにはいかず、全体を読んで今後の幼児教育を考えることになります。幼児教育に始まる学校教育の在り方が、これほどまでに明確にされた改訂はないと思います。それだけに、幼児教育に期待されていることが大きいことを改めて認識します。

今回の月島幼稚園のごっこ遊びの研究に２年間参加させていただいて、つくづくと思うことは、子どもたちは、その生活や遊びの中で、いろいろなことを体験しながら社会の仕組みが分かったり、人間関係が培われていったりして成長していくことです。「こんなふうにして子どもたちが生きる世界を知っていく」ということを具体的な子どもの姿を通して理解することができました。そこには、既に「主体的・対話的で深い学び」となるアクティブ・ラーニングが展開しており、その視点からの不断の指導改善がありました。

アクティブ・ラーニングそのものは高等教育の授業改革として取り入れられた経緯があります。しかし、幼児教育では、既にアクティブ・ラーニングを大切にして進められてきています。特に、ごっこ遊びには、主体的・協同的な活動を通して、子どもたちは自らの世界を切り開いていて、まさにアクティブ・ラーニングを展開しています。

こうした活動は、小学校に入って生活科の中でいろいろな活動を展開していく、さらに、教科の中でグループ学習をしていくことにつながっていきます。そう考えたときに、私は園内研修会で園の先生方に、「５歳の遊びは、目的がしっかりしていて、協同的な活動なので、これはごっこ遊びだろうか」と、問い掛けたことがありました。先生方は、「あくまでも、ごっこ遊び」と、言い切っていらっしゃいました。私は、５歳児のごっこ遊びは、「ごっこ遊び」というよりは「協同的な活動」と表現した方が、小・中学校の先生方には伝わっていくか

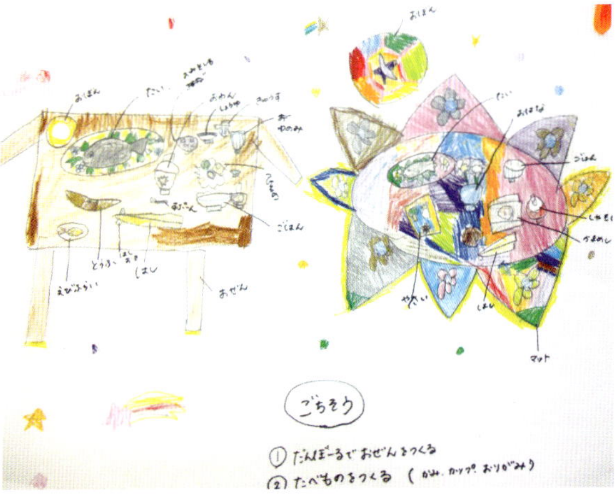

もしれないという思いがありましたが、先生方のお話を伺っていて、やはり小学校の活動とは異なるのかなと思いました。活動している姿には小学校生活科の活動と共通性はありますが、決定的な違いとして、ごっこ遊びには、子どもたちの中に時間割には縛られない自由感があります。だからこそ、幼児期の子どもは真剣に遊び、真剣に学ぶことができるのかもしれません。幼児期において自由感を持って真剣に遊ぶ体験が、小学校以降の生活や学習の基盤になっていくのだと思います。

ごっこ遊びを展開していくと、必ず困ったことが起きます。「今日は、こういうふうにしようと思ったのに、○○ちゃんが□□したのでできなかった」などです。主体的・協同的であればあるほど、挫折や葛藤の体験は当然のこととして起こります。問題が起こることは問題ではなく、そのことをどう解消していくかが、ごっこ遊びの価値を決めていきます。

ごっこ遊びでは、起こった問題について、「これは、どうしたらいいと思う」と、友達と考え合ったり、クラス全体の話題にしたりして、振り返り明日につなげていきます。振り返ること、話し合うこと、見通しを持つということを繰り返すから、次の日、子どもたちが目的を持って準備し、その活動に主体的に取り組むことができるようになっていくのだと思います。まさに、こうした遊びの過程は、学びの過程と重なります。

今後、小・中学校の授業では、アクティブ・ラーニングは積極的に取り入れられます。そこで、子どもたちが持っている力を発揮していくためには、幼児期におけるごっこ遊びの体験は重要です。「主体的・対話的で深い学びの体験」が大事にされ、その態度を「学びに向かう力」として、一貫して育てていくことが重要です。

今後、質の高い幼児期の教育への期待は、ますます高まってくると思います。何をしたかではなく、どういう力を身に付けてきたかということが問われると思います。この意味で、改めて「ごっこ遊びの展開」は重要であると考えます。こんな思いから是非とも月島幼稚園のごっこ遊びを一冊の本にしたいと思いました。

本書の上梓に当たっては、ひかりのくに社長の岡本功氏、編集に細やかに配慮してくださいました安藤憲志氏に心より感謝申し上げます。

最後になりましたが、実践を提供し、改めてごっこ遊びの魅力を教えてくださいました岩城眞佐子園長先生をはじめとした月島幼稚園の先生方に、心より感謝申し上げます。本書が、未来を創る子どもの幸せを願う、多くの幼児教育の関係者に読んでいただけることを期待しています。

幼児教育・保育の アクティブ・ラーニング

3・4・5歳児の ごっこ遊び
CONTENTS

はじめに〜協働しながら創造的な社会を築いていける人に〜(岩城眞佐子) ･･･････････ 2
はじめに〜これからの幼児教育に期待されていること〜(神長美津子) ････････････････ 4

I 今、なぜ「ごっこ遊び」なのか？ ････････････････ 9
10のQ&Aで考える

ごっこ遊びQ&A 1　なぜ、子どもは毎日「ごっこ」を楽しんでいるのでしょうか？ ･････････････ 10
ごっこ遊びQ&A 2　「ごっこ遊び」を通して、どのような力が育つの？ ････････････････････ 12
ごっこ遊びQ&A 3　なぜ、園内研修のテーマに「ごっこ遊び」を取り上げたのか？ ･････････ 13
ごっこ遊びQ&A 4　保育者はごっこ遊びに、どう関わったらよいのでしょうか？ ････････････ 14
ごっこ遊びQ&A 5　3歳児のごっこ遊びの指導で大切なことは？ ･･････････････････････ 16
ごっこ遊びQ&A 6　4歳児のごっこ遊びの指導で大切なことは？ ･･････････････････････ 18
ごっこ遊びQ&A 7　5歳児のごっこ遊びの指導で大切なことは？ ･･････････････････････ 20
ごっこ遊びQ&A 8　ごっこ遊びの指導計画で大切なのはどんなこと？ ･･････････････････ 22
ごっこ遊びQ&A 9　おうちごっこはするけれど、それ以上のごっこ遊びにならないのは、なぜ？ ･･････ 24
ごっこ遊びQ&A 10　保育力アップにつながる園内研修の進め方の秘けつは？ ････････････ 25

II章の事例の見方 ･･･ 26

II ごっこを楽しむ子どもの姿と保育者の役割 ････････････ 27
3・4・5歳児の事例から読み取る

事例：1　3歳児12月　アツアツクッキー出来上がり！ ･････････････････････････････ 28
事例：2　3歳児2月　今度はなんの役になろうかな？ ･････････････････････････････ 32
事例：3　4歳児9月　宝物を見付けたぞ！ ･･･････････････････････････････････････ 36
事例：4　4歳児2月　一緒にあしたもやろうね！ ･･･････････････････････････････････ 40
事例：5　5歳児6月　どんなショーにする？ ･･････････････････････････････････････ 44
事例：6　5歳児11月〜12月　テーマを共有して楽しもう〜子ども会〜 ････････････････ 48

Ⅲ章の年間指導計画の読み取り方・・ 52

Ⅲ 3・4・5歳児のごっこ遊びドキュメンテーションと年間指導計画・・・・・・・・・・・・・・・・・・・・ 53

◎「なりきる」ことを楽しむ3歳児
◎想像から創造へ、イメージが広がる4歳児
◎友達と目的を持って遊ぶ5歳児

3歳児の「ごっこ遊び」ドキュメンテーション　写真で見る子どもたちの1年間の育ち・・・・・・・・・・・・・・ 54
3年保育3歳児・年間指導計画・・ 66
　3年保育3歳児・年間指導計画全体の一覧表・・ 70
4歳児の「ごっこ遊び」ドキュメンテーション　写真で見る子どもたちの1年間の育ち・・・・・・・・・・・・・・ 72
3年保育4歳児・年間指導計画・・ 84
　3年保育4歳児・年間指導計画全体の一覧表・・ 88
5歳児の「ごっこ遊び」ドキュメンテーション　写真で見る子どもたちの1年間の育ち・・・・・・・・・・・・・・ 90
3年保育5歳児・年間指導計画・・ 96
　3年保育5歳児・年間指導計画全体の一覧表・・・ 100

Ⅳ 3・4・5歳児　ごっこ遊びの日案と、5歳児プロジェクト・ドキュメンテーション・・・・・・・・・・ 103

ごっこ遊びの日案　3年保育　3歳児　さくらんぼ組指導案・・・・・・・・・・・・・・・・・・・・・・・・・・・・・・・・・・・ 104
ごっこ遊びの日案　3年保育　3歳児　いちご組指導案・・・・・・・・・・・・・・・・・・・・・・・・・・・・・・・・・・・・・・ 106
ごっこ遊びの日案　3年保育　3歳児　ぶどう組指導案・・・・・・・・・・・・・・・・・・・・・・・・・・・・・・・・・・・・・・ 108
ごっこ遊びの日案　3年保育　4歳児　すみれ組指導案・・・・・・・・・・・・・・・・・・・・・・・・・・・・・・・・・・・・・・ 110
ごっこ遊びの日案　3年保育　4歳児　さくら組指導案・・・・・・・・・・・・・・・・・・・・・・・・・・・・・・・・・・・・・・・ 112
ごっこ遊びの日案　3年保育　5歳児　うめ組・もも組指導案・・・・・・・・・・・・・・・・・・・・・・・・・・・・・・・・ 114
ごっこ遊びの広がり・深まり…5歳児のグループに分かれての"遊園地ごっこ"プロジェクト
わくわくランド・(写真)ドキュメンテーション・・ 118
　5歳児・もも組「おばけやしき」グループ・・ 119
　5歳児・うめ組「にじいろタクシー」グループ・・ 120
　5歳児・もも組「びっくりハウス」グループ・・・ 122
　5歳児・うめ組「にんじゃまとあて」グループ・・ 123
　5歳児・もも組「みらくる・まじかる・びょういん」グループ・・・・・・・・・・・・・・・・・・・・・・・・・・・・・・・・・・・・ 124
　5歳児・もも組「えいがかん」グループ・・ 126
　5歳児・うめ組「にんじゃやしき」グループ・・ 127
　5歳児・もも組「ピザやさん」グループ・・ 128
　5歳児・うめ組「クレープやさん」グループ・・ 129
　5歳児・もも組「スカイシップ」グループ・・・ 130
　5歳児・うめ組「スワン」グループ・・・ 131

CONTENTS

Ⅰ・Ⅱ・Ⅲ・Ⅳ章のまとめ　ごっこ遊びを子どもの育ちへ!! ･････････････ 132

Ⅴ 保育力アップにつながる園内研修の在り方 ････････････････ 135
　～ごっこ遊びの指導の工夫を支える～

⑴園内研修の進め方･･･ 136
⑵園内研修の実際　①事前の話し合い･････････････････････････････ 138
　　　　　　　　　②研究保育当日の指導案･････････････････････････ 140
　　　　　　　　　③観察記録の紹介と、そこからの読み取り＝話し合いへ　その１ ････････ 142
　　　　　　　　　③観察記録の紹介と、そこからの読み取り＝話し合いへ　その２ ････････ 146
　　　　　　　　　③観察記録の紹介と、そこからの読み取り＝話し合いへ　その３ ････････ 150
　　　　　　　　　④研究保育終了後の話し合い･････････････････････ 152
⑶学び合う園内研修となるために（山瀬範子）････････････････････････ 153

Ⅵ「学びに向かう力」を育むごっこ遊び ････････････････････ 155

『遊びの中での学び』 ～「学びの過程」を支える保育者の役割に視点を当てて～ ････････ 156

この本の元になった園内研修／参考・引用文献･･････････････････････ 166
中心メンバーからのひと言･･･ 167

I

今、なぜ「ごっこ遊び」なのか？
10のQ&Aで考える

これからの幼児教育・保育を質の高いものとしていくためにはどうすれば…。
五つの領域の「ねらい及び内容」及び「幼児期までに育ってほしい姿」から考えてというものの…。
「ごっこ遊び」を通しての総合的な指導を考えることが、有効なアプローチ！

ごっこ遊びQ&A 1

Q1 なぜ、子どもは毎日「ごっこ」を楽しんでいるのでしょうか？

A1 子どもたちは、自分ではない「何か」になりきったり、ここではない「どこか」を想定したり、再現したりして遊ぶことが大好きです。

解説

それはなぜか、４段階で考えてみましょう。

❶なりきる・まねる・憧れる

　おうちごっこでは、いつも見ているお母さんお父さんなど身近な人を模倣し、なりきって言葉のやり取りをすることや、料理をする、会社に行くなどの動きをまねて遊んでいます。また、テレビのヒーロー、ヒロインになって戦ったり歌をうたったりすることや、お店屋さんになって売り買いをしたりして憧れのものになりきって遊んだりもします。このようになりきって遊ぶ中で、自分のイメージを表現し、友達と一緒に遊ぶことを楽しんでいます。こうしてまねて遊ぶことを楽しむ背景には、「憧れの気持ち」や「大きくなりたい気持ち」があるのではないでしょうか。

❷なりきるために作る楽しみ～やりたい→またやりたい→もっとやりたい～

　また、なりきって遊ぶために必要なお面や武器などを自分たちで作るようになってくると、「自らの手で作り出す楽しみ」もあります。大好きな遊びなので、子どもは「やりたい」「またやりたい」「もっとやりたい」と意欲的に取り組んでいきます。初めは保育者と一緒に必要な場や物を作っていきますが、自分たちでできるようになると次第に友達と必要な物を考えたり協力して作ったりして友達と一緒に遊ぶことが楽しくなっていきます。友達と誘い合って遊びを始めたり、遊びに必要な物を工夫して作ったりして、繰り返し遊んだりすることができるようになり、さらに遊びが継続していきます。

❸友達と関わる・友達がいるから楽しい

　さらに、ごっこ遊びは模倣を軸とした遊びですが、単に個別的な模倣遊びとしてではなく、ほかの子どもとの関わりの中で成立する遊びです。４歳児や５歳児になると役割分担が生まれ、友達とイメージを共有し共通のストーリーや目的を持って遊ぶことを楽しむようにもなっていきます。「友達の存在」も毎日繰り返す要因となります。

❹一人ひとりの良さを生かせる

　最終的なごっこ遊びの魅力は、その子どもなりに自己発揮できる所です。ごっこ遊びは、必要な物を作る、描く、何かになったつもりで歌う、体を動かすなど、自分からつくりだしていく表現的な要素が多様に含まれる遊びです。そのため、作ることが好きな子ども、アイディアを出すのが得意な子ども、友達の話を聞いたり気持ちをくみ取ったりしてあげられる子どもなど、一人ひとりがそれぞれの良い所を生かしつつ、自分を発揮できる遊びだからこそ、毎日繰り返されるのだと考えます。

たこやき

ごっこ遊びQ&A 2

Q2「ごっこ遊び」を通して、どのような力が育つの？

A2 子どもの身近なイメージの広がりから、社会生活そのものを学ぶ。

一般に「ごっこ」は、あるイメージを実現して遊ぶ、模倣遊びとして捉えられていますが、園での遊びの姿を見ていると、単にイメージの世界で遊ぶというよりは、そのイメージをほかの子どもとのやり取りの中で成立する遊びと捉えられます。すなわち「ごっこ遊び」では、子どもなりのイメージや状況づくりが、同じ場所で遊んでいる子どもに受け入れられ、互いのイメージを出し合う中で、新たな状況がつくられていくものであることを鑑みると、ほかの子どもとの関わりの中で成立する遊びと言えるのです。

そして「ごっこ」は、身近な人々の生活を子どもの側からイメージして、出てくる遊びであるので、その遊びに添って保育者が適切な働き掛けをすることによって、遊びが充実、発展し、その中で友達関係が深まり、社会の簡単な仕組みにも気付いていくのです。

解説 ごっこ遊びの意味

先行研究においてごっこ遊びの意味が次の４点あげられています。

◆自らを現わす場（自己発揮）
◆本質を探究する場（本質探究）
◆自己世界を拡大する場（自己拡大）
◆生きる力を拡充する力（生きる力）

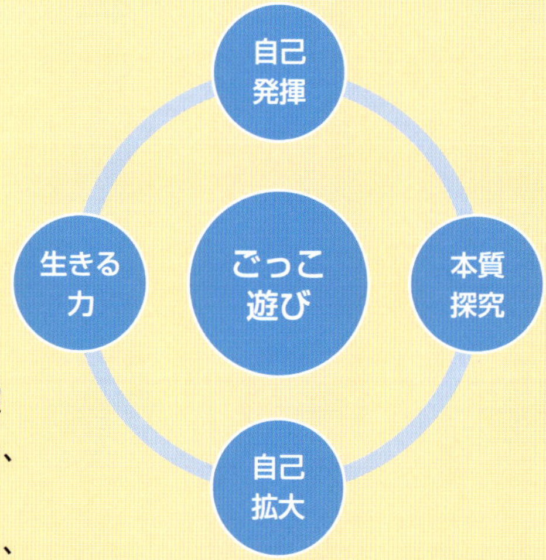

これを私たちの園では「ごっこ遊び」を通して、子どもは自己発揮をし、物事の本質を追求し、自分の世界を広げていくのだと整理し、その過程を右の図のように考えました。

例えば、５歳児の姿では、自分たちの目的や課題を達成しようと、各自が取り組みます（自己発揮）。その中で、仲間とテーマや目的が共有され、役割分担したり、人との関わりが深まったりしていきます。そのときに保育者が願いを持って関わることで、遊びを組織していくことの大切さ（本質探究）や、そのために協力することの意味や価値にも気付いていきます（自己拡大）。そうして遊びの中で育くまれた互いを受け止めようとするクラスの雰囲気や、自分の思いやイメージを言葉や身体、製作することで表現する楽しさの経験（生きる力）は、保育者が意図的に課題として投げ掛けていく活動の中でも生きていくものとなっていきます。

参考文献：八木紘一郎・編著『ごっこ遊びの探究―生活保育の創造をめざして―』新読書社　1998

ごっこ遊びQ&A 3

Q3 なぜ、園内研修のテーマに、「ごっこ遊び」を取り上げたのか?

A3 今こそ子どもの体験を通して感性を豊かにし、自分の思いを表現し、人と関わる力を育てたいと考えられるからです。

解説 これからの保育にピッタリ

少子化やグローバル化が進む現代において、子どもたちには様々な事柄について積極的・能動的に関わり、自ら課題を発見したり、主体的・協働的に探求したりして表現する力が求められています。

園の子どもの実態を見てみますと、家庭で大切に育てられていて、明るく素直ですが、核家族で高層マンションに住む子どもが多く、入園前に家族以外の人と関わる経験があまりありません。また、大人が子どもの思いに先行してしまうために、経験の幅が狭かったり、大人の生活に合わせて生活していたりすることも多いようです。そのため、園では初めての体験に抵抗を示す、友達との関わりに慎重になる、自分の考えや思いの表し方が分からずに困る、などの姿が見られていました。

このような子どもの育ちの実態を踏まえると、様々な体験を通して感性を豊かにし、自分の思いが素直に表現できる子ども、人と関わる力を持った子どもを育てたいと考えました。「ごっこ遊び」は、体験を増やす、感性を豊かにする遊びです。発達に即した「ごっこ遊び」の体験をすることで、連続性を持った物や人との関わりを広げたり、深めたりすることができ、豊かに表現する子どもが育つと考えました。

では、保育者は何をしたらよいのでしょう。そこで、園生活の中核となる、自ら学ぶ主体的に遊ぶ時間の中での「ごっこ遊び」に焦点を当てて、保育者の援助や環境構成について明らかにしていこうと考えました。あえて、保育者の援助が難しい「ごっこ遊び」を園内研修のテーマとして取り上げることで、保育者一人ひとりの保育実践力を磨いていきたいと思いました。

ごっこ遊びQ&A 4

Q4 保育者はごっこ遊びに、どう関わったらいいのでしょうか？

A4「ごっこ遊びに、どう関わるか」について、一つの答えはありません。

恐らく、保育者は、悩みながらも、子どもとともに活動する中で、ごっこ遊びの「引き出し」を増やしていくのではないでしょうか。とにかく、子どもと一緒に遊びながら、疑問や悩みを持つことを通して、ごっこ遊びへの関わり方が見えてくるのだと思います。この過程について、若い保育者の悩みに沿って考えてみます。

解説 若い保育者の悩みに沿って

★保育者になって数年、ごっこ遊びの具体的な援助を考えていく上で、悩んだり、分からなかったりすることがたくさんありました。

||

疑問その1 どうやって遊びが始まって、どんなふうにごっこ遊びになっていくのか？

▶運動遊びやゲームのようにある程度のルールがあり、共通理解の図れるわけでもないごっこ遊び。形がない所から、自分たちで遊びを作っていくごっこ遊びをどんなふうに援助していったらよいか分かりませんでした。

↓

★それでも、とにかく、子どもと一緒に動いて遊ぼうと思い、子どもの遊びの中に入ってみました。

||

疑問その2 どんなふうに声を掛けていったらよいのか？

▶お客さんやヒーローなど、保育者も仲間の一人として何かになりきって子どもとやり取りをしながら遊んでみました。子どもが、なりきって楽しむ姿があります。しかし、それだけでよいのだろうか。もっとほかに、何か具体的な声掛けの援助が必要なのではないかと感じるのですが、それがなんなのか、どんなことを引き出したらよいのか、分からず悩んでしまいました。ただ、保育場面では失敗しながらも、振り返ってみて「○○ちゃんは作ることが好きなんだな」「ヒーローごっこでは、空き箱で武器を作っているな。戦いごっこが始まるかな」などと、少しずつ子どもの特性や遊びの展開に気付くことがありました。

↓ （次ページへ）

★環境の構成が「鍵」。特に、「物」や「場の設定」は、ポイントと思い始めた頃です。

＝

疑問その3 ごっこ遊びには、何が必要なのか？　どうやって作ったらよいのか？

▶環境として、どんな物を保育者が準備しておけば、子どもが遊びに必要な物を作り出したり、なりきって遊んだりできるのかということに、いつも悩んでいました。意外な物が子どもに受け入れられたり、その反対に、「せっかく用意したのに」と思ったりすることもありました。
また、子どもたちに経験させたいことやイメージを実現するためにはどんな素材を選んだらよいのかということや、子どもの実態を踏まえ、作る工程を考えていくのが難しかったです。食べ物、調理道具、店構えなど遊びに必要な物一つ取っても、子どもが興味を持って遊び出すためには、どうやって環境づくりをすればいいのかな？と、試行錯誤の毎日でした。

↓

★少しずつ具体的な援助が見えてきて、保育者の中でも、「これを作ったら楽しくなるかな？」「遊びはこんなふうに展開していくのではないか？」と、ある程度の予測が立つようになった頃です。

＝

疑問その4 子どもが自分たちで作っていくために保育者がどの程度援助したらよいのか？

▶保育者の援助の一つとして、子どもの動きを予測したり、必要な物に気付けるように声を掛けたりしながら、遊びのヒントになるような物をいつでも出せるように準備しておくことを心掛けていました。子どもたちはそれを取り入れながら遊びを進める一方で、「これはどうやってつくるの？」「どうやってやるの？」などと保育者が加わらないと遊びが進まないこともありました。「子どもの思いを引き出したりイメージを実現したりできるために援助していきたい」思いと「子どもたちが主体的に遊びを見付け、進めていってほしい」思いとのバランスが難しく感じました。
今でも、どのような援助がベストなのか悩みますが、まずは仲間の一人として一緒に遊ぶことを楽しんだり、進めたりしていきながら、方向性を探っていくような援助を心掛けていくようにしています。

ごっこ遊びQ&A 5

Q5 3歳児のごっこ遊びの指導で大切なことは？

A5 3歳児のごっこ遊びは、「なりきった遊びを楽しむ」「思い思いのごっこ遊びを楽しむ」という二つの特徴が見られます。(P.22～23も参照)

解説 一人ひとりがごっこ遊びを楽しむための大切な援助と環境構成を 物との関わり 場の設定 人との関わり の三つの視点で捉えていきましょう（Q&A 6・7も同じです～年齢別～）

物との関わり イメージを実現する力につなげる援助

- それぞれの発達の時期を踏まえ、物と出合えるきっかけをつくります。
- 一人ひとりの子どもが物と出会う中で感じたり表現したりしていることに共感し、使い方・扱い方を知らせていきます。
- 見立てたり、なりきったりしやすくなる物を用意することで、イメージを持って遊ぶ楽しさが感じられるようにしていきます。
- できた喜びや使って遊ぶ楽しさに共感することで、自分で作った物で遊ぶ楽しさにつなげていきます。
- 十分な数や種類を準備したり、子どもの必要性を捉え、タイミングの合った提示の仕方を工夫したりします。
- 自分のやりたいことをすぐできるように、形や素材、子どもが作る工程などに配慮していきます。

場の設定　遊びの幅を広げ充実させていく援助

- なりきったり、つもりになったりして遊ぶことができるように、見立てやすく、遊びのイメージがしやすい環境や、動きが引き出されるような環境を設定します。
- 居場所を見付け自分から遊び出したり、安心して自分を出して動いたりできるような場を設定します。
- 一人ひとりの子どもの遊ぶ場を保障するために、囲いや積み木を使って場を分けます。
- 子どもの動きや人数に応じて、広さを調整したり必要に応じて再構成したりし、一人ひとりの多様な動きを保障しながらも場を共有できるようにしていきます。

人との関わり　子ども同士をつなぐ援助

- 気持ちが安定し、その子どもらしい表現ができるように、よりどころとなる、保育者との信頼関係を築いていきます。
- 保育者が遊びの中に入りながらモデルとなり、遊びの楽しさを伝え、言葉や動きを引き出していきます。
- 近くにいる友達の存在に気付き、同じ場で遊ぶ楽しさを味わうことができるようにしていきます。

ごっこ遊びQ&A 6

Q6 4歳児のごっこ遊びの指導で大切なことは？

**A6 4歳児になると、
空想から空想へイメージを広げて遊びを楽しんだり、
友達とイメージを出し合いながら遊びを進めていくことを
楽しんだりすることができるようになります。**（P.22～23も参照）

解説 4歳児の遊びを援助する上で配慮すること…三つの視点から

物との関わり イメージを実現する力につなげる援助

- いろいろな表現技法に触れたり、素材経験の幅が広げられるように材料を用意したり、用具の使い方を知らせたりします。個人差が大きいので、個々に応じて手伝ったり、やり方を提示したりしていきます。また、作った物を使って遊ぶ場を設定することで、作った物で遊ぶ楽しさを味わえるようにしていきます。
- 一緒に遊ぶ友達と、同じ物を身に付けて遊べるようにします。そうすることで、物を介して友達と見立てが共通になり、イメージをつなげて遊べるようになります。

場の設定 遊びの幅を広げ充実させていく援助

- 子どもが扱いやすい用具（プラスチック段ボールのつい立てや中型積み木など）を提示して、クラス全体で使い方を確認していく必要があります。また、遊びの中で場を整理したり、一緒に場づくりをしたりすることで、友達とかたまって遊べる場づくりの方法を知らせていきます。
- 一人ひとりのイメージをくみ取り、実現できるように手伝ったり、保育者も仲間になって遊びに必要な場を提案したりします。互いの動きが見えるような場づくりが大切です。
- 共通体験が遊びにつなげられるように、イメージを想起しやすい環境や素材の提示をし、友達と一緒に遊べる場を設定します。

人との関わり 子ども同士をつなぐ援助

- 一人ひとりのイメージや表現を認め、実現できる方法を考えたり、仲間になって一緒に遊びを進めたりします。周りの友達に対しても自分の思いを出せるようにするために、きっかけをつくったり言葉を補ったりして橋渡しをしていくことが大切です。
- ほかの子どもがしていることを言葉にして知らせていく中で、自分とは違う考えがあることを知らせたり、子ども同士の関係を調整したりしていきます。時には、保育者がそれぞれの思いを言葉に出して伝え、相手の気持ちに気付かせることで、一緒に遊ぶ楽しさを味わえるようにしていきます。
- 共通の経験や絵本、リズム遊びなどから共通のイメージで遊びを楽しめるようにします。遊びの仲間に入りながら、簡単な共通の目的が持てるように、物を介してイメージを具体化したり、少し先の見通しが持てるようにしたりします。

ごっこ遊びQ&A 7

Q7 5歳児のごっこ遊びの指導で大切なことは？

A7 5歳児になると、
友達と共通の目的を持って遊ぶことを楽しんだり、
友達とのやり取りを通してストーリーが生まれ、
そのストーリーのイメージの流れに沿って遊ぶことを
楽しんだりするようになります。(P.22～23も参照)

解説 遊びを援助する上で配慮すること…三つの視点から

物との関わり イメージを実現する力につなげる援助

- 一人ひとりの追求したい形や実現したいイメージを丁寧に受け止め、本物らしさへのこだわり、試行錯誤しながら努力して作り上げる姿を支えます。
- 大型積み木や段ボールなどを提示し、友達と一緒だからできたという満足感を味わえるようにします。
- 子どもの実現したいことが遊びの目的となっているかどうか意識しながら援助します。保育者のイメージが強くなりすぎたり、形に捉われすぎたりしないように配慮します。

場の設定　遊びの幅を広げ充実させていく援助

- 保育室、遊戯室、園庭など、自分たちのやりたい遊びにふさわしい場所を選んだり、ほかの遊びの様子を見て調整したりして遊べるようにします。
- 目的に応じて、平面的な構成から立体的な構成となるように、屋根を付けたり壁面や天井を意識できるようにしたりしていきます。
- 遊びの内容に応じて、共有の場や通り道を設定し、他クラス・他学年とも遊びを楽しめるようにしていきます。同学年の友達とは異なる関わり方や伝え方の工夫をする子どもの姿を認めるようにします。

人との関わり　子ども同士をつなぐ援助

- 遊びの仲間を認識できるように言葉を掛け、目的が曖昧になっているときには確認し合えるような機会をつくります。また、それぞれがしていることを受け入れ合って遊びが進められるようにします。
- クラス活動の中で生活グループを作って、当番の仕事をしたりグループで取り組むゲームなどを取り入れたりして、いろいろな友達と関わる機会をつくっていきます。
- すれ違いやトラブルがあったときに、仲間の問題としてそれぞれが自覚できるようにします。意見を調整したり話し合いのモデルとなったりすることで、子どもが自己決定して進めていけるようにします。
- 友達と共通の目的に向けて力を合わせたり試行錯誤したりする中で、様々な感情を経験できるようにすることで協同性を育くみます。子どもが自分の力を発揮することを大切にしながら、環境の構成や援助を工夫することによって、友達と力を合わせて目的を達成する喜びを味わえるようにします。

ごっこ遊びQ&A
8

Q8 ごっこ遊びの指導計画で大切なのはどんなこと?

A8「ごっこ遊び」そのものが、そのときそのときで盛り上がるかどうかだけでなく、育ちの見通しや何を学ぶかを考えていくことです。

園では、事例の話し合いや研究保育を通して、子どもの姿や指導で留意することをまとめ、3年間の指導計画(P.66〜71・P.84〜89・P.96〜101)を作成しました。そして、援助において大切と考えられる三つの視点(物との関わり、場の設定、人との関わり)から、ごっこ遊びの環境構成と保育者の援助を考え、指導計画に反映させました。

解説 3段階で考えましょう

指導計画作成においての重点

- 発達の時期に応じた援助の違いを理解する。
- 3歳児から4歳児、さらに5歳児への学年間のつながりをつくる。
- 見通しを持った経験の積み重ねができる指導の在り方を示す。

三つの視点からの援助(環境構成も含む)

イメージを実現する力につなげる援助…物との関わり
遊びの幅を広げ充実させていく援助…場の設定
子ども同士をつなぐ援助…人との関わり

具体的な援助

ごっこ遊びとクラス運営は深くつながっていることを加味して具体的な援助を考えていく。
→Q&A5・6・7(P.16〜21)へ

※指導計画を考えて書いてみることは、子どもの育ちを学びへと向かうものにするために重要です(→次ページへ)。

※ごっこ遊びが、そのときだけの盛り上がりで終わらないように、子どもの育ちを見通したものとなるためには、指導計画で意図として押さえていく必要があります。
※下の表から子どもの育ちを押さえるための三つの視点を大切にしつつ援助（環境構成も含む）し、指導計画化していく中でこそ、見通しを持った幼児教育となります。

3・4・5歳児の指導の要点

詳しくはP.66～71・P.84～89・P.96～101の年間指導計画も参照。

援助	3歳児	4歳児	5歳児
物との関わり	○遊ぶ楽しさにつながる物との出会いになるように。 ●発達の時期を踏まえ、物と出会うきっかけをつくる。 ●見立てたりなりきったりしやすくなる物を用意することで、イメージを持って遊ぶ楽しさが感じられるようにしていく。 ●できた喜びや使って遊ぶ楽しさに共感し、自分で作った物で遊ぶ楽しさにつなげていく。	○自分で作った満足感を味わえるように。 ●いろいろな表現方法に触れたり素材経験の幅が広げられたりするように、素材を用意したり用具の使い方を知らせたりする。 ●個人差が大きいため、必要に応じて手伝う、やり方を知らせるなどし、一人ひとりが自分なりにできたうれしさを感じられるようにする。 ●作った物を使って遊べる場を一緒につくり、作った物で遊ぶ楽しさを味わえるようにする。	○本物らしさへのこだわりを大切にできるように。 ●一人ひとりの追求したい形や表現したいイメージを丁寧に受け止め、一緒に考えたり周りの友達に投げ掛けたりしながら、実現したい気持ちが満たされるようにする。 ●本物らしさへのこだわり、試行錯誤しながら努力して作り上げる姿を支える。
	○一人ひとりの遊びが充実するように。 ●自分のやりたいことがすぐにできるように、形や素材、子どもが作る工程などに配慮する。 ●十分な数や種類を用意する。 ●子どもが必要感を持ったときに、タイミングを逃さずに提示できるよう工夫する。	○物を介して友達と見立てが共通になるように。 ●同じ物を身に付けることで、友達と見立てが共通になったりイメージがつながったりできるように、身に付ける物や遊びに必要な物の材料を用意したり、一緒に作ったりしていく。	○友達と一緒に作り上げられるように。 ●大型積み木や段ボールなどを提示し、友達と一緒だからできたという満足感が味わえるようにする。
			○子ども主体の目的となるように。 ●子どもの実現したことが遊びの目的となっているかどうか意識しながら援助する。 ●保育者のイメージが強くなりすぎたり、形に捉われすぎたりしないように配慮する。
場の設定	○つもりになって、なりきれる楽しさを味わえるように。 ●見立てやすい環境を構成する。 ●イメージがしやすい環境を構成する。 ●動きが引き出される環境を構成する。	○自分たちで遊びの場をつくっていけるように。 ●子どもが自分で取り組める用具を提示する。 ●友達とかたまって遊べる場づくりの方法を、一緒に遊びながら知らせる。 ●友達と一緒につくった場で遊ぶ楽しさを味わえるようにする。	○自分たちで場を選んで遊べるように。 ●自分たちのやりたい遊びに合った場を選んだり、ほかの遊びを見て調整したりして遊べるようにする。 ●遊びの拠点として継続して使えるように、作った物や用具の保管を工夫、整理する。 ●遊びを継続していく意欲につなげられる遊びのヒントを提案する。
	○遊びの拠点となるように。 ●安心して居場所を見付け自分から遊び出せる場の構成。 ●安心して自分を出して動ける場の構成。 ●一人ひとりの遊ぶ場を保障する囲いや遊具を用意する。	○イメージを膨らませて遊びを楽しめるように。 ●一人ひとりのイメージをくみ取り、遊びに必要な場を提示する。 ●保育者も仲間になって、互いの動きが見えるような場をつくる。 ●保育者も仲間になって、いろいろなイメージができる場をつくる。	○遊びをつくりだす喜びや自信が味わえるように。 ●目的に応じて、平面構成から立体構成を意識させる。 ●イメージしたものや難しいものができる喜びが味わえるようにする。
	○同じ場で過ごす楽しさを味わえるように。 ●子どもの動きや人数に合わせて、広さや場の再構成を行う。 ●一人ひとりの多様な動きを保障しながら場を共有できるようにする。	○共通体験を生かして場づくりができるように。 ●共通体験を生かした遊びが友達と楽しめるように、イメージを想起しやすい環境や友達と一緒に遊べる場を設定する。	○人との関わりを広げる場づくりができるように。 ●遊びの内容に応じて、共有の場や通り道を設定し、他クラス・他学年とも遊びを楽しめるようにしていく。
人との関わり	○保育者との信頼関係を基盤に、安心して動けるように。 ●心のよりどころとなり、子どもが自分らしく表現できるようにする。 ●遊びの中に入り、遊びの楽しさを伝え、言葉や動きを引き出していく。	○自分の思いを出して遊び、楽しさを味わえるように。 ●一人ひとりのイメージや表現を認め、実現できるような方法を考えたり、仲間になって一緒に進めたりする。 ●保育者だけでなく、周りの友達にも思いが出せるように、きっかけをつくったり、言葉を補ったりする。	○関わりを広げ、いろいろな友達の良さに気付くように。 ●クラス活動の中で、ペアやグループで取り組む当番活動やゲーム、製作活動などを取り入れ、いろいろな友達と関わる機会をつくっていく。その中で、子どもの自由な発想を受け止め、生かしていけるようにする。
	○保育者を介して近くにいる友達の存在に気付いていけるように。 ●近くにいる友達の存在に気付き、同じ場で遊ぶ楽しさを味わうことができるようにする。	○友達の思いに気付き、友達と遊ぶ楽しさが味わえるように。 ●友達とのつながりを感じている所に共感し、楽しさが味わえるようにする。 ●他児のしていることを言葉にして知らせていくことで、自分と違う考えがあることを知らせたり、子ども同士の関係を調整したりする。 ●思いが通じ合わないときには、互いの思いを伝えたり力関係を調整したりしながら、相手の気持ちに気付かせ、一緒に遊ぶ楽しさを味わえるようにする。	○仲間意識を育て、クラスのつながりを感じられるように。 ●遊びの仲間を認識させる言葉を掛け、目的が曖昧になっているときには確認し合えるような機会をつくる。 ●仲間同士が互いにしていることを受け入れ合って遊びが進められるようにする。 ●ほかのグループを阻害したり対立したりしないために、違う遊びをしてもクラスのつながりを感じられる配慮をする。
		○友達とイメージをつなげて遊びを楽しめるように。 ●共通の経験や絵本、リズム遊びなどから共通のイメージで楽しめるようにする。 ●遊びの仲間に入りながら、簡単な共通の目的が持てるように、物を介してイメージを具体的にしたり、先の見通しが持てるようにしたりする。	○自分たちで問題解決していけるように。 ●すれ違いやトラブルがあったときに、仲間の問題としてそれぞれに自覚させていく。 ●意見を調整したり話し合いのモデルとなったりしていくことで、子どもが自己決定して進めていけるようにする。必要に応じてクラス全体で考える機会をつくっていく。
			○協同性を育くみ、友達と力を合わせて目的を達成する喜びを味わえるように。 ●友達と共通の目的に向けて力を合わせたり試行錯誤したりする中で、様々な感情を経験できるようにする。 ●子どもが自分の力を発揮することを大切にしながら、環境の構成や援助を工夫することによって、友達と力を合わせて目的を達成する喜びを味わえるようにする。

Q&A 5（P.16～17）も参照　Q&A 6（P.18～19）も参照　Q&A 7（P.20～21）も参照

※Q＆Aや年の計画も参照しつつ、ごっこ遊びを子どもの育ちに結び付けていけるようにしましょう。そのためには、Ⅴ章からの園内研修が必要になります。

ごっこ遊びQ&A 9

Q9 おうちごっこはするけれど、それ以上のごっこ遊びにならないのは、なぜ？

A9 子どもたちの興味・関心に寄り添って、魅力ある環境づくりや言葉掛けなどを繰り返し、子どもたちが楽しくイメージを広げ、友達と関わっていけるようにしていくことです。

解説

子どもは、身近なもの・ことに興味や関心を持ち、憧れの気持ちから模倣遊びを行いますが、現代の社会環境には、それを阻む要因があると思います。子どもたちは、生まれたときから電子機器に取り囲まれています。テレビゲーム、スマホ、タブレットなどの電子機器は、人と人とのやり取りをせずにワンタッチで映像を見ることができます。過刺激になり、刺激の少ないものへの無反応を引き起こしたりもします。こういった社会環境によって、遊ばない子ども・遊べない子どもが増えているのも一因なのではないでしょうか。

ごっこ遊びはイメージの世界をほかの友達とやり取りをすることで成立する遊びであり、人との関係性を育くむためにも大事な遊びであると言えます。いろいろなもの・ことを直接見たり触れたりして、心が揺り動かされる体験を通してイメージを膨らませ、言葉や体全体で様々な表現をすることを楽しむのです。

例えば事例３の「宝物を見付けたぞ！」(P.36～39)の環境について考えてみます。夏休みに地域でお祭りがあり、多くの子どもたちが屋台でかき氷や焼きトウモロコシ、チョコバナナなどを買って楽しんだという体験がありました。夏休み明けの保育では、１学期に楽しんでいた遊びを再現することが予想されますが、それだけでは新たな魅力のある環境とは言えません。そこで、担任は焼きトウモロコシを作り、網の上で焼けるような場をつくりました。また運動会で「海賊」をテーマにしたリズム遊びをしようと計画していたので、遊びの中でも海賊になって遊ぶイメージを持ってほしいと、海賊が出てくるお話の絵本を読んだり、なりきって遊べるような船・宝箱などを用意したりしました。そのような環境があったことで、中型積み木で海賊船を作り、海賊になりきって遊んだり、海賊たちが焼きトウモロコシを食べて探検するといったストーリーが生まれたりしたのです。子どもは空想の世界が大好きです。この事例では「海賊」というお話の世界と、夏祭りの屋台での経験という現実の体験がつながって遊びとなったのです。子どもは空想から空想へとイメージを広げ、友達の遊ぶ姿が刺激となって、遊びをより豊かにしていきます。

ごっこ遊びを豊かなものにしていくためには、自分のクラスの子どもたちが何に興味や関心を持っているのかを探り、空想の世界を楽しめるための環境の工夫や指導計画の中で、計画的に遊びの題材となるものを提示することなどが大切となっていくのです。

ごっこ遊びQ&A 10

Q10 保育力アップにつながる園内研修の進め方の秘けつは？

A10 保育者みんなで話し合って、指導案をより良くしていくことから始めています。

園では、研究保育を中心にして園内研修を進めています。研究保育はどのクラスも順番に担当するようにして、互いに保育を見合いながら保育実践力アップを目指しています。進め方のポイントを紹介します（P.135〜も参照）。

解説

研究保育に向けて、まず指導案の検討を行います。ここでは、研究保育担当者が作成した指導案を見ながら、そのクラスの実態を踏まえたねらい、環境構成・援助の手立てになっているか検討します。また、担任の困っていることに対して各々が「自分だったらこうする」「こんな教材もあるよ」というようなアイディアを出し合うなどします。このような指導案の検討を通して、自分とは異なる捉え方を知り子ども理解が深まったり、教材を出し合い教材について学んだりします。担任は話し合ったことを踏まえて指導案を加筆・修正します。

次に、研究保育時の対象児について非常勤職員も含めた全教員で情報を共有します。一人の対象児に対して、複数の教員が観察できるように割り振り、小グループを作ります。対象児に対する担任の考え、見てもらいたいポイントなどを共有することで、研究保育の日に焦点を絞って観察ができるようにします。

研究保育当日は、対象クラス以外は早めに降園し、全員で観察ができるようにします。複数クラスが対象になっている場合や環境を記録に残したい場合などは、写真やビデオを撮り、協議会での話し合いや今後の研究に生かせるように工夫します。観察終了後は協議会が始まるまでに対象児ごとの小グループに分かれて記録を整理し、対象児の読み取りについて話し合います。

協議会では、担任の自評、観察者の報告、そして講師の先生からのご指導をいただきます。観察者の報告は、事前に担任から提示された、見てもらいたいポイントとともに、遊びのきっかけや遊びの盛り上がり、豊かな表現につながった援助などについて、気付いたことを出し合います。協議会では、みんなで見ている場面について話し合うため、話し合いが深まります。また、実際の子どもの姿から、子ども理解やこの時期の特徴、豊かな表現につながる保育者の援助について話し合い、学び合うことができます。子どもの姿や保育者の援助について多角的に意見を出し合うことで、自分の見方を修正したり、対象児の新たな一面を知ったりすることにもつながります。そのことが、日々の保育実践にも生きていきます。

実際に２年間、研究保育を繰り返し行うことで、子どもの姿や遊びが保育者間で共有されていきました。そのことが、ふだんの保育の中でも他年齢の遊びへの理解につながりました。また、事例や指導計画の検討の際にも、具体的なイメージが湧き、話し合いが深まってきたと思います。

園内研修は、確実に一人ひとりの保育者の保育実践力アップにつながりますが、同時に園全体の保育者の子どもの見方や保育の考え方が共有され、園全体の保育力アップにつながっていると思いました。

事例：5　5歳児6月

どんなショーにする?

〈前日までの姿〉
　年中クラスのときからテレビのヒーローに興味があり、主題歌に出てくる曲に合わせて踊ったり、怪獣に見立てた的と戦ったりしながら、ヒーローになりきって体を動かすことを楽しんでいる。武器を使って戦いごっこをするのも好んでいる。一方で加減ができず、トラブルになることが多い。

> 遊びが始まったきっかけ、これまでの様子など。

遊びのねらい
自分のイメージしたことや思い、考えを相手に分かるように伝え、仲間としてのつながりを感じながら遊びを進める楽しさを味わう。

活動の流れ	遊びの読み取り 指導の方向性／保育者の援助 ▲物との関わり ■場の設定 ★人との関わり
A児、B児、C児、D児、E児が戦隊ヒーローショーをやりたいと話し、変身したり、武器を作ったりする。	遊んでいる仲間を意識できるといいな。衣装を作るきっかけをつくってみよう。
保育者が子どもの動きや持っている武器を認めながら、「○○ジャーなの? 変身しても洋服は変わらないの?」と尋ねる。すると、F児が「かわる! つくろう!!」と即決する。F児の様子を見て、他児も「つくりたい!」と口々に言う。保育者と一緒に教材室へ行き、衣装作りの材料になる物を探す。それぞれが、好きな色を選ぶ。	▲一緒に教材室へ行き、衣装作りに使える材料を探したり提示したりする。 （事例5－①→P.96参照）
衣装作りの場面で 選んだ色のカラーポリ袋で衣装を作り始める。作っていると、他児が「Aくんは（赤だから）1ごうだね」と話す。その言葉を聞いて、衣装作りをしていたヒーローショーごっこの仲間同士で、「じゃあ、○○くんは○ごうだね」と、テレビの登場人物の色と照らし合わせながら役が決まっていく。登場人物には出てこない色のカラーポリ袋を選んだC児は、「ぼくは、1003ごう」と、自分で決める。番号が決まると、衣装にも番号を書いた紙を貼ったり、友達を役の名前で呼んだりする。	役の名前と色が決まったことで、役割が明確になったようだ。 ★衣装作りで工夫している部分を認める。 自分の役や友達の役を意識するようになったようだ。

> ▲■★のマークは指導計画に対応。
>
> 場面の読み取り・指導の方向性。
>
> 読み取りを受け、実際に行った保育者の援助。
>
> 網掛け部分は遊びが展開したポイント　（　）内の番号は指導計画の番号に対応。
>
> 遊びの流れ、展開 対象児は事例ごとにA児から表記する。
>
> 保育者が援助した後の子どもの姿。

「豊かな表現」につながる援助とは　〜豊かな体験→経験にもつながる〜

▲自分たちで材料を選んだり、教え合いながら作ったりできるような物を提示すると、自分なりに工夫して作る姿が見られた。また、友達と協力し合いながら作る楽しさを味わうことができた。

▲衣装の色は、相談しながら決めたことで、何役なのか意識して動いたり、周りから見ても何をしているのか分かりやすかったりした。そのため、それぞれの役でショーごっこの楽しさを味わうことができた。

■保育者が、控え室の存在を認めたことで、ショーごっこをしていた子どもの中でも控え室が意味付けられた。そのため、控え室で舞台に立っている友達を見たり、流れを知らせたりしながらショーの雰囲気を意識することで、仲間意識を持って遊ぶことができた。そのことが、ショーの終わった後の満足感や充実感を友達と共有する姿につながった。

★自分たちで作ったストーリーを友達や保育者と確認していくことで、自分の動きや友達の動きを意識する姿につながり、遊びを共有するきっかけになった。

> ▲■★のマークは指導計画に対応。
>
> 太字は網掛け部分の遊びが展開したポイントに関わる援助。

※ここで明らかになったことを手掛かりにして、指導計画を作成しました。

II

ごっこ遊びを楽しむ子どもの姿と保育者の役割

3・4・5歳児の事例から読み取る

子どもたちの興味・関心、したいこと、実現したいことは何かなど、
子どもの姿からの幼児理解、そこから生まれる保育者の援助、その辺りを、
３・４・５歳児の実践例から読み取ってください。
保育者としての役割が果たされてこそ、
ごっこ遊びが質の高い保育につながることを再確認しましょう。

事例：1　3歳児12月

アツアツクッキー出来上がり！

〈前日までの姿〉

　ウレタン積み木や仕切りで場をつくり、おうちごっこや、お店屋さんごっこをすることを楽しんでいる。セロハンテープやクレヨンを使って簡単にできる食べ物をたくさん作ったり、並べたりしてお店屋さんをしている。保育者が段ボールをいろいろな形に切り、子どもたちが色を塗ったクッキーでクッキー屋さんをすることを繰り返し楽しんでいる。オーブンを作ると、クッキーを焼く姿が出てきた。

遊びのねらい

見立てたりなりきったりして自分の思いを動きに出しながら遊びを楽しむ。

活動の流れ	遊びの読み取り 指導の方向性 保育者の援助 ▲物との関わり ■場の設定 ★人との関わり
A児がオーブンに気付き、「クッキーをやこう」と、遊ぼうとする。「そうね、焼きたてクッキーになるかしら」という保育者の言葉を聞き、いつも遊んでいるままごとコーナーにオーブンを運び遊び始める。仕切りやウレタン積み木をゴザの周りに並べ、家を作る。 B児はコックさんの帽子のお面をかぶり、A児にも渡す。 A児、B児、C児はクッキーをトレイに並べてオーブンに入れる。A児、B児がオーブンの扉を押さえる。 D児がコックさんの帽子のお面をかぶり仲間に入る。 C児がオーブンからクッキーを出す。「できあがり！　まだたべないでね」と言うとD児が「わかってる、アツアツだから」と言ってクッキーの端を持ってお皿に置く。C児は「まだこれやけてなかった」とクッキーを数個オーブンに戻す。 	■ほかの遊びの場と近かったので、少し離れたままごとコーナーを提示する。 **同じ物を身に付けることで一緒に遊んでいる意識を持っている。** **オーブンの中にトレイがあることで、並べて入れる、クッキーを焼く、オーブンから出すなど様々な動きが引き出されている。焼きたてクッキーのイメージを共通に持っているようだ。** ★子どものイメージを受け止め、「焼きたてクッキーおいしそう」とつぶやく。 （事例１－①→P.67・69参照）  オーブン  遊び始める前

活動の流れ	遊びの読み取り 指導の方向性 / 保育者の援助 ▲物との関わり ■場の設定 ★人との関わり
A児、B児、C児、D児が座る場所を決めて座り、クッキーやほかの物を食べるしぐさをする。 お餅屋さんをして、保育室内のクッキー屋さんの隣で遊んでいるE児が入って来ると、「おもちやさんはきませんよ」と言う。 	仲間意識を持っているので、ほかの遊びの友達に入ってほしくないと思っている。 クッキー屋さんにすることで、ほかの遊びの友達とも関われるといいな。 ★「いいにおいがしたので来てみました。クッキーください」と買いに行く。その空気の中に保育者が入ってくれることで、子どもの「うれしい」につながった。 （事例１－②→P.67・69参照） 
C児「なんめいさまですか？」D児「なんのかたちにしますか？」C児「おまけです、みんなでわけっこしてたべてください」と言う。E児（隣でお餅屋さんをしている）にも、「はい、どうぞ」と言ってクッキーを渡す。  	クッキー屋さんになりきって話をしているな。クッキー屋さんになることで、E児をお客さんとして見ることができ、関わることができているのだな。 ★「ありがとう、おいしそう」など言葉を掛け、クッキーを買ってもらえたうれしさを感じられるようにする。

活動の流れ	遊びの読み取り 指導の方向性	保育者の援助 ▲物との関わり ■場の設定 ★人との関わり

B児がままごとコーナーのケーキを手に取り、テーブルに並べる。

ケーキから誕生日のイメージが出てきているようだ。

コックさんの帽子を外してB児とD児の誕生会ごっこになり、ハッピーバースデーの歌をうたう。
B児はコックさんの帽子をかぶり、E児に「クッキーかえしてもらいにいこう」と言って、隣のお餅屋さんにクッキーを取りに行く。

コックさんの帽子をかぶるとお店屋さん、外すとおうちごっこのイメージを共通に持っているのかな。
品物が少なくなったので、売れたクッキーを戻してもらおうと考えているようだ。
3歳児らしく、突然思い付いたイメージをそのまま表現しているのかな。
それを受け入れて楽しめるといいな。

なかなかお客さんが来ないと遊びが停滞するかもしれないな。

★遊びが停滞しないように、「クッキー屋さんやっていますか？」と言って、お店に行く。

再びクッキーをトレイに並べオーブンに入れる。
クッキーとケーキでC児の誕生日を祝う。
B児がクッキーをオーブンから出し、「アチチだからここでひやそう」と言ってオーブンの上にトレイを置く。

活動の流れ	遊びの読み取り 指導の方向性 / 保育者の援助 ▲物との関わり ■場の設定 ★人との関わり
B児、D児「もうおやすみです」A児「あしたきてください」と言う。B児「よるだからねよう！」と言うとA児が「べんきょうしているの」と空き箱にフォークで数字を書くと、B児もまねをする。	A児が小学生のお姉さんの役になりきって勉強をしているのだな。 保育者がいなくても友達とやり取りをしながら自分たちの遊びを楽しんでいるな。

「豊かな表現」につながる援助とは　～豊かな体験→経験にもつながる～

▲段ボールをいろいろな形に切ったクッキーをたくさん用意しておいたことで、子どもはクレヨンで容易に色を付け、いろいろな味のクッキーを簡単に作ることが経験できた。そのため、たくさん作ることができた満足感につながり、繰り返し遊ぶ姿につながった。

▲オーブンの中にトレイを置いておくと、クッキーを並べてオーブンに入れて焼くという動きが出てきた。物が媒介となって友達とのやり取りやイメージが共通になり、なりきって遊ぶことを楽しむことができた。

▲コックさんの帽子を身に付けることで、店員役になりきることができた。また、お面ベルトで簡単に付け外しができるので、店員になっていないときには外し、ふだん親しんでいるおうちごっこのイメージで遊ぶことができた。そのため、保育者がいなくても自分たちの遊びを楽しんでいた。同じ物を身に付けることで、一緒に遊んでいるという気持ちを持つことができた。

■ほかの遊びと交錯しない場を提示したことや、いつも遊んでいるままごとコーナーでおうちごっこの延長として遊んでいたことで、落ち着いて自分たちの遊びをすることができた。

■ウレタン積み木、ゴザ、プラスチック段ボールの仕切りなど場を仕切る物があったことで、一緒に遊んでいる友達と落ち着いて遊ぶことができた。

★子どもの焼きたてクッキーのイメージを受け止め、保育者が「おいしそう」とつぶやくことで、子どもの店員をイメージした動きが引き出され、遊びがより盛り上がった。

★保育者がクッキーを買いに行くことで遊びに流れが生まれ、役になりきって遊ぶ楽しさを感じられた。

★いつも一緒に遊んでいる友達との遊びだったため、イメージを共有しやすく、保育者が遊びに入らなくても遊びを進めていくことができていた。保育者が関わりすぎず見守るようにしたことで、子ども主体の遊びとなった。

事例：2　3歳児2月

今度はなんの役になろうかな？

〈前日までの姿〉

2月中旬、クッキー屋さんごっこが始まった。クッキーを買いに来たお客さんに「ジュースをください」と言われ、クッキー屋さんの子どもは、以前遠足ごっこで遊んだ水筒（色水を入れたペットボトルにひもが付いている物）をジュースに見立て、渡す姿があった。子どもの姿からジュースの必要性を感じた。遊びの中でジュースを渡すだけでなく、ジュースを作る動きを誘い出せるように保育者が作ったミキサーを用意した。

遊びのねらい

好きな遊びを繰り返したり、いろいろなことに興味を持って取り組んだりして遊びの楽しさを味わう。

活動の流れ	遊びの読み取り 指導の方向性 / 保育者の援助 ▲物との関わり ■場の設定 ★人との関わり
ミキサーに興味を持ったA児、B児が「これ、ジュースでしょう」「どうやってつくるの」と聞いてくる。  	子どもがジュースを作りたいと思えるように、作り方を知らせてみよう。ジュース屋さんの遊びを楽しめるといいな。 ▲ミキサーの蓋を開け、中に入っている小さく切ったカラーポリ袋を手でつかみ、透明のコップに入れるやり方を知らせる。 ★次に保育者が「ジュースをください」と注文をしてみる。  ミキサー

活動の流れ	遊びの読み取り 指導の方向性 / 保育者の援助 ▲物との関わり ■場の設定 ★人との関わり

活動の流れ

ジュースを作っている様子を見たA児、B児は「わぁ、ほんものみたい」と言い、保育者の注文に応え、ミキサーからカラーポリ袋を取り出し透明のコップに入れてジュースを作る。
出来上がったジュースをA児、B児、保育者で飲んでいると、A児が「ストローがないね」と言う。

A児、B児は保育者の様子を見て「つくってみたい」と言い、折り紙を丸めてストローを作る。しばらくすると、C児、D児、E児が「なにをしているの」と聞いてくる。A児、B児が「ストローをつくっているの。ジュースをのむの」と答えると、「いれて、つくりたい」と加わる。

ミキサーの作り方

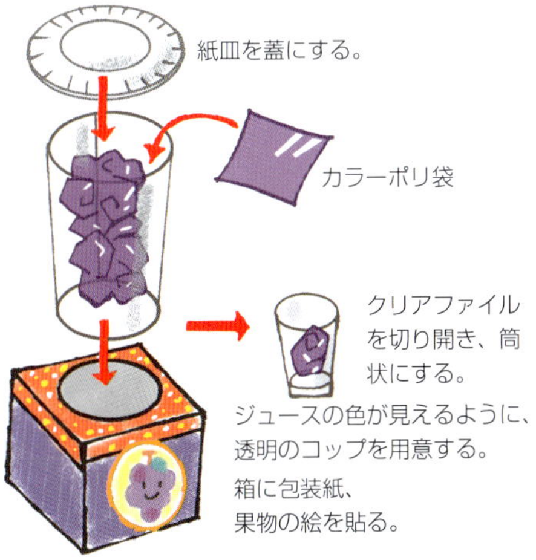
紙皿を蓋にする。
カラーポリ袋
クリアファイルを切り開き、筒状にする。
ジュースの色が見えるように、透明のコップを用意する。
箱に包装紙、果物の絵を貼る。

ストローが出来上がると、ミキサーが置いてある場に持って行く。

遊びの読み取り 指導の方向性 / 保育者の援助

3歳児のごっこらしく、初めからお店屋さんではない。
保育者と一緒にジュースを作るのを楽しんでいるようだ。
保育者のイメージどおりに誘導しないようにしよう。

遊びに必要な物を自分で作る面白さや、作った物を使う楽しさを味わえるといいな。
A児はストローがないことに気付いたので、ストローを一緒に作ってみよう。

▲折り紙を丸めて、セロハンテープで留めるとストローができることを知らせる。

(事例2－①→P.67参照)

活動の流れ	遊びの読み取り 指導の方向性 / 保育者の援助 ▲物との関わり ■場の設定 ★人との関わり
C児が「そうだ、エプロンをつけよう」とエプロンを身に付けると、A児、B児、D児、E児もまねをして、エプロンを身に付ける。  エプロンを身に付けると「いらっしゃいませ」と大きな声でお客さんを呼び始める。お客さんが来ると、ジュースを作りたくて、ミキサーの前に4～5人の子どもが集まる。 A児が「やりたい、いつもおてつだいしているよ」と、スポンジを手に取り、キッチンの流し台でコップを洗い始める。 C児は「そうだ、クッキー、ピザ、ドーナッツもうってみようよ」と言うと、B児は「うん、そうしよう」と言う。保育者の用意したテーブルの上に品物を並べる。 	**お店屋さんごっこをしようと思っているようだ。子どもが動きやすいようにお店を作り替えてみよう。** ■ままごとキッチンとテーブルを並べて置く。保育室の角にお店の場をつくり替え、売り手、買い手の動きを保障するスペースを確保する。  （事例2－②→P.69参照） **ジュースを作りたい子どもが多くなったので、いろいろな役があることを知らせてみよう。** ★コップを洗うスポンジを出して、「コップを洗ってくれるのは誰かな」と、声を掛ける。 ★「Aちゃんはコップを洗っているのね。BちゃんとCちゃんはクッキー、ピザ、ドーナツを売っているのね」と言葉に出すことで、いろいろな楽しみ方があることを認める。 

<table>
<tr><th>活動の流れ</th><th>遊びの読み取り
指導の方向性

保育者の援助
▲物との関わり
■場の設定
★人との関わり</th></tr>
<tr><td>D児、E児は、ジュースを作っていく中で、カラーポリ袋を混ぜるとミックスジュースができることに気付き、「せんせいみて、ミックスジュースができたよ」と、うれしそうに見せに来る。

買い物を終えたお客さんがテーブルに集まり、品物を並べて「おいしいね」と言って食事をしながら、パーティーが始まる。

次の日も同じようにお店屋さんの場をつくっておくと、やりたい役を交代しながら、繰り返し遊ぶ姿が見られる。</td><td>買い物を終えた子どもが飲食できるように、お店の前にテーブルを出してみよう。

■テーブルクロスを掛けたテーブルを用意する。

</td></tr>
</table>

「豊かな表現」につながる援助とは　～豊かな体験→経験にもつながる～

▲遊びが実現できるよう、子どもが扱いやすいように工夫されたミキサーを用意したことで、ジュースを作る動きが引き出され、なりきって遊ぶ姿につながった。
▲作りたいときに、すぐに使えるような材料や用具を用意したことで、自分で作ったストローを使って遊ぶ楽しさを味わえていた。
■ままごとキッチンやテーブルを並べて置くことで、同じ場で遊びながら自分のやりたい役を選ぶことができた。
■子どもの遊んでいる状況を見ながら場をつくり替えていくことで、売り手、買い手などの場が保障され、多様な動きを引き出すことができた。場の設定により、動きやや取りが豊かになった。
★それぞれの楽しんでいることに共感することで、イメージを広げて継続して遊ぶことができた。

事例：3　4歳児９月

宝物を見付けたぞ!

〈前日までの姿〉

運動会に向けて、海賊のリズム遊びをクラス活動で取り入れた。そのことをきっかけに、遊びの中でも海賊のイメージで船を作ったり、剣を作って戦ったりして楽しむ姿が見られるようになった。海賊の生活についてもイメージが膨らむように、『かいぞくリラちゃん』『わんぱくだんのたからじま』などの絵本を読むと、船の中で御飯を食べる、寝る、宝を探しに行くなど、海賊になりきっていろいろな動きを楽しむようになってきた。リズム遊びを踊るときに手に付けている、“海賊バンド（海賊から届いた贈り物）”を遊びの中でも付け、海賊の仲間の印にし、友達とのつながりを楽しむ姿も見られる。

遊びのねらい

友達の動きや言葉に目を向け、自分でもできそうなこと、やってみたいと思ったことをする中で、イメージを膨らませ、遊びに取り入れていく。

活動の流れ	遊びの読み取り 指導の方向性 保育者の援助 ▲物との関わり ■場の設定 ★人との関わり
 海賊の踊りをみんなで楽しむ  海賊バンド作り 女児数名が海賊バンドを手に付けて、段ボールの船に乗って遊んでいる。 A児は登園後支度が終わるとトイレットペーパーの芯で武器や双眼鏡を作る。	昨日の遊びが継続できるようにしたい。 友達とイメージをつなげる助けになるような環境を設定しよう。 ▲子どもと作ったトウモロコシや宝箱、船、ワニなどを取り出しやすいように置いておく。 （事例３－①→P.84・85参照） ■海賊のイメージで遊べるように、２台の万能パネルに布を掛け、洞窟を作っておく。 （事例３－②→P.86・87参照） 

活動の流れ	遊びの読み取り 指導の方向性 / 保育者の援助 ▲物との関わり ■場の設定 ★人との関わり
B児は中型積み木で一人で黙々と海賊船を作り出す。そこにC児が加わる。B児とC児は一緒に積み木の船に乗り、「せんちょう」「出発」など、思い思いのイメージを言葉に出して遊ぶ。 	 海賊ごっこ
A児が「いれて」と言うと、B児に断られる。A児は断られるとカラーポリ袋で作ったワニを持って、「グワー！」と言いながら船まで持って行く。B児はなかなか入れてくれなかったため、今度はC児に言う。A児「Cくん、いれて」C児「いいよ」すると、B児が「ワニはペットにしよう！」と言い、A児は笑顔になる。	B児は自分で一生懸命作った船だから、後から入られるのはいやだったのかな。ワニを持って行ったことで仲間に入れてもらえたのだな。
	 甲板の上で戦い1  甲板の上で戦い2

活動の流れ	遊びの読み取り 指導の方向性	保育者の援助 ▲物との関わり ■場の設定 ★人との関わり

中型積み木で作った船に乗って、宝を探すイメージで遊ぶ。
段ボールの船に乗って海賊ごっこをしていた女児が、「そっちもかいぞくだったんだ」とC児に宝の地図を渡す。
A児も自分の地図が欲しい様子で周りを探すが、ほかの子どもが使っている。A児「ちずがない」と保育者に言いに来る。
保育者「まねして作ってみよう」と、一緒に作ることにする。
興味を持ったB児もそばに来る。

> クラスの友達の遊びをよく見て、関わり合っているな。

> A児と一緒に地図を作ることで、それをきっかけにB児、C児とイメージをつなげて楽しめるといいな。

地図を書きながら、A児と保育者が話をする。
保育者「×印は何？」A児「たからだよ」
保育者「この赤い線は？」
A児「ここをあるくとつながっているんだ」
保育者「そうなんだ、ここを歩くと行けるんだ」
A児「Aのそうがんきょうでよくみるんだよ」と言って双眼鏡をのぞく。
保育者「それで見るんだね！」
B児はその様子をそばで見ている。
書き終わると、「しゅっぱつだ！」と言ってB児と船に戻る。

★紙に地図を書きながら、A児の思いやイメージを受け止める。B児に伝わるように言葉に出していく。（事例3-③→P.87参照）

活動の流れ	遊びの読み取り 指導の方向性 / 保育者の援助 ▲物との関わり ■場の設定 ★人との関わり
船に戻り、3人で地図を見ながら宝物を探す。すると、洞窟から宝箱が出てきて、「みつけたぞ！」と笑顔で海賊船に運ぶ。船に着くと、A児、B児、C児でトウモロコシにがぶがぶとかぶりつくしぐさをする。食べながら、B児「あいつがこのたからをねらっている」A児「あいつだ」などと話をしている。 食べ終わると、3人で顔を見合わせる。C児「おなかいっぱいになった」A児「おなかいっぱいだ」B児「あっちにひっこすぞ！」と言い、洞窟の中に使っていた物を運ぶ。 洞窟に着くと、A児が紙に赤く丸を描き、広告紙を丸めた棒に付け、旗を作る。旗を持ってA児が「にっぽんのかいぞくだぞ！」と言うと、B児・C児も「おー！」と応える。	A児の地図をきっかけに、遊びが盛り上がり、それぞれの思いを言葉で出して楽しんでいる。宝の地図や、宝箱があることでイメージがつながっている。

「豊かな表現」につながる援助とは　～豊かな体験→経験にもつながる～

▲船、宝の地図、トウモロコシなどといった物を介して友達と見立てが共通になったり、イメージがつながったりしていた。そのことが、言葉や動きで自分なりに表現したり、友達とイメージを重ねながら一緒に遊んだりする姿につながった。海賊ごっこなど想像力が必要な遊びでは、思いやイメージをつなげていくための環境構成や物が重要である。

■夏休み明けに、休みの経験を再現して遊べる環境（縁日ごっこの焼きトウモロコシ）や、友達とイメージがつながるような環境（海賊ごっこの船、洞窟、宝箱など）を保育者が用意しておいたことが、遊びの刺激となり、子どもが海賊という空想の世界で、想像力を広げて楽しむ姿につながった。

★海賊というイメージを、絵本やリズム遊びなどからクラスの中で膨らませていった。そのことが個々のイメージを膨らませると同時に、クラスの友達とイメージがつながるきっかけにもなり、いろいろな友達と関わって遊ぶ姿が見られた。

事例：4 4歳児2月

一緒にあしたもやろうね！

〈前日までの姿〉

作りたい物があると実現するまでじっくり取り組む姿が増えてきたが、友達に思いを伝えられなかったり、友達の思いを受け入れらなかったりして、作った物が遊びに生かされないこともある。

車や電車が好きな子どもは、これまで空き箱で作った車や、空き箱に竹ひごと波段ボールのタイヤを付けた走る車、１～２人乗りの段ボールに入って走る電車など、いろいろな形で乗り物を作ることを楽しんできた。

遊びのねらい

一緒に遊ぶ友達と必要な場や物を作り、友達と遊ぶ楽しさを味わう。

<table>
<tr><th>活動の流れ</th><th>遊びの読み取り
指導の方向性

保育者の援助
▲物との関わり
■場の設定
★人との関わり</th></tr>
<tr><td>A児「せんせい、おおきいくるまがつくりたい。Aちゃんがのれるくらいの」

</td><td>友達とイメージを共通にしながら遊べる場になるといいな。

■「こんなのはどう？」と、車のフロントガラスのように段ボールをくり抜く。
（事例４－①→P.85・87参照）</td></tr>
</table>

活動の流れ	遊びの読み取り 指導の方向性 / 保育者の援助 ▲物との関わり ■場の設定 ★人との関わり

A児「いいねー！ ここにのれるようにする！」と言ってイスを２脚運び、運転席のように並べる。A児「ハンドルがないと！」と言うと、広告紙を丸めてハンドルを作る。その様子をB児が見に来る。保育者が「Aちゃん車作ってるんだよね」と言うと、A児「うん、そうだよ」B児「いれて」A児「いいよ」と、二人で作り始める。B児「ブレーキつけようよ」と、段ボール片を足元に貼り、ブレーキを踏んで遊ぶ。

場ができたことでイメージが共通になっている。
それぞれが必要な物を考えて作っている様子を見守ろう。

しばらくするとC児、D児が「いれて！」と遊びに加わる。D児は「ぼくナビつくる！」と言って白い紙に地図を描いて貼ったり、プリンカップを貼り、ライトを作ったりしていく。E児が「いれて」と遊びに加わると、D児が「Eちゃんの…」と、イスを運んで並べる。

互いの動きに気付きながら遊べるといいな。

★「D君はナビを作ってるんだね」「ここはE君の席ね」など、それぞれのやっていることが伝わるように、動きを言葉に出していく。
(事例４－②→P.87参照)

活動の流れ	遊びの読み取り 指導の方向性 / 保育者の援助 ▲物との関わり ■場の設定 ★人との関わり
徐々に出来上がってくると、ハンドルを回したり、作った携帯電話で話したり、ブレーキを踏んで運転するまねをしたりする。Ｅ児がカップを貼り付け、「これクラクション」と話すとＢ児が押すまねをして、二人で顔を見合わせて笑う。	

片付けの時間になると、Ａ児は一緒に遊んでいた友達に「いっしょにあしたもやろうね」と言う。	**またあした遊びの続きができるように、使った物を置く場所を作ろう。**
	★「あしたもあそべるように、ここにおいておこう」と、使った物をまとめて置くかごを出し、“くるま”と表示を付ける。 (事例４ー③→P.87参照) 

活動の流れ	遊びの読み取り 指導の方向性 / 保育者の援助 ▲物との関わり ■場の設定 ★人との関わり
次の日、A児は昨日作った物を運んで車の場をつくりだす。そこへ昨日一緒に遊んでいた子どもも加わり、車に乗って遊ぶ。見ていた子どもが「のりたい」と来たので、「お客さんが来たよ」と保育者が声を掛けるとB児が「いいよ」と乗せてあげる。A児「じゃあ、じゅんばんね」と言いながら、前の席に座る順番を決めて遊ぶ。その後来た子どもも乗せてあげながら、自分たちも一緒に乗って遊ぶ。  	**「車を作って遊ぼう」という簡単な目的を持って、自分たちで遊び出している。**

「豊かな表現」につながる援助とは　～豊かな体験→経験にもつながる～

▲段ボールを使って場をつくったため、クラクションやナビなど子どもがイメージした廃材を接着しやすかった。そのため、自分で作っていくことができ、「自分たちで作った車」という満足感にもつながった。

▲カップ、空き箱など廃材を使って、見立てて遊んだり、イメージした物を自分なりに作ったりする経験を重ねてきた。そういった経験や、廃材が自由に使える環境があったことで、カップをライトに見立てたり、クラクションを付けたりするなど、イメージした物を自分で作って楽しむ姿が見られた。

■車のフロントガラスに見立てた段ボールのつい立てを提示したことで、A児のイメージが具体的になり、遊びに加わった子どもとイメージを共通にしながら遊ぶ姿につながった。

■実際に乗って動くことができる大きさだったことで、ブレーキを踏む動き、ハンドルを回す動きなど、なりきって楽しむ動きが生まれた。

★必要に応じて保育者が仲間に入り、子どものしていることを言葉に出してつなげたり、物を提示したりしたことで、友達とイメージをつなげながら遊びを楽しむことができた。

★遊びに使った物を置く場所をつくったり、表示を付けたりしたことが、翌日友達と簡単な共通の目的を持って遊び出す姿につながった。また、遊びの継続にもつながった。

事例：5 5歳児6月

どんなショーにする?

〈前日までの姿〉

年中クラスのときからテレビのヒーローに興味があり、主題歌に出てくる曲に合わせて踊ったり、怪獣に見立てた的と戦ったりしながら、ヒーローになりきって体を動かすことを楽しんでいる。武器を使って戦いごっこをするのも好んでいる。一方で加減ができず、トラブルになることが多い。

遊びのねらい

自分のイメージしたことや思い、考えを相手に分かるように伝え、仲間としてのつながりを感じながら遊びを進める楽しさを味わう。

活動の流れ	遊びの読み取り 指導の方向性 / 保育者の援助 ▲物との関わり ■場の設定 ★人との関わり
A児、B児、C児、D児、E児が戦隊ヒーローショーをやりたいと話し、変身したり、武器を作ったりする。 保育者が子どもの動きや持っている武器を認めながら、「○○ジャーなの？ 変身しても洋服は変わらないの？」と尋ねる。 すると、F児が「かわる！ つくろう!!」と即決する。F児の様子を見て、他児も「つくりたい！」と口々に言う。 保育者と一緒に教材室に行き、衣装作りの材料になる物を探す。それぞれが、好きな色を選ぶ。	**遊んでいる仲間を意識できるといいな。衣装を作るきっかけをつくってみよう。** ▲一緒に教材室へ行き、衣装作りに使える材料を探したり提示したりする。 （事例5－①→P.96参照）
衣装作りの場面で 選んだ色のカラーポリ袋で衣装を作り始める。 作っていると、他児が「Aくんは（赤だから）1ごうだね」と話す。その言葉を聞いて、衣装作りをしていたヒーローショーごっこの仲間同士で、「じゃぁ、○○くんは○ごうだね」と、テレビの登場人物に出てくる色と照らし合わせながら役が決まっていく。 登場人物には出てこない色のカラーポリ袋を選んだC児は、「ぼくは、1003ごう」と、自分で決める。 番号が決まると、衣装にも番号を書いた紙を貼ったり、友達を役の名前で呼んだりする。	**役の名前と色が決まったことで、役割が明確になったようだ。** ★衣装作りで工夫している部分を認める。 **自分の役や友達の役を意識するようになったようだ。**

活動の流れ	遊びの読み取り 指導の方向性　保育者の援助 ▲物との関わり　■場の設定　★人との関わり
ショーのストーリーを、話し合いで決めていく場面で 保育室で遊ぶ時間になると、すぐに前日に作った衣装を身に付け、なりきって遊び始める。遊んでいるうちに手加減ができずに、C児、D児が「つよくたたいた」「たたいていない」と、トラブルになる。 保育者が、何をしていたのか尋ねると、ヒーローショーしているの」と話し、C児、D児は「たたかっている」と話す。保育者が「○○ジャーって、なんで戦うの？」と尋ねると、少し考えて「わるものをやっつけるから」と話す。「仲間同士では戦うの？」と尋ねると、C児は「ちがうよ」と笑いながら首を横に振る。E児やF児も「○○ジャーってね…」と、自分の思いを説明しようとする。 「どこで戦うの？」「どんなふうにやっつけるの？」などと子どもがイメージを膨らませられるように声を掛けると、悪者役のD児が、「てきをたおしたりする」と話した。F児はD児の話を聞いた後に、「それで、○○ジャーがでてくるの」とポーズを交えながら説明する。すると、D児は「そうそう」と相づちを打ちながら、にこやかな表情になる。 ストーリーが出来上がってくることがうれしく、片付けのときには「はやくやりたい」「たのしみだな」「あした、あさきたらすぐじゅんびしよう」と、飛び跳ねて喜ぶ。 保育者：子どもたちの思いを聞いて、紙に書く。 　C児：ポーズに夢中。 　D児：一生懸命説明する。 　E児：保育者の書いているのをながめながら話す。 　F児：かっこいいポーズをする。 ※その後、ストーリーとして簡単にまとめる。	同じヒーローショーごっこをしているが、互いの遊びに気付いていないな。 友達の動きを意識して取り組めるといいな。 ★近くでヒーローショーごっこをしていた子どもも一度全員集め、トラブルの経緯を確認し、それぞれどんな遊びを楽しんでいるのか気付いたり、安全に遊んだりできるように子ども同士が相談できるような場を設ける。 どんなイメージで楽しんでいるのか、どんなふうに実現したいのか、聞き取ってみよう。 ★保育者は子どもの思いや考えを引き出せるように投げ掛けていく。 一人ひとり、イメージを持って遊びを楽しんでいるな。共有できるといいな。 ★ヒーローショーごっこをしていた子どもに声を掛け、思いやイメージが共通になるように保育者が遊びの中に入りながら、思いを聞いたり、紙に書いて整理したりする。 （事例5－②→P.98参照） 自分たちで遊びを進め、決めていったことで、翌日の遊びへの意欲が高まっているな。

活動の流れ	遊びの読み取り 指導の方向性	保育者の援助 ▲物との関わり ■場の設定 ★人との関わり

役になりきってショーをする場面で

登園すると「○○ジャーをやりたい」と、自分たちで準備を始める。衣装と武器の準備ができると、巧技台で舞台を作り始める。また、ヒーローショーごっこで使った物を片付けるためのキャスターが付いている棚と、巧技台を組み合わせて、舞台袖に少し隠れられるような場所をつくっている。保育者が「ここは何？」と尋ねると、E児が「ひかえしつ」と答える。他児もE児の言葉を聞いて、「そうそう。ここから、でてくるんだよ」「ひかえしつだよね」と、笑顔で"控え室"という言葉を復唱する。それ以後、「ひかえしつ」と呼び、舞台に出ていないときには、そこに集まって出番を待ったり準備をしたりする。

F児は控え室に○○ジャーの仲間を集めて、前日に作ったショーの流れの紙を見ながら確認する。B児、E児は一緒に見直し始める。A児、C児、D児は早くショーごっこをしたいという思いが強く、自分の武器を使って戦ったり、巧技台の上に登って掛け声とともにポーズを決めたりするなど、思い思いの動きを始めようとする。

子どもは前日に決めた流れに沿って、ショーとして動く。控え室で待機しているC児とE児は「つぎはおきゃくさんをおそうんだよ！」「たおれて」などとD児やF児に伝え、ストーリーを意識している。

「○○ジャー○ごう」という掛け声とともに呼ばれた子どもは、舞台の上でかっこ良くポーズを取る。

控え室に戻り、初めてショーを通してできたことや認められたことに対して、ジャンプをしたり抱き合ったりしながら喜ぶ。

遊びの読み取り・指導の方向性

具体的な目的を持って遊び始めている。

「控え室」という言葉を知らない子どももいたが、場の持つ意味は共通になっていたようだ。E児の話で「控え室」という呼び名も共通になったな。

ショーの流れのイメージが共通になった。遊びの中で実現する喜びを味わってほしいな。

それぞれの動きを楽しみ始めてしまう前に、友達と一緒に行うショーの中で自分の動きを引き出してほしいな。

"控え室"が、ヒーローショーごっこをしている仲間同士で共有している場のようだ。遊んでいる仲間を意識しているようだ。控え室が"表舞台に立つ演じ手の自分"と"裏にいるときの本来の自分"とが切り替わる場になっている。

保育者の援助

「"控え室"っていいね」と認め、呼び名が共通になった喜びに共感する。

★ショーの始まりから保育者が司会役になり、スタートの合図を送る。話が展開していけるように、続いてナレーター役になり、進行していく。

★全員の見せ場をつくることができるように、ショーの最後でカーテンコールのように保育者がキャストの名前を呼ぶ。

★子どもが控え室に戻った後に「かっこ良かった〜」「すてきなショーができたね。すごいね」と認める。

活動の流れ	遊びの読み取り 指導の方向性　保育者の援助 ▲物との関わり ■場の設定 ★人との関わり
お客さん役の友達にショーを見せる場面で 自分たちで作ったショーを友達に見てほしいと思い、お客さんを呼ぶために座席を準備したり、宣伝をしたりするなど、役割分担しながら進めていく。クラスの大半の子どもがお客さんとしてショーを見に来ると、控え室に隠れたり、走り回ったりするなど興奮する姿が見られる。お客さん役の他児は、大声で応援したりストーリーを楽しんだりする。ショーが終わり、控え室に戻るとジャンプをして抱き合いながら喜ぶ。その後繰り返しショーごっこを楽しんだり、舞台にライトや幕を付けたりするなど、場を工夫してつくることも楽しむ。	**一緒に遊んでいる仲間を意識している。保育者だけでなく、友達に見てもらったことで、なりきる楽しさや、友達とストーリーに沿って動く楽しさを味わっている。** 

「豊かな表現」につながる援助とは　～豊かな体験→経験にもつながる～

▲自分たちで材料を選んだり、教え合いながら作ったりできるような物を提示すると、自分なりに工夫して作る姿が見られた。また、友達と協力し合いながら作る楽しさを味わうことができた。

▲衣装の色は、相談しながら決めたことで、何役なのか意識して動いたり、周りから見ても何をしているのか分かりやすかったりした。そのため、それぞれの役でショーごっこの楽しさを味わうことができた。

■保育者が控え室の存在を認めたことで、ショーごっこをしていた子どもの中でも控え室が意味付けられた。そのため、控え室で舞台に立っている友達を見たり流れを知らせたりしながらショーの雰囲気を意識することで、仲間意識を持って遊ぶことができた。そのことが、ショーの終わった後の満足感や充実感を友達と共有する姿につながった。

★自分たちで作ったストーリーを友達や保育者と確認していくことで、自分の動きや友達の動きを意識する姿につながり、遊びを共有するきっかけになった。

★保育者がナレーションで動きを引き出していったことで、話が展開していく部分もあった。保育者が遊びの仲間の一人として司会役になり、ショーが展開していけるように援助したことで、ショーごっこをする子ども全員が○○ジャーごっこを通して、「初めてのショーが成功した」「楽しかった」という充実感を味わい、その思いを仲間同士で共感することができた。その経験が、次はお客さんを呼んで自分たちのショーを見せたいという思いになった。また、お客さんを呼んでショーをするための準備をしようとする姿につながった。

★ストーリーを考える際、一人ひとりのイメージを引き出せるように声を掛けていくことで、友達の思いに気付くきっかけとなった。また、それぞれのイメージをショーに取り入れることで一人ひとりのイメージを実現することができた。

事例：6

5歳児 11月〜12月

テーマを共有して楽しもう 〜子ども会〜

〈前日までの姿〉

10月、小学校の学芸会鑑賞後、自分たちも劇をやりたいという声が聞かれた。また、“誕生月ごとに海の生き物に乗り、6歳になったら自分の人形が竜宮城に行く”というイメージで、クラスで製作した壁面が保育室に提示してあったことから、「『浦島太郎』の劇をやりたい」という子どもも出てきていた。そこで、様々な作者による『浦島太郎』の絵本をクラスで読み聞かせた。絵本によって、登場人物や結末が少しずつ異なるので、挿絵もよく見て、その違いを発見する楽しさを感じるようになっていた。

遊びのねらい

友達とストーリーに沿って動く中で、登場人物の気持ちを動きや言葉で表現したり、やり取りをしたりして演じる楽しさを味わう。

活動の流れ	遊びの読み取り 指導の方向性 / 保育者の援助 ▲物との関わり ■場の設定 ★人との関わり
好きな遊びの場面で カメの甲羅や乙姫の衣装、浦島太郎や魚のお面などに興味を持った女児6名が集まる。 「わたしこれせおってみたい！」と、A児が真っ先にカメの甲羅を背負う。 B児は「どっちにしようかな」と、カメ役にするか浦島太郎役にするか迷いながらも、「やっぱりさいしょはこっちにしよう」と、乙姫役を選んで衣装を身に付ける。 C児は「これかぶってみたいな」と、浦島太郎のお面をかぶる。 D児が「わたしはおとひめさまがいいな」と言うと、E児、F児も「わたしもこれにする」と言って乙姫の衣装を身に付ける。 それぞれ衣装を身に付けると、D児が「だれがりょうりをだすことにする？」と言い、料理を出す役、玉手箱を渡す役について話し合う。役割が決まると、C児が「じゃあ、やろう！」と、保育室の空いているスペースを見付ける。	▲カメの甲羅や乙姫の衣装、浦島太郎や魚のお面などを、好きな遊びの中で使えるように用意しておく（一つの役につき2〜4つ）。 **登場人物や役割のイメージが子ども同士で共有されている。衣装に魅力を感じて選んでいる子どもや、いろいろ試してみたい子ども、好きな友達と同じ役がやりたくて選んでいる子どももいるようだ。** **一つの役につき複数用意しておいたことで、まずは自分のやりたい役になることができた。** **同じ乙姫役でも、場面ごとに役割を分担しようとしている。** **D児がリードしながらそれぞれのやりたいことを聞いて進めているので、見守ろう。** ▲「とっても似合っているね！」「CちゃんDちゃんEちゃんFちゃんの乙姫様、すてきだね」と声を掛ける。

活動の流れ	遊びの読み取り 指導の方向性 保育者の援助 ▲物との関わり ■場の設定 ★人との関わり
カメ役のＡ児がうずくまり「エーンエーン」と声に出して泣いている表現をする。 浦島太郎役のＣ児が「どうしたんだい？」と優しく声を掛ける。 Ａ児が「こどもたちにいじめられてしまったんです」と言う。 Ｃ児は「このさかなをあげるからいじめるのをやめておくれ」と、子どもたちがいるかのように話す。 「せなかにのってください」とＡ児が言うと、Ｃ児はＡ児の背中に捕まる。そのまま、少し歩いていると、乙姫役の子どもたちが出てくる。 Ｄ児たちがままごと用のテーブルやイスを出してきて、Ｃ児を座らせる。 Ｅ児がごちそうに見立てた皿やカップを出すと、Ｃ児は食べるしぐさをする。 その後、乙姫役のＦ児が、玉手箱を持っているかのように手で表現し、「たまてばこです」と言ってＣ児に渡す動きをする。 Ｃ児が「さようなら」と帰る所まで行うと、「つぎはこのやくがやりたい！」と、それぞれ異なる役に交代しながら劇ごっこを繰り返す。 Ａ児は繰り返しカメ役になっている。	**大まかな物語の流れや、登場人物の言葉のイメージが子ども同士で共有されており、なりきって表現している。 カメをいじめる子ども役はいなくても、いるかのように表現するＣ児の姿を、ほかの子どもも受け止めている。 Ｃ児の言葉や動きがストーリーの流れを作っており、ほかの子どもたちもお互いの動きを感じながら表現しているようだ。** ★子どもが自分たちでやろうとしている流れを止めないようにする。ほかの遊びをしている子どもたちの目線が向いている様子を見て、「浦島太郎のお話やっているね、面白そうだね」とつぶやく。
	**物語の登場人物になって友達とやり取りをすることを繰り返し楽しんでいる。 クラスの友達の前で演じられるようにし、“見せる”ことを意識させたり、ほかの子どもの刺激となるようにしたりしたい。** ★「とても楽しそうだから、浦島太郎の劇、みんなも見たいって言ってたよ」と、声を掛ける。　（事例６－①→P.99参照）
保育者の提案を受けて、「なんのやくにしようか」と、役を決めたりイスを並べたりして、劇ごっこの準備を始める。	**これまでのクラス活動の中で、それぞれが作った物を見せたり、踊ったりする機会を積み重ねていることで、みんなの前でやりたい気持ちにすぐにつながった。** ■劇ごっこができるスペースを作り、見えやすいように、半円状にイスを整える。

活動の流れ	遊びの読み取り 指導の方向性 / 保育者の援助 ▲物との関わり ■場の設定 ★人との関わり
クラス活動の場面で 劇ごっこが始まると、カメ役のＡ児が大きな声で泣く表現をする。 話の途中で、Ｃ児とＥ児が思い付いたように保育室の本棚から絵本を持って来て、「たろうはりゅうぐうじょうにいくことにしました」「おとひめさまはたろうをきせつのとびらのへやにあんないしました」などと、絵本を読みながらナレーターのように話を進める。 竜宮城の場面では、Ｄ児、Ｆ児がお皿やコップを並べる。浦島太郎役になったＢ児は、目の前にごちそうがあるかのように「こんなにおいしいものはたべたことがないです」と言って食べるしぐさをしたり、扉を開ける動きをして「はるだ！　はながさいている」と驚いたように言ったりする。 Ｆ児が乙姫役として玉手箱を渡すと、Ｃ児が、「たろうはおじいさんになってしまいました」と話して劇ごっこが終わる。  観客として見ていた子どもが、「Ａちゃんのカメが、ほんとうにないているみたいにみえた」「うらしまたろうもおいしそうにたべていて、ほんとうにごちそうがあるみたいだった」と言う。 さらに、「もっとうみのなかみたいにみえるといいね」「りゅうぐうじょうのおしろがあるといいよね」などの意見も出てきた。	**Ａ児は、これまで、みんなの前に出ると照れてしまうことが多かったが、気に入ったカメ役ができたことや、好きな遊びの中でも繰り返し楽しんだことで、みんなの前でも恥ずかしがらずに表現している。** **Ｂ児は、好きな遊びの中での、Ｃ児の浦島太郎の動きを元にしながら、自分なりにイメージを加えて言葉や動きに出している。** **Ｃ児、Ｅ児は、絵本の流れに沿って物語を進めようと思い付いて、絵本を持って来たのかな。学芸会やこれまで見た劇の中で物語を進めるナレーターの役割を見たことがあるのだろうか。**  ★子どもが思い付いて自分なりに表現する姿を、“いいよ、やってごらん”と、受け止めるような視線を送りながら見守る。観客として見ている子どもたちに、「お話が分かりやすいね」「太郎が本当にごちそうを食べているみたい」「目の前に季節の扉があるみたい」と、動きの意味が伝わるようにつぶやく。 ★観客として見ていた子どもに感想を聞く。

後日、「みんなで『浦島太郎』の劇をやりたい」「遊戯室を海の中のようにしたら楽しそう」と、クラスの全員で劇をすることになった。遊戯室を海にするための背景やサンゴの岩、竜宮城のごちそうなど、必要な物についてグループに分かれて相談し、イメージを共通にした上で製作を進める。

グループで相談

絵に描いてイメージを共通に

グループでの製作

ストーリーの中に、歌やダンスを取り入れながら、オリジナルのストーリーにしていった。そして、本番の役を決めて衣装や小道具を作り進め、自分たちのイメージした世界を自分たちで実現していくことを楽しみながら、子ども会を迎えた。当日、たくさんのお客さんの前で自信を持って表現できたことが、達成感となり、クラス全体のつながりを深めた。

衣装作り

ダンスの相談

年少児にダンス披露

互いに見合ってより良い劇に

「豊かな表現」につながる援助とは　～豊かな体験→経験にもつながる～

▲学芸会からの刺激や絵本の読み聞かせで物語を深く読み込んでいくことを通して、子どもの気持ちが高まっていた。その段階で身に付ける物をタイミング良く提示したことが、自分たちが物語の登場人物になって表現するきっかけとなった。衣装や用具を、さりげなく置いておいたり、こういう作り方もあるよ、と気付かせたりすることで、自分たちで作り上げていく満足感につながった。

■遊び慣れている保育室で劇ごっこを始めたことで、ふだんの遊びの中でのおうちごっこと同じように気の合う友達と身近な道具を使って、互いの表現を受け止め合いながらストーリーを進めていく楽しさを味わっていた。また、子ども会に向けて、広い遊戯室の空間を自分たちのイメージで作り変えるという目的が子どもにとって魅力的であり、必要なことを考えて取り組む意欲となっていた。

★これまでの遊びの中で互いの思いを伝え合う経験や、イメージや目的を共有しながら遊ぶ経験の積み重ねを大切にしてきたことで、自分のやりたいことを言葉で伝えたり、友達の表現を受け止めながら物語を進めたりする関係性ができている。また、友達の表現を見て良いと感じたことを、自分が表現するときに取り入れているような姿や、そのとき思い付いたことをすぐにやってみようとする姿も見られた。ふだんのクラス活動の遊びの中でも、子どもの発想の面白さを受け止め、遊びの中に積極的に取り入れていくことが大切である。

★ほかの遊びをしていた子どもたちも、役になりきって表現する友達の姿からイメージが具体的になり、子ども会でも『浦島太郎』の劇をやってみたいという気持ちを持つきっかけとなった。披露した子どもたちは、友達に表現を認めてもらったことが喜びとなり、さらに伸び伸びと表現する姿や、クラス全体での目的として自分なりの考えをみんなの中で伝える姿につながった。

Ⅲ章の年間指導計画の読み取り方

年間指導計画（3年保育　5歳児）

	Ⅰ期（4月上旬〜5月中旬）	Ⅱ期（5月上旬〜7月下旬）
期のねらい	○新しい環境の中で、自分なりの目的を持って遊んだり、友達とのつながりを楽しんだりする。 ○自分の思いを出したり友達の思いを聞いたりして遊ぶ楽しさを味わう。 ○クラスのみんなと活動する中で保育者の投げ掛けた課題を受け止め、個々に、またはグループで取り組んでいく楽しさを感じる。 ○年長児になった喜びや自信を持ち、自分なりに新しい生活を進めようとする。 ○身近な春の自然に関心を持ち、自分から関わったり遊びに取り入れたりする楽しさを味わう。	○友達とのつながりの中で、自分なりの目的に向けて、考えたり、工夫したりして繰り返し取り組んでいく楽しさを味わう。 ○グループの友達と思いや考えを出し合って共通のイメージを持ち、一緒に遊びを進める楽しさを味わう。 ○クラスやグループの課題を受け止め、友達と一緒に取り組む中で、友達とのつながりを感じる。 ○生活に必要なことに気付き、自分たちでしようとする。 ○初夏の季節を感じ、自然の変化に気付いたり関わることを楽しんだりする。
内容 表現につながる	○**友達とのつながり**の中で、一人ひとりが**自分なりのイメージ**を持って動いたり、遊びに必要な物を作ったりして遊ぶ。 ○友達との遊びの中で、自分の思いや考えを言葉や動きで表しながら遊ぶことを楽しむ。 ○自分なりの目的を持ったり友達の動きに気付いたりしながら、**一緒に遊びを進める楽しさ**を感じる。	○自分のイメージしたことや思い、考えを相手に分かるように伝え、**仲間としてのつながり**を感じながら遊びを進める楽しさを味わう。 ○友達と遊ぶ中で大型積み木や段ボールなど、いろいろな道具を組み合わせ**自分のイメージで構成した物を友達と共有**して遊ぶ楽しさを味わう。
指導のポイント	●個々の目的やイメージをくみ取り、実現できるように。 ●友達と一緒に作った物から見いだした楽しさへの共感。	●保育者は困ったときの相談 ●仲間同士のやり取りを見守
ごっこ遊びの環境構成と △物との関わり	**〜遊びに必要な物を作って遊ぶことを楽しめるように〜** △進級当初は、扱い慣れた用具や材料を用意する。 △個々の実現したいイメージが実現できるように丁寧に関わる。	△遊びに必要な物や身に付ける物に気付かせたり、材料や作り方を子どもと考え提案したりする。また幾つかの材料の中から自分で選んで作ることができるように用意する（ショーごっこ（事例5-①→P 参照）、チョウチョごっこ、人魚ごっこ：カラーポリ袋、スズランテープ　おうちごっこ：食べ物の材料として色画用紙、フラワーペーパー、ティッシュペーパー、カラーポリ袋）。 △3〜4人で取り組めるように、大きい素材を提示する（おうちごっこ：家の扉や壁、絵の具、旗立台　電車ごっこ、バスごっこ：段ボール、台車、運転手の帽子用のこ、動物園ごっこ：カラーポリ袋、新聞紙）。 △子どもの興味や体験を元に、ごっこ遊びのきっかけとなるような物や素材を置いておく。 △絵本・物語の読み聞かせでは、ストーリーの展開が分かりやすいもの、イメージが共通になり、遊びにつながるものを選ぶ（人形劇ごっこ：画用紙、紙コップ、ストロー、トイレットペーパーの芯、人形劇舞台など）。 △ダンスやごっこ遊びのイメージが膨らむような音楽を用意する。 △友達のやり方を見て、良いと思った方法を自分の遊びに取り入れたり、互いに刺激し合ったりしながら作る姿を認める。 △繰り返し遊べるように、作った物を分類したり、整えたりしながら片付けることに気付かせていく。 **〜クラスで共通の目的に向けて取り組めるように〜** ▲誕生表を、クラスの友達とイメージを共通にしながらテーマを決めて製作する（自分の人形作り、海や宇宙、不思議の国などをテーマにした壁面作り）。

注釈：
- 太字はその時期のキーワード。
- 系統性のある援助は同じ色の枠で表記。
- アンダーラインはⅡ章の事例との対応を示す。

〈マークについて〉
▲物との関わり　■場の設定　★人との関わり
△□☆：好きな遊びの中での環境構成・援助
▲■★：クラスのみんなで取り組む活動での環境構成・援助

※遊びの指導とクラス経営はつながっているものと考え、豊かな表現（体験→経験も）につながるための援助として、必要であるものについては、ごっこ遊びの場面以外の援助も記載しています。

III

３・４・５歳児のごっこ遊びドキュメンテーションと年間指導計画

◎「なりきる」ことを楽しむ３歳児
◎想像から創造へ、イメージが広がる４歳児
◎友達と目的を持って遊ぶ５歳児

各年齢の１年間のドキュメンテーションと年間指導計画からごっこ遊びの体験を通して子どもに育つ力をイメージしましょう。

3歳児の「ごっこ遊び」ドキュメンテーション
写真で見る子どもたちの1年間の育ち

4月

なりたいものになって、ごっこが始まる。
身近な人がごっこの対象。

お母さんごっこ
～ままごとを使うことで遊びを楽しむ～

おかあさんみたいに
おりょうりしたいな

お母さんごっこ
～興味を持った場で遊びを楽しむ～

わたしもここで
あそびたいな

おうちごっこ
～保育者と信頼関係を築き、安心して動き出す～
～友達との遊びを楽しむ～

ケーキどうぞ!
せんせい!

えほんよんでるの
わたしも、
えほんよんでるの
ごはんたべて
いいよ

5月

なんだろう？　面白そう！　に集まって…。
興味や関心からごっこへ…だんだん友達との関わりが生まれるように。

魚釣りごっこ
～自分が作った魚を釣ることを楽しむ～

ひっかかったー！

つりにいこう♪

ドライブごっこ
～同じ動きをする楽しさを感じながら遊ぶ～

しゅっぱつ！

はい、
すぐいきます！

3歳児

6月

自分の「場」をつくることが楽しい！　自分たちで「場」をつくっていけるように…すぐ作れる物＝段ボール や牛乳パックで作ったつい立て・大型の軽い積み木など。
＝
手軽に場をつくれる物を用意。

基地を作ろう
～自分たちで場をつくって遊ぶことを楽しむ～

かっこいい
きちをつくろう!

自分たちで「場」をつくって遊び出す。

こんどはぶきを
つくるぞ!

仕切り＝囲まれた所＝一緒の空間で遊ぶことが楽しい。
＝
囲っても、隣の遊びが見える低い物。

コンサートごっこ
～マイクを使って、
インタビューのやり取りをすることを楽しむ～

マイクを持つと、インタビューごっこが始まる（園全体の誕生会で、誕生児にインタビューするのを見ていたことから…）。

ドーナツ屋さんごっこ
〜セロハンテープの経験。ラッピングすることを楽しむ〜

遊びに使う物を作り出す。
＝
３歳児ができるのは「ラッピング」
ラッピング＝「わたしもできるよ！」
自分の手で作り出す…。
遊びに使える物を作ることができるのがうれしい！

ラッピング、わたしもできるよ!

ピザ屋さんごっこ
〜やりたい役になって、自分で作った物を使いながら遊ぶことを楽しむ〜

素朴だけど…「わたしもできたよ！」が大切！

ピーマンにトマトに…

ピザをかってきたよ〜

はい、どうぞ

もぐもぐもぐ

遊びに使う物を作る…。
作った物で遊ぶ。

3歳児

ペンギンごっこ
～同じ物を身に付けて
同じ場で遊ぶことを楽しむ～

場を共有してイメージが広がる！
場を見立てて友達と一緒に遊べる環境構成と援助を。

おさかな
おいしい
ペンギンのおうちで
つりばしをつくろう

海ごっこ
～囲われた場で、海の中にいるイメージで
泳いだり魚を見付けたりすることを楽しむ～

魚を作って…

わぁ、きれいな
おさかなみつけた!

友達と一緒に場を見立てて遊べる
環境づくりの工夫を！

お洗濯ごっこ
～大好きなお母さんのまねを
楽しみながら遊ぶ～

本物らしい物が置いてある場から…３歳児で経験してほしいこと
を考えたとき、このような本物らしい物を環境として出しておく。
＝本当のお母さんになって遊びを楽しむために。

せんたくを
しよう!

ほしましょう!

アイロンも
かけようね!

ボーリングごっこ
～同じ場にいる友達と一緒に遊ぶことを楽しむ～

ボールの経験を広げたいと思って場をつくったら…

おみごと!

やったあ!

そおっと
そおっと!

7月

場の構成の仕方によって、役割が生まれ、やり取りが生まれるように、ある程度イメージできる場を保育者がつくっておくことが大切!

アイスクリーム屋さんごっこ
～自分で作った物を使って、やりたい役になりきって遊ぶことを楽しむ～
～お客さんの注文を聞いて、アイスを作る動きを楽しむ～

このアイスを
ください!

対面式の場づくりで、お店の人と「くださいな」のお客さんの役割を…。

アイスを
つくったよ!

いらっしゃいませ!
どのアイスにしますか!

次から次へと、子ども同士のやり取りが豊かに生まれる。

ブドウアイスと
カルピスアイスください。
なまクリームたっぷりで
おねがいします。

かしこまりました～

3歳児

お医者さんごっこ
～お医者さんになりきって遊んだり、患者さんになって診てもらったりすることを楽しみながら遊ぶ～

「なりきって…」が楽しい！
ふだん使わない言葉が出る。
そのやり取りが行きかう。
「なりきる」ための環境構成や援助を！

もう、だいじょうぶ
ですよ!

あかちゃん、
しっかり!

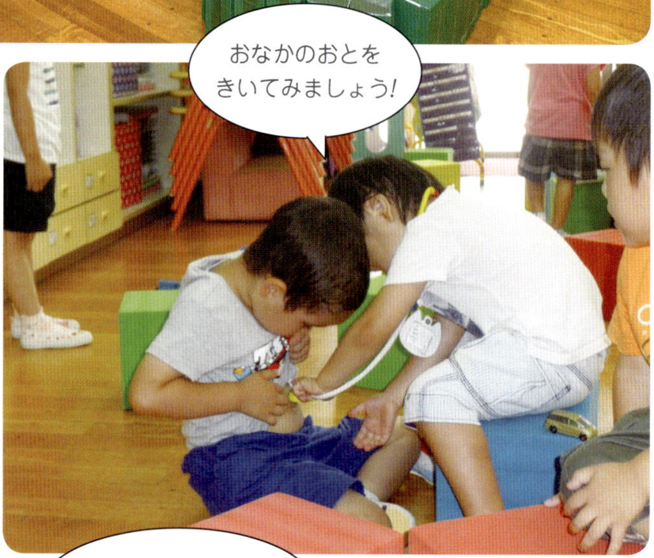
おなかのおとを
きいてみましょう!

おうちごっこ
～役になりきった動きをすることを楽しむ～

いま、おりょうり
つくっていますからね～
あら、あかちゃん
おきたかしら

Ⅲ　3・4・5歳児のごっこ遊びドキュメンテーションと年間指導計画

9月

友達と同様の物を身に付けることによって、イメージが広がる。一人でもなれる。
でも、友達と一緒なら、もっと広がる。

お姫様ごっこ
～同じ物を身に付けたり同じ動きをしたりして、友達と一緒に遊ぶことを楽しむ～

ステキなドレスを身に付けて、みんなでお姫様に！

へんしん
しよう!

いっしょに
おどろう♪

さあ、おどりましょう!

タコ焼き屋さんごっこ
～作った物で遊ぶ面白さを感じながら遊ぶ～

茶色の絵の具にのりを混ぜて溶いてあるので、より「ソース」の感じが出る。

青ノリのトッピングで、子どもの「作った！」感が増す。
↓

３歳児の力でできること…「ラッピング」と「トッピング」…子どもの「作った！」感…満足感

たこやき
あつあつですよ!

夏祭りの体験を共有しているだろう…。
↓
保育者の環境づくり（屋台や鉢巻き）＝本物らしい物の準備。
↓
ごっこの世界が広がる＝保育者の役割。

チョコバナナ屋さんごっこ
～作った物で遊ぶ面白さを感じながら遊ぶ～

夏祭りの経験から遊びが広がることを考えて…
屋台＝タコ焼き屋さんにも通じる題材を用意。

チョコですか?
イチゴですか?

3歳児

10月

憧れがごっこに発展！

運動会ごっこ
～年長児に憧れの気持ちを持ち、模倣する～

大きくなったつもりで…。
５歳児たちにも教えてもらいつつ。
年長さんの応援ダンスのまねっこ…。
「ぼくだってできるよ！」

ねんちょうさん、すごいね!
おうえんのダンスだよ!

ショーごっこ
～同じ物を身に付けて一緒に歌うことを楽しむ～

『アナと雪の女王』が流行しており、
そこから遊びが生まれた。
→あなたもアナ、わたしもアナ…

→憧れはごっこの原動力。
→憧れはごっこの始まり。

自然物を使った遊び
～自然物を使って遠足の経験を再現したり、見立てたりして遊ぶことを楽しむ～

こんなにいっぱいひろったよ!
ドングリがおちているよ!

ドングリジュースをどうぞ!

11月

子どもたちの地域での生活が反映されるので、地域によってお店の種類に違いが出る。
子どもが自分の地域で体験し、ごっことして実現したいと思うことに寄り添いながら、
環境構成や言葉を掛ける援助を考えていこう。

うどん屋さんごっこ
～うどんを作ることを楽しみながら遊ぶ～

おすし屋さんごっこ
～役になりきった言葉を使ったり
動いたりすることを楽しむ～

ここでは、
おすし屋さん役の子どもの思いに寄り添って
廊下にコーナー作り。
ねじり鉢巻きでなりきる。

3歳児

1月

場の構成から遊び仲間が増えていくように…３歳児後半の友達と関わる育ちを見通して。

音楽会ごっこ
～自分なりに作った物で、音楽に合わせて演奏することを楽しむ～

「舞台・ステージ」という場の構成から
イメージの共有を促す。
12月のお楽しみ会の経験から。

おんがくかいが
はじまります

おすし屋さんごっこ
～お客さんとのやり取りを楽しみながら遊ぶ～

おいしいですよ!

「ベルトコンベア」という場の構成から
イメージの共有を促す。
↑
おすし・クッキー＝自分たちで作った物！
作りたい物だから作れる。
なりたいからなれる。
↓

クッキー屋さんごっこ
～自分たちで遊びの場をつくって、遊ぶことを楽しむ～

ひとつ
ください!

どれが
いいですか!

自分たちで色を塗った物。作りたい物を作る＝遊び込む。

Ⅲ　3・4・5歳児のごっこ遊びドキュメンテーションと年間指導計画

2月

好きな友達・特定の友達を誘って一緒に繰り返しごっこを楽しむ…3歳児のこの頃。

忍者ごっこ
～気の合う仲間と同じ物を身に付けて、忍者になりきって遊ぶことを楽しむ～

だれかきたぞ!

おうちごっこ
～自分たちで場をつくって遊ぶことを楽しむ～

あかちゃん、
おそとにさんぽいく?

私と大好きな友達と赤ちゃんがいて
家族になれる。
⋮
その子といる安心感からごっこへ
（ひそやかな空間）。

3月

作ることを楽しみながら遊びの経験を広げる。
物との関わりを深めるため、イメージしやすい素材を置いて、作ってみたくなる工夫を。
遊びに必要な物を作って楽しめるように…経験が広がるように。

ケーキ屋さんごっこ
～遊びに必要な物を作って遊ぶ～

おいしいケーキを
つくろう!

おまたせ
しました!

年間指導計画（3年保育　3歳児）

		Ⅰ期（4月上旬～5月中旬）	Ⅱ期（5月上旬～7月下旬）
期のねらい		○保育者に親しみを持ち、安心して園で過ごす。 ○好きな遊具や気に入った場で遊ぶ。 ○保育者に声を掛けてもらったり手伝ってもらったりしながら持ち物の始末や身仕度をする。 ○園庭の花や木や虫を、見たり触れたりすることを楽しむ。	○保育者や周りの子どもと生活する中で、自分の好きな遊びを見付けて遊ぶ。 ○身近な環境や保育者が投げ掛けた活動に興味を持ち、やってみようとする。 ○保育者の動きをまねたり同じ動きをしたりすることを楽しむ。 ○園での過ごし方を知り、身の回りのことを自分でしようとする。 ○園庭の栽培物に興味を持ち、見たり触ったりすることを楽しむ。
指導内容	豊かな表現につながる	○目に付いた遊具や**親しみのある遊具**に触れながら遊んだり**気に入った場**で過ごしたりする。 ○保育者や周りの子どもと同じ物を持ったり動きをまねたりする。	○自分の**好きな遊び**や場を見付けて楽しむ。 ○保育者や気になる動きをする子どもと一緒にいたり遊んだりする。 ○同じ場にいた子どもと一緒に遊ぶことを楽しむ。 ○保育者と一緒につくった場やコーナーで好きな遊びを楽しむ。 ○保育者や友達のしていることに興味を持ち、**まねたり自分なりにやろうとしたりする**。
指導のポイント		●安心感を持って自分から動き出せるように。	●子どもがやりたいと思ったことや、経験したことを実現できるように。
ごっこ遊びの環境構成と保育者の援助	△物との関わり	**～物を使うことで、見立てた遊びが楽しめるように～** △子どもと一緒に遊びを楽しみながら、遊び方や遊具の使い方を知らせていく。 △心地良い感触を味わえるような遊具を用意する（ぬいぐるみ）。 △家庭で親しんでいる遊具、園にしかない遊具を用意する（既製のままごと道具、プラレール、積み木、ミニカー、牛乳パックのバイク、ベビーカー）。 △繰り返し取り組む楽しさを十分に味わえるように、遊具の数を多く用意しておく。 △個々のやりたい気持ちが満たされるように同じ物でも十分な数を用意しておく。使いたいときに使えるように同じ物を十分に用意しておく。 **～なりきって遊ぶ楽しさを感じられるように～** △なりきったり身に付けたりして楽しめるような物を用意する（エプロン、スカート、塗り絵のお面やペープサートなど）。 ▲なりきれるようなリズム遊びをクラス活動で取り入れる（『どうぶつ体操1・2・3』、『しゅりけんにんじゃ』）。 **～作って遊ぶことが、楽しめるように～** ▲作ってみたくなるような用具や材料を用意する（塗り絵、線描きなど：クレヨン　チョウチョウ：シール）。	△作った物を持って遊んだり見立てたりする楽しさが味わえるような材料を用意する（塗り絵、広告紙を巻いた棒、お面ベルトなど）。 △保育者と一緒に遊びながら、新しい遊具や材料、素材の楽しさを感じられるようにする（ウレタン積み木、ベビーカー、砂場など）。 △イメージを持ちやすい物や持つことで動きを引き出せる物を用意する（ハンドル、手提げ、レジャーシート、保育者が作った水筒やおにぎりなど）。 △雰囲気を盛り上げたり動きを促したりする音楽などを用意する（バスごっこ、ショーごっこ、演奏会ごっこ）。 ▲なりきれるようなリズム遊びを取り入れる（『きみはできるかな』、『アンパンマン体操』、『バスに乗って』、『おたまじゃくし体操』、『ペンギンのプール体操』）。 ▲のりの使い方を個々に丁寧に知らせ、使えるようにする（ピザ作り、アジサイ作り、三角つなぎ）。 ▲絵の具のいろいろな使い方を知らせ、感触を楽しめるようにする（スタンピング、筆描き、フィンガーペインティング）。

※読み取り方は、P.52参照。

Ⅲ期（9月上旬～12月下旬）	Ⅳ期（1月上旬～3月下旬）
○自分のしたい遊びを見付け、自分なりに遊びを楽しむ。 ○自分の思いを出しながら同じ場で遊んでいる友達に関わることを楽しむ。 ○クラスのみんなと一緒に自分なりの動きを出して遊ぶことを楽しむ。 ○自分でできる身の回りのことを、自分でしてみようとする。 ○身近な自然に興味を持ち、落ち葉や木の実を遊びに取り入れ、自然に親しむ。	○自分の思いを出して遊ぶことを楽しむ。 ○気に入った友達や同じ場にいる友達と一緒に遊ぶことを楽しむ。 ○園生活の約束が分かり、皆で一緒に過ごす楽しさを感じる。 ○生活の中で、身の回りのことを自分でしようとし、できるようになった喜びを味わう。 ○冬から春への季節の変化に関心を持つ。
○見立てたり、なりきったりして自分の思いを動きに出しながら遊ぶことを楽しむ。 ○身近にある物で**自分なりに作ったり**描いたりし、また、**作った物で遊**ぶことの面白さを感じる。 ○同じ遊びの場にいる子どもの動きをまねたり、同じ物を持ったりして遊ぶことを楽しむ。 ○みんなと**同じ動きをする楽しさ**を感じ、一緒に動くことを喜ぶ。	○**自分の思いを出して遊ぶことを楽しむ。** ○身近な材料を使って好きな物を作ったり、できた物を遊びに使ったりして遊ぶことを楽しむ。 ○好きな遊びを**繰り返し**たり、いろいろなことに興味を持って取り組んだりして遊びの楽しさを味わう。
●新しい教材用具との出会い。 ●一緒に遊びたい友達と関わって遊べるように。	●自分なりに取り組んでいる姿を見守る。 ●友達に自分の思いや気持ちを伝えられるように。
△遊びが実現できる物を保育者が用意し、遊びの楽しさを味わえるようにする（クッキー屋さん：オーブン（事例1－①→P.28参照）ジュース屋さん：小さく切ったカラーポリ袋のジュース　うどん屋さん：鍋、おたま、どんぶり、おぼん）。 △自分で作った物を使って遊びを楽しめるように、保育者も遊びに参加しながら材料を提示し作り方を知らせていく（クッキー屋さん：クッキーの形に切って置いた段ボール、クレヨン　ペープサート：ドングリの塗り絵、広告紙を巻いた棒　サンタさんごっこ：空き箱、リボン型の画用紙　うどん屋さん：毛糸の麺、画用紙で作ったうどんの具）。 △音楽に合わせて音を鳴らす楽しさを感じられるような素材や材料を用意する（マラカス作り：自然物の実や種、ヤクルト容器）。 △カセットテープを身近な取り出しやすい場所に置いておく（演奏会ごっこ：『あわてんぼうのサンタクロース』、『ジングルベル』　ショーごっこ：プリンセスやヒーローの音楽）。	
△なりきったりつもりになったりしやすくなる物を保育者が用意し、イメージを持って遊ぶ楽しさを味わえるようにする（クッキー屋さん：コックさんの帽子（事例1－②→P.29参照）　すし屋さん：ねじり鉢巻き　ジュース屋さん：ミキサー　お姫様ごっこ：冠、カラーポリ袋のドレス　サンタさんごっこ：サンタクロースの帽子、トナカイのお面　洗濯ごっこ：洗濯機、洗濯物を干すひも　忍者ごっこ：忍者のお面や手裏剣）。 ▲なりきって遊ぶ中で、保育者や友達とのやり取りや、体の触れ合いを楽しめるようなリズム遊びを取り入れる（『がんばれパチパチマン』、『むっくり熊さん』、『おおかみさん』、『へっちゃらぽんち』、『おふろやさんへいこう』、『ロボット機関車』、『ラーメン体操』）。	
△自然物や季節の製作を用意し、興味を持てるようにする（トンボ、コスモス、クリスマスツリー、雪だるま、鬼のお面、ひな人形、輪つなぎ）。 ▲塗る、貼るなど工程が少なく簡単にできる製作を用意し、作った物を使って遊ぶ楽しさを味わえるようにする（ドングリの塗り絵、季節や行事の塗り絵、ペープサートで作った動物の家）。 △作りたいときにすぐに使えるように材料や用具を用意し取り出しやすいように環境を設定する（セロハンテープ、ハサミ、紙テープ、空き箱、カップ、トイレットペーパーの芯、牛乳パック、ハート・四角などいろいろな形の紙など）。 △用具の基本的な使い方や扱い方を個々に応じて知らせ安全に使えるように配慮する（ハサミ、セロハンテープ）。	△遊びに必要な物を作ったり身近な材料を使って作ったりすることを楽しめるように、必要なときに使える場に材料を用意しておく（ジュース屋さん：折り紙を巻いて筒状にしたストロー（事例2－①→P.33参照）演奏会ごっこ：空き箱の楽器　ヒーローごっこ：新聞紙の剣　探検ごっこ：トイレットペーパーの芯の望遠鏡、空き箱の携帯電話　お姫様ごっこ：紙テープや広告紙のステッキ）。 △友達と同じ物を作ったり持ったりしたい気持ちがすぐに実現できるように、材料を種類ごとに分けて用意しておく（ペットボトルの蓋、フラワーペーパー、新聞紙、折り紙）。 △自分でできた喜びを味わえるように手伝ったり用具の使い方を知らせたりする。

3歳児年間指導計画　続き　P.66から

		Ⅰ期（4月上旬～5月中旬）	Ⅱ期（5月上旬～7月下旬）
ごっこ遊びの環境構成と保育者の援助	場の設定	**～興味を持った場で、遊びを楽しめるように～** □「なんだろう」「やってみたいな」という気持ちが持てるように環境を設定する（皿に食べ物を置き並べる、レールの上に電車を走らせるなど）。 □興味を持ってすぐ遊び出せるように、遊具などを目に付きやすい場に置いたり、遊びかけの状態にしたりしておく（ままごと、電車、ブロックなど）。見てすぐ分かるコーナー作りをする。 □ほかの場との距離を取り、落ち着いて遊べる場を用意する。 □自分で操作しているつもりになれる物を用意する（ままごと：保育者が作った電子レンジ、冷蔵庫）。 □保育室の中で安心できる場を見付けられるように設定する。 **～自分で遊びに必要な物を選んだり、見付けたりするために～** □子どもが自分で片付けられるように遊具の置き場を考えたり、表示をしたりする。 □必要な物をすぐ取り出せるように種類ごとに分けておく。 □作った物で遊んだり、自由に取り出したりできるように、万能パネルや壁面にトイレットペーパーの芯や、牛乳パックを取り付けておく（こいのぼり、広告紙を巻いた棒に付けた塗り絵など）。 □遊びのイメージを持って片付けられるようにする。 **～安全に遊べるように～** □子どもの目線や動線に配慮して遊具の配置をし、安全に配慮した環境づくりをする（子どもが必要感を感じられるように保育者が散らばった遊具を整理する。 □安全に遊べるように遊びの様子を見ながら遊具や場を整理していく。 ■新しい遊具を出すときには、クラス全体で共通の約束をする（ウレタン積み木を積むのは3段、乗るのは1段）。	□安心して自分のやりたいことをしたり、好きな子どもと関わったりできるような場を設定する。 □遊具を扱いやすいように置き、好きな所に場を広げて遊べるような物を用意する（レジャーシート、プラスチック段ボールの仕切り）。 ■新しく使えるようになった遊具の使い方や約束をクラス全体に知らせたり保育者が一緒に遊んだりしながら知らせる（ウレタン積み木）。 □遊びたいときに参加できるように周りの子どもから見えやすい所に場を設定する（ショーごっこ、演奏会ごっこ）。 □廊下やテラスなど探索行動できるようにする（ベビーカー、牛乳パックで作ったバイク）。 □作った物で、なりきって遊べる場を設定する。
	人との関わり	**～保育者と信頼関係を築くことで、安心して動き出せるように～** ☆保育者も一緒に遊び、楽しさに共感していく。 ☆保育者と関わりたい気持ちがどの子も満たされるように意識しながら一人ひとりに関わる。 ☆一人ひとりの名前を呼ぶ、声を掛ける、視線を送る、などして保育者に親しみを持ち、安心できる存在であることを感じられるようにしていく。 ☆泣いている子どもや不安に感じている子どもに対して、保育者間の連携をとり、スキンシップを図ったりそばにいたりして安心して過ごせるようにする。一人ひとりに応じて距離を図り信頼関係を築いていけるようにする。 ☆保育者とやり取りをしながら同じ場にいる子どもとも一緒に遊ぶ楽しさを味わえるようにする。 ★家庭で経験したことのあるようなリズム遊びや手遊びをして、安心して過ごせるようにする（『わーお』、『ぐるぐるどかーん』）。 **～友達との遊びが楽しめるように～** ☆近くにいる子どもを意識できるように、同じことをしているのが楽しく感じられるように言葉を掛ける。 **～相手にもいろいろな思いがあることに気付けるように～** ☆使いたくなるような物が重なり取り合いになったときは、互いの気持ちを言葉に出して気持ちを受け止めていく。	**～その子らしい表現ができるように～** ☆一人ひとりが楽しんでいる姿を見守ったり一緒に遊んだりし、自分のした ☆自分の思いを出すことに抵抗のある子どもには、気持ちを受け止め安心し、自分のペースで遊びに参加できるようにする。 ☆動きや表情などを自分の思いを出している姿を受け止め、保育者も一緒に ☆子どもの考えたことを「いいね」「すごいね」などの言葉を掛けながら受け **～保育者との関わりを通して、なりきって遊ぶことを楽し** ☆保育者がモデルとなって、遊び方や使い方を知らせ、子どものなりきった ☆同じ物を持つうれしさや同じことをする楽しさに共感する。 ☆友達がしている遊びに興味を持って参加しようとする姿をくみ取り、保育者と一緒に遊びに加わったり、入るきっかけをつくったりする。 ☆トラブルが起きたときには、子どもの気持ちを受け止め、気持ちを代弁したり「貸して」「入れて」など具体的な言葉を知らせたりしていく。

III 3・4・5歳児のごっこ遊びドキュメンテーションと年間指導計画

III期（9月上旬～12月下旬）	IV期（1月上旬～3月下旬）
～遊びの場を保育者と一緒につくることができるように～ □保育者が広い場所を用意し、必要のない遊具は子どもと一緒に片付ける。 □ゴザや仕切りで場をつくることで自分たちの場が確保されている安心感を持って遊べるようにする。 □仕切りで囲うことで周りから見ても遊びの場が分かりやすいようにする。 □1学期に楽しんでいた遊具を用意したり場を設定したりして安心して遊べるようにする。 □友達や他学年のしていることに刺激を受けて、自分もやってみようとする気持ちや姿に共感し、実現できるように場を設定する（運動会の踊りや競技を応援したり見たりする機会を設ける）。 □保育者と一緒に遊びの場をつくりながら、自分たちで場をつくっていけるように援助する（店屋さんの看板や店構え）。 □保育室の角の壁を利用して場をつくったり、人数に応じてスペースを広げたりすることで、多様な動きを保障できるようにする。 （事例2－②→P.34参照） □物の置き場や使い方が変化した時には全体に知らせ共通にしていく。	
～共通の経験を生かして遊べるように～ □夏休みに経験したことを生かして遊べるように、教材や遊具、材料を準備する（縁日ごっこ、盆踊り、遠足ごっこ、サンタさんごっこ）。 □子ども自身が遊びに必要な物を使って遊びが進められるように、遊具や材料を子どもが自分で取り出せる場所に用意したり提示したりする。	□冬休みに経験した遊びや日本の伝統的な遊びに親しめるように教材や遊具、材料を準備する（カルタ、コマ、餅つきごっこ）。 □子ども自身が遊びに必要な物を使って遊びが進められるように、遊具や材料を子どもが自分で取り出せる場所に用意したり提示したりする。

子どもが取り出しやすい高さに置く、出入口には場をつくらないようにする）。

い遊びを十分に楽しめるようにする。 て参加できる雰囲気をつくったり、保育者や友達の楽しそうな様子を見せた 楽しむ（事例1－①→P.28参照）。 止め表現する楽しさにつなげていく。	☆できた喜びに共感して次への自信につなげる。 ☆自分で作った物で遊ぶ楽しさを味わえるように、出来上がった物で保育者も一緒に遊ぶ。 ☆子どもの発想や思いを受け止めたり認めたりすることで、一人ひとりが遊びの中でしたいことを実現できるようにする。

めるように～

言葉や動きを引き出せるようにする（ピザ屋さん、魚つりごっこ、アイス屋さん、すし屋さん、病院の先生や患者さん、自然物を取り入れた遊び）。

☆気に入った友達と関わろうとしている様子を見守りながら、必要に応じて保育者が言葉を添えたり思いを代弁したりする。 ☆一緒に遊んでいる友達と同じ動きをしたり触れ合ったりしている姿を見守り、「同じだね」などの言葉に出して伝え、つながりを感じさせていくようにする。 ☆保育者が仲間に入ることで、イメージのすれ違いを調整して、遊べるようにする（事例1－②→P.29参照）。 ★年中長児のいろいろな取り組みの様子を刺激にして、"自分もやってみたい"という気持ちを引き出し、年少児なりに楽しめる工夫をする（運動会、子ども会）。	☆気の合う友達と遊ぶ中で、自分の思いを言葉や表情で表している姿を認め、遊びの楽しさが十分に味わえるようにする。 ☆気に入った友達との間で、自分の気持ちを出しながら遊びを楽しむことができるように、会話の様子、関わり方、遊びの進め方などに気を配り、どうしたいのか、どのように伝えたいか、など子どもの気持ちを聞いて援助する。

☆順番を守ったり交代に使ったりしている姿や自分でできることを自分なりに取り組んでいる姿を認め、必要なときに援助するよう心掛ける。

3年保育3歳児・年間指導計画全体の一覧表

P.66～69の年間指導計画の全体像をつかむため、縦で一覧できるようにしています。

3年保育3歳児 年間指導計画

年間指導計画（3年保育 3歳児）一覧表

	I期（4月上旬～5月中旬）	II期（5月上旬～7月下旬）	III期（9月上旬～12月下旬）	IV期（1月上旬～3月下旬）
期のねらい	○保育者や周りの親しみを持ち、安心して遊ぶ。 ○好きな遊具や入った場で遊んでいる。 ○保育者に手伝ってもらったりしながら、持ち物の始末や身支度をする。 ○園庭の花や虫など、身の回りのものに興味を持つ。	○保育者や周りの子どもと生活する中で、自分の好きな遊びを見つけて遊ぶ。 ○身近な環境や保育者が投げかける活動に興味を持ち、やってみようとする。 ○クラスのみんなと一緒に自分なりの動きや表現をして遊ぶことを楽しむ。 ○園での過ごし方を知り、身の回りのことを、自分でしてみようとする。 ○園庭の栽培物に興味を持ち、見たり触れたりすることを楽しむ。	○自分のしたい遊びを見つけ、自分なりに遊ぶ。 ○自分の思いを出しながら同じ場で遊んでいる友達に関わることを楽しむ。 ○クラスのみんなと一緒に自分の思いを出して遊ぶことを楽しむ。 ○自分でできることの数を増やし、自分でしてみようとする。 ○身近な自然に興味を持ち、落ち葉や木の実などの変化や動きに興味を持つ。	○自分の思いを出して遊ぶことを楽しむ。 ○気に入った友達や同じ場で遊んでいる友達と一緒に遊ぶことを楽しむ。 ○園生活の約束がわかり、保育者や友達と一緒に過ごすことを楽しむ。 ○生活の中で、身の回りのことを自分でしていこうとする、できることの幅を持ち、自分から進んで行おうとする。 ○冬から春への季節の変化に関心を持つ。
指導の内容	○目に付いた遊具や親しみのある遊具に触れながら遊ぶことを楽しむ。 ○好きな遊具や入った場で遊んでいる。 ○保育者を仲立ちとして一緒に物を扱ったり持ち物を整えたりする。 ○保育者や周りの子どもと同じように物を扱ったり動作をまねしたりする。	○自分の好きな遊びや場を見つけて遊ぶ。 ○保育者とのつながりを感じながら、一緒に遊ぶことを楽しむ。 ○同じ場にいて保育者と一緒に過ごすことを楽しむ。 ○保育者や友達のつくる遊びのコーナーで好きな遊びを楽しむ。 ○保育者や友達のしていることに興味を持ち、見たり触れたり自分なりにやろうとする。	○身近な素材や遊具を使って自分なりに作ったり描いたりする。また、作った物で遊ぶことの面白さを感じ自分なりに動きを楽しむ。 ○園にあるさまざまな遊具を一緒にいる友達と、まねをしたりして同じ動きや表現をする子どもの動きをまねしたり、同じ物で遊んだりすることを楽しむ。	○自分の思いを出して遊ぶことを楽しむ。 ○身近な素材を使って好きな物を作ったり、できたもので遊ぶことに取り組もうとする。 ○好きな遊びを繰り返し行い、いろいろなことに興味を持ち取り組んだりして遊ぶ楽しさを味わう。
ポイント	安心感を持って自分が出せるように。	子どももやりたいと思ったことや、経験したことを、一緒に楽しみながら付き合って楽しむ。	新しい教材との出会い。 一緒に遊びたい友達と関わること。	自分なりに取り組んでいる姿を見守る。 友達に自分の思いや気持ちを伝えられるように。

環境構成と保育者の援助

〜安心して過ごすことが楽しめるように〜
△子どもと一緒に遊びを楽しみながら、遊び方や遊具の使い方を知らせていく。
△心地よい感触を味わえるような素材を使える場所（陶製のままごと道具、プラレール、積み木、ミニカー、牛乳パックの積み木、マーカー）。
△繰り返し取り組み集まれる気持ちが満たされるように同じ物でも十分に味わえるよう、遊具も数多く用意しておく。
△園のやりたい気持ちが満たされるように、使いたい物を十分に用意しておく。

〜なりきって遊ぶ楽しさを感じられるように〜
△作った物を持って見立てたり見立てたりすることで遊ぶ楽しさが味わえる材料や用具を準備する（塗り絵、広告紙を巻いた棒、お菓子ベルトなど）。
△保育者と一緒にいろいろな遊具を使用しながら、新しい遊具材料、素材の楽しさを感じられるような遊びをする（クレヨン、構成ベビーカー、砂場ごっこ）。

〜作って遊ぶことが楽しめるように〜
△のりの使い方を知らせ、使えるようになる（ビニール袋、コスチューム作り、三角の帽子）。
△絵の具のいろいろな使い方を知らせ、感触を楽しめるようにする（スタンピング、筆塗り、フィンガーペインティング）。

〜イメージを持ったりなりきってしたりすることを楽しむ遊びを、遊びの楽しさを味わえるようにする〜
△遊びが実現できる物を保育者が準備をしたり、遊びの楽しさを味わえるようにする材料用具を準備する。ジュース屋さん、ねじ回遊び、すし屋さん、鬼のお面、ひらひら、輪つなぎ、表作り、貼るなどをして簡単にできる製作を楽しむ（ダンボールカラー色画用紙、紙テープのジュース、ペーパー芯のジュースの器、洗濯ばさみのケーキ）。
△保育者と一緒にリズムを楽しみながら、友達と一緒に踊ったり表現することを楽しむ（おたまじゃくしから、バスに乗って、ペンギンさん、おばけなんてないさ、パラバルーン体操）。
△野外活動仕上げ活動が楽しめる製作を用意する（マラカス、手提げ、レジャーシート、ミニカー、動物ごっこ、ショー、演奏会ごっこ）。
△なりきって遊ぶ気持ちが楽しめる道具を用意する（トンネルマンの材料、バスに乗って、おたまじゃくしから体操、ペンギンさん、ベルボールのプール体操）。

〜遊びに必要な物を自分たちで作ったり、身近な材料を使って作ったりすることを楽しむ〜（事例1→P.28参照）
△自分なりにイメージを持ち、必要な材料を選んでいくことを楽しめるようにする（クッキー屋さん・オープン、どんぶり、おばん）。
△好きな材料を使って自分の好きな物を作ったり、できた物で遊びを楽しむ。
△遊びに参加しながら作り方を示して、広告紙を使った物（クッキー屋さんのクッキー、サンタさんのプレゼント、空き箱のリボン型画用紙、うどん屋さん、リボン音楽）。
△音楽に合わせて音を鳴らす楽しさを感じる（マラカスタンバリン、自然物のサンタクロース、ショーごっこ、あわだて器、シングルベル、ヤクルト音楽）。
△なりきったり、あるいは場所に置いた場所遊びやすい場所を整える（カセットテープを身近な段ボールのベルやベル、ロボットヒーロー、ロボットヒーロー、パラバルーン体操）。

〜遊びに必要な物を作ったり、身近な材料を使って作ったりすることを楽しめるように、必要に応じて使える材料を環境に整えておく（事例2→P.39参照）
△身近な材料を使って自分たちの好きな物を作ることを楽しみ、折り紙を使って簡単にできるストロー、筆箱こま、空き箱の携帯電話。
△演奏会ごっこ、空き箱の楽器、ヒーローごっこ、新聞紙の剣、探検ごっこ、空き箱の携帯電話。
△友達と同じ物を持ったり身に付けることを楽しむようにするため、材料を種類ごとにかごに分けて用意しておく（ペットボトルの筒、クリアケースのポシェット、牛乳パックのペン立て、紙バッグ、紙テープ、帽子など）。
△自分でできて喜ぶ姿を保育者に伝えたり手作りの用具の使い方を知らせ、プラカップで遊ぶとき（セロハンテープ、新聞紙、折り紙）。
△用具の基本的な使い方や扱い方を知らせ安全に使えるように配慮する（ハサミ、セロハンテープ）。

P.68～69

ごっこ遊びの環境構成と保育者の援助

□場の設定

～興味を持った場で、遊びを楽しめるように～

□「なんだろう」「やってみたいな」という気持ちが持てるように環境を設定する（皿に食べ物を置き並べる、レールの上に電車を走らせるなど）。
□興味を持ってすぐ遊び出せるように、遊具などを目に付きやすい場に置いたり、遊びかけの状態にしたりしておく（ままごと、電車、ブロックなど）。見てすぐに分かるコーナー作りをする。
□ほかの場との距離を取り、落ち着いて遊べる場を用意する。
□自分で操作しているつもりになれる物を用意する（ままごと：保育者が作った電子レンジ、冷蔵庫）。
□保育室の中で安心できる場を見付けられるように設定する。

□安心して自分のやりたいことをしたり、好きな子どもと関わったりできるような場を設定する。
□遊具を扱いやすいように置き、好きな所に場を広げて遊べるような物を用意する（レジャーシート、プラスチック段ボールの仕切り）。
■新しく使えるようになった遊具の使い方や約束をクラス全体に知らせたり保育者が一緒に遊んだりしながら知らせる（ウレタン積み木）。
□遊びたいときに参加できるように周りの子どもから見えやすい所に場を設定する（ショーごっこ、演奏会ごっこ）。
□廊下やテラスなど探索行動できるようにする（ベビーカー、牛乳パックで作ったバイク）。
□作った物で、なりきって遊べる場を設定する。

～遊びの場を保育者と一緒につくることができるように～

□保育者が広い場所を用意し、必要のない遊具は子どもと一緒に片付ける。
□ゴザや仕切りで場をつくることで自分たちの場が確保されている安心感を持って遊べるようにする。
□仕切りで囲うことで周りから見ても遊びの場が分かりやすいようにする。
□１学期に楽しんでいた遊具を用意したり場を設定したりして安心して遊べるようにする。
□友達や他学年のしていることに刺激を受けて、自分もやってみようとする気持ちや姿に共感し、実現できるように場を設定する（運動会の踊りや競技を応援したり見たりする機会を設ける）。
□保育者と一緒に遊びの場をつくりながら、自分たちで場をつくっていけるように援助する（店屋さんの看板や店構え）。
□保育室の角の壁を利用して場をつくったり、人数に応じてスペースを広げたりすることで、多様な動きを保障できるようにする。
（事例２－②→P.34参照）
□物の置き場や使い方が変化した時には全体に知らせ共通にしていく。

～自分で遊びに必要な物を選んだり、見付けたりするために～

□子どもが自分で片付けられるように遊具の置き場を考えたり、表示をしたりする。
□必要な物をすぐ取り出せるように種類ごとに分けておく。
□作った物で遊んだり、自由に取り出したりできるように、万能パネルや壁面にトイレットペーパーの芯や、牛乳パックを取り付けておく（こいのぼり、広告紙を巻いた棒に付けた塗り絵など）。
□遊びのイメージを持って片付けられるようにする。

～共通の経験を生かして遊べるように～

□夏休みに経験したことを生かして遊べるように、教材や遊具、材料を準備する（縁日ごっこ、盆踊り、遠足ごっこ、サンタさんごっこ）。
□子ども自身が遊びに必要な物を使って遊びが進められるように、遊具や材料を子どもが自分で取り出せる場所に用意したり提示したりする。

□冬休みに経験した遊びや日本の伝統的な遊びに親しめるように教材や遊具、材料を準備する（カルタ、コマ、餅つきごっこ）。
□子ども自身が遊びに必要な物を使って遊びが進められるように、遊具や材料を子どもが自分で取り出せる場所に用意したり提示したりする。

～安全に遊べるように～

□子どもの目線や動線に配慮して遊具の配置をし、安全に配慮した環境づくりをする（子どもが必要感を感じられるように保育者が散らばった遊具を整理する、子どもが取り出しやすい高さに置く、出入口には場をつくらないようにする）。
□安全に遊べるように遊びの様子を見ながら遊具や場を整理していく。
■新しい遊具を出すときには、クラス全体で共通の約束をする（ウレタン積み木を積むのは３段、乗るのは１段）。

☆人との関わり

～保育者と信頼関係を築くことで、安心して動き出せるように～

☆保育者も一緒に遊び、楽しさに共感していく。
☆保育者と関わりたい気持ちがどの子も満たされるように意識しながら一人ひとりに関わる。
☆一人ひとりの名前を呼ぶ、声を掛ける、視線を送る、などして保育者に親しみを持ち、安心できる存在であることを感じられるようにしていく。
☆泣いている子どもや不安に感じている子どもに対して、保育者間の連携をとり、スキンシップを図ったりそばにいたりして安心して過ごせるようにする。一人ひとりに応じて距離を図り信頼関係を築いていけるようにする。
☆保育者とやり取りをしながら同じ場にいる子どもとも一緒に遊ぶ楽しさを味わえるようにする。
★家庭で経験したことのあるようなリズム遊びや手遊びをして、安心して過ごせるようにする（「わーお」、「ぐるぐるどかーん」）。

～その子らしい表現ができるように～

☆一人ひとりが楽しんでいる姿を見守ったり一緒に遊んだりし、自分のしたい遊びを十分に楽しめるようにする。
☆自分の思いを出すことに抵抗のある子どもには、気持ちを受け止め安心して参加できる雰囲気をつくったり、保育者や友達の楽しそうな様子を見せたりし、自分のペースで遊びに参加できるようにする。
☆動きや表情などで自分の思いを出している姿を受け止め、保育者も一緒に楽しむ（事例１－①→P.28参照）。
☆子どもの考えたことを「いいね」「すごいね」などの言葉を掛けながら受け止め表現する楽しさにつなげていく。

☆できた喜びに共感して次への自信につなげる。
☆自分で作った物で遊ぶ楽しさを味わえるように、出来上がった物で保育者も一緒に遊ぶ。
☆子どもの発想や思いを受け止めたり認めたりすることで、一人ひとりが遊びの中でしたいことを実現できるようにする。

～保育者との関わりを通して、なりきって遊ぶことを楽しめるように～

☆保育者がモデルとなって、遊び方や使い方を知らせ、子どものなりきった言葉や動きを引き出せるようにする（ピザ屋さん、魚つりごっこ、アイス屋さん、すし屋さん、病院の先生や患者さん、自然物を取り入れた遊び）。

～友達との遊びが楽しめるように～

☆近くにいる子どもを意識できるように、同じことをしているのが楽しく感じられるように言葉を掛ける。

☆同じ物を持つうれしさや同じことをする楽しさに共感する。
☆友達がしている遊びに興味を持って参加しようとする姿をくみ取り、保育者と一緒に遊びに加わったり、入るきっかけをつくったりする。

☆気に入った友達と関わろうとしている様子を見守りながら、必要に応じて保育者が言葉を添えたり思いを代弁したりする。
☆一緒に遊んでいる友達と同じ動きをしたり触れ合ったりしている姿を見守り、「同じだね」などの言葉に出して伝え、つながりを感じさせていくようにする。
☆保育者が仲間に入ることで、イメージのすれ違いを調整して、遊べるようにする（事例１－②→P.29参照）。
★年中長児のいろいろな取り組みの様子を刺激にして、"自分もやってみたい"という気持ちを引き出し、年少児なりに楽しめる工夫をする（運動会、子ども会）。

☆気の合う友達と遊ぶ中で、自分の思いを言葉や表情で表している姿を認め、遊びの楽しさが十分に味わえるようにする。
☆気に入った友達との間で、自分の気持ちを出しながら遊びを楽しむことができるように、会話の様子、関わり方、遊びの進め方などに気を配り、どうしたいのか、どのように伝えたいか、など子どもの気持ちを聞いて援助する。

～相手にもいろいろな思いがあることに気付けるように～

☆使いたくなるような物が重なり取り合いになったときは、互いの気持ちを言葉に出して気持ちを受け止めていく。

☆トラブルが起きたときには、子どもの気持ちを受け止め、気持ちを代弁したり「貸して」「入れて」など具体的な言葉を知らせたりしていく。

☆順番を守ったり交代に使ったりしている姿や自分でできることを自分なりに取り組んでいる姿を認め、必要なときに援助するよう心掛ける。

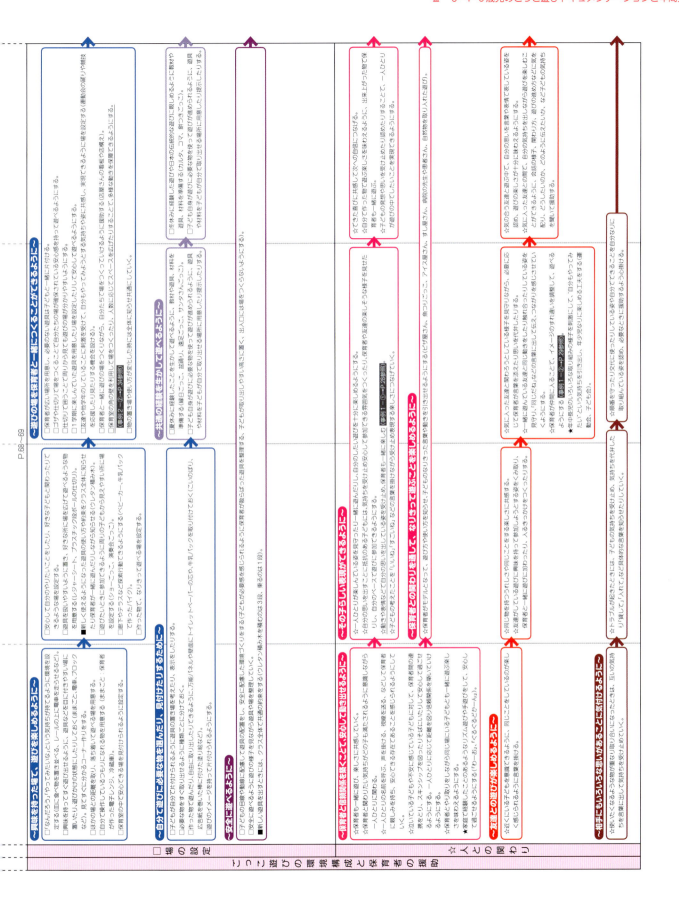

4歳児の「ごっこ遊び」ドキュメンテーション
写真で見る子どもたちの1年間の育ち

4月

クラス替えをしたとき、どのクラスでも３歳児で楽しんでいた遊びを継続していけるように考える。

おすし屋さんごっこ
～なりきって友達とやり取りすることを楽しむ～

ノリまきと
イクラください!
いらっしゃいませ!

ショーごっこ
～同じ物を身に付けて
同じような動きをすることを楽しむ～

音楽に乗って動きを楽しみ、ごっこが広がる。

ここは、こうしよう!

電車ごっこ
～作った物を使って遊ぶことを楽しむ～

園庭に場を変えて多様な経験に広がるように…作った電車で…。

えきにとうちゃく!

３歳児のときにいろいろ作っているので、遊びのために作り始められる。

線路が園庭をぐるりと続いていく。

園庭で遊ぶのでダイナミックに広がる。

5月　気の合う友達ができて、ごっこが広がる。

おうちごっこ
～自分たちで場をつくって楽しむ～

子どもたちが自由自在につい立てを活用。
＝
仕切りを作ってイメージを共有。
＝
いつでも使えるつい立てや仕切れる素材を一杯置いておく。
＝
子どもがイメージして自分たちで場をつくれるつい立てなどは、ごっこの必需品。

おねえちゃんはこっちのおへや、あかちゃんはこっちのおへやね

秘密基地ごっこ
～友達と一緒につくった場で、一緒に遊ぶことを楽しむ～

ウレタン積み木・中型積み木とつい立てをうまく使っていけるように。

屋根があることで「ひみつきち」に。

ここがぼくのへやはいっていいよ

つい立てが屋根に！

お城作り
～いろいろな材料を使って、自分のイメージした物を自分なりに作ることを楽しむ～

自分のイメージした物を自分の手で自分なりに作る。

作ることの達成感を味わう。

自分のイメージを友達に伝えている。

ここがベッドで、ここがかいだんなの

4歳児

6月

友達と誘い合って遊びが広がる。

魚釣りごっこ

～魚を釣りやすいように自分なりに試しながら、友達と作って遊ぶことを楽しむ～

もうすこしでつれそう!

さかなをやくあみを
つくろう!

4歳児らしい遊びの姿＝友達と一緒にイメージした物を作りたくなる＝作ることが遊びそのものになる。

船ごっこ

～自分の思いを言葉や動きで相手に伝えて遊ぶことを楽しむ～

思いを言葉にして遊びのイメージを伝える。
遊び方のイメージを確認し合っている。

うんてんせきは
ここだよ

船作り
～試しながら水に浮かぶ船の作り方に気付いたり友達に知らせたりする～

物作りを楽しむ経験を。

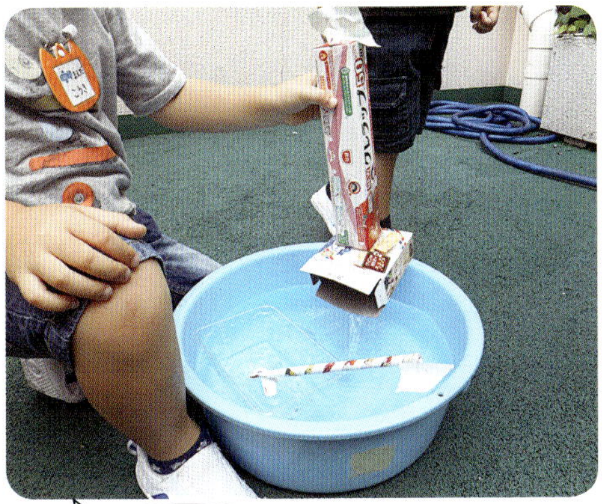

しずんじゃう…
なんでだろう?

⋮

友達とともに素材の特性に気付く体験。

=

試行錯誤を重ねる。

=

友達と一緒だから工夫が続く。

↓

協同的な学びへ。

かみじゃなくてツルツルの
ざいりょうでつくると
いいふねができるよ
うかんだね!

4歳児

7月

夏ならではの遊びを楽しむ中で…
いつもの遊びが深まるように…。

かき氷屋さんごっこ
～自分なりに作った物を使って
遊ぶことを楽しむ～

キッチンペーパーに絵の具を
染み込ませて、かき氷作り！

イチゴあじと
メロンあじください
いらっしゃい
ませ

ごっこ遊びに必要な物作りを楽しむ中で、
素材の体験を遊びながら広げています。

おうちごっこ
～役になりきって動くことを楽しむ～

いつものおうちごっこに変化が見られる…子どもの実現したいことが進化し、深化するように…いつものおうちごっこじゃ物足りない！…子どもたちにとって変化になりうる物を保育者がキャッチすることが大切。

ごはんができたから
みんなでたべよう!

わたしは、
バイオリンがひける
おねえちゃん

バイオリンの読み取り…
４歳児のバイオリン
自分のイメージで、作りたい物を作った。
本物に近いかどうかではなく…
子どもにとっては思いが詰まった、自分で作った
「わたしがつくった」バイオリン！

9月

場のつくり方に４歳児らしい工夫が見られる。

船ごっこ
～自分で場をつくり、
友達と関わって遊ぶことを楽しむ～

こわれない、
じょうぶなふねを
つくろう

うみでさかなつりも
できるんだよ

つれたおさかなを
やいてたべよう

どんなおうちにする?
～いろいろなお部屋を作り、
友達とイメージを共有して～

ここがねるところだよ

様々な工夫や、
３歳児からの進化・深化が見られる。
⋮
保育者がそう思って関われることが大切。

バーベキューごっこ
～友達とイメージをつなげ、作ることを楽しむ～

かみをきって
いっぱいおにくを
つくろう!
たくさんできてきたね!

P.74の魚を焼く網が、
いつの間にかバーベキューごっこの網に！
６月に作った物＝遊びの体験が次の遊びを
生み出している。

4歳児

9月

夏祭りの経験から広がるごっこ。

トウモロコシ作り
～遊んでいる友達と一緒に、遊びに必要な物を作る～

子どもが地域で共通して経験しているであろうことを考えて、保育者が環境構成や言葉掛けなどの援助をすることで広がっていきます。

くじ引き屋さんごっこ
～年長組のまねをして自分なりに作って遊ぶ～

タコ焼き屋さんごっこ
～自分なりに作った物を使って遊ぶ～

Ⅲ　3・4・5歳児のごっこ遊びドキュメンテーションと年間指導計画

10月

園行事が子どもの経験を広げる。
相談しながら遊びを進める。

運動会ごっこ
～年長組への憧れの気持ちが膨らんで～

ねんちょうぐみさん
かっこいい!
すみれ
さくら

人魚姫ごっこ
～一緒に遊んでいる友達の中で、自分の思いやイメージを出して遊ぶ～

個々の体験がつながって…一つの遊びになることが楽しい！…言葉での伝え合いも育つように。

新聞紙もステキな人魚姫の尻尾に！

いいね!
かんむりと
にんぎょのしっぽとステッキを
おそろいにしよう!

電車作り
～友達とイメージをつなげながら作る～

言葉での伝え合いの育ち…相談。

どんなせんろに
する?

4歳児

11月

個々の遊びがみんなの遊びに！

演奏会ごっこ
～作った物を使って遊ぶことを楽しむ～
～役割を決め、お客さんに見てもらうことを楽しむ～

一つ一つの楽器に工夫が！

楽器作りから演奏会ごっこへ、複合的になってきている。

人形劇ごっこ
～自分たちで人形を作って～

12月

身近な情報から遊びへ再現！

浦島太郎ごっこ
～年長組に衣装を借りたり
教えてもらったりしながら～

年長組の劇遊びを再現して、ごっこに！
セリフも動きもよく見ていた！
確認しながらごっこを楽しむ。

サンタさんごっこ
～遊びに必要な物を自分で作って、
なりきって遊ぶ～

この時期にいろいろ見たり聞いたりしている。

エアホッケーごっこ
～ゲーム要素を楽しみながら～

身近な地域の生活の中にあることを、
再現して遊ぶ。

4歳児

1月

冬休みの経験から…。

おそば屋さんごっこ
～作る人、運ぶ人など、簡単な役割を持って～

お店の中で役割分担
⋮
本物に近付く
（難しくなるけど、やってみたい！）

スケートごっこ
～自分で作った物で遊ぶことを楽しむ～

面白い遊び見付けたよ！
リンクもスケート靴も自分たちで作る。

2月

イメージの共有が豊かになり、
作る物が増えて、新たな物ができ、
ストーリーが生まれてくる！

アナと雪の女王ごっこ
～友達と一緒に大きなお城を作って～

役割に合わせて作る物も増えてくる。
作る物が増えて、遊びがより楽しくなる。

おでん屋さんごっこ
～素材を生かしながら、
おでんを作ることを楽しむ～

いらっしゃいませ!
なににしようかな?

友達の動きを見て、
自分の動きを見付けていく。

忍者ごっこ
～修行の場をつくり、
忍者になりきって遊びを楽しむ～

ごっこ遊びの中で子どもたちがストーリーを作っていくようになる。

年間指導計画（3年保育　4歳児）

		Ⅰ期（4月上旬～5月中旬）	Ⅱ期（5月上旬～7月下旬）	Ⅲ期（9月上旬～10月上）
期のねらい		○進級したことを喜び、新しい環境に自分から関わって遊ぶことを楽しむ。 ○遊びや生活の中で保育者や友達との関わりを楽しむ。 ○クラスのみんなと一緒に過ごすことを楽しみながら、安心して自分なりの動きを出す。 ○新しい生活に必要なことを自分からしようとする。 ○身近な植物や生き物に興味を持って見たり触れたりする。	○好きな遊びの中で、自分なりのやり方を試しながら繰り返し遊ぶことを楽しむ。 ○友達とかたまって遊ぶ中で自分の思いを出したり伝えようとしたりする。 ○保育者が設定した環境に、自分なりに目当てを持って取り組む楽しさを味わう。 ○みんなと一緒に活動する中で、自分なりの動きをしたり、部分的にそろったりする楽しさを味わう。 ○生活に必要なことが分かり、自分でできることは自分でしようとする。 ○栽培物の生長を楽しみにしたり、収穫を喜んだりする。	○自分のやりたいことに繰り返し味わう。 ○一緒にいる友達に自分の思いたりする。 ○クラスのみんなですることができた満足感を味わったり表 ○生活に必要なことが分かり、 ○季節の変化を感じたり関心を
指導内容　豊かな表現につながる		○**新しい環境に慣れる。** ○設定された環境に興味を持ち、自分から働き掛けて遊ぶ。 ○**遊び慣れた素材**を使って、好きな物を描いたり、作ったりする。	○**友達と同じ場で**同じような遊びをしたり、見立てながら遊ぶことを楽しんだりする。 ○遊びの場を自分たちでつくったり、必要な物を持ち込んだりして遊ぶ。 ○自分の感じたこと、考えたこと、したいことなどを友達との関わりの中で**言葉や動きで表現しようとする。**	○**自分のイメージで**場や物をる。 ○**友達の動きや言葉に目を向**と、やってみたいと思ったを膨らませ、遊びに取り入 ○**気の合った友達に自分の思**って遊ぶ。
指導のポイント		●新しい環境の中で安定して自分から動き出せるように。	●自分なりのやり方で楽しめるように。 ●自分の思いを出しながら友達と関わって遊べるように。	●友達と遊ぶ中で自分なりの動 ●自分のしたいことにじっくり
ごっこ遊びの環境構成と保育者の援助	物との関わり	**～物作りからイメージを広げていけるように～** △作りたい物やイメージした物が実現できるように、作り方を知らせたり手伝ったりし、自分でできた喜びが味わえるようにする。 △3歳時に経験していて、使い慣れた材料を用意する（画用紙、紙テープ、廃材、セロハンテープ、ハサミ、のり、水性ペン、形が印刷された画用紙など）。 **～なりきって遊ぶことを楽しめるように～** △役になりきって遊べるような物や、遊びに必要な物が作れるような材料、遊具を準備しておく（お面ベルト、腰ベルト、腕ベルト、緩衝材、新聞紙、広告紙の棒、ポンポン、エプロン、スカート、ネクタイ、親しみのある音楽のテープなど）。 **～素材経験を広げながら自分なりに作って遊ぶことを楽しめるように～** ▲遊びに必要な物を自分で考えたり工夫したりして作れるように、一斉活動で使った材料や用具を身近な場所に用意しておく。ステープラー（ホッチキス）、穴あけパンチなど新たな用具は、使い方が分かるように全員が経験してから、製作棚に出す（雨、半立体のカタツムリ、七夕の飾りなど）。 ▲いろいろな絵の具の技法が経験できるようにする（チョウチョウ：デカルコマニー　Tシャツ：はじき絵）。 △自分で作った満足感を味わえるよう、個人差に応じて教材や工程に配慮していく。また、その子なりに作った物を認めていく。	△自分なりに作って遊ぶことが楽しめるような材料を用意する（立体のサクランボ・イチゴ、掛けられる壁面の木）。 △製作活動の中でいろいろなことに気付いたり、自分なりに試したりすることができる材料を準備する（半立体になるオタマジャクシ・カタツムリ、舟作りの材料、ビニールテープ、セロファンなど）。 △作った物で遊ぶ楽しさを感じられるように、材料を用意したり、イメージを広げるようなものを一緒に考えたりする（電車の線路や駅、お店屋さんの店構え、作った舟を浮かべる場、魚釣りの仕掛けやバーベキューができる環境、子どもが作った動物の家など）。 ▲親子で廃材を使った製作を楽しめるような機会をつくる（親子で遊ぼう）。	△子どものイメージに応じて一緒に探したりする。 △作った物で遊ぶ楽しさを感意したり、イメージを広げに考えたりする（海賊ごっこじ引き屋さん、縁日ごっこ）。 **～友達と一緒になりき** △物を媒介にして友達とイメうに、身に付ける物や遊びり一緒に作ったりする（海海賊船、宝箱、ワニ）。 △遊びの中でなりきって動けに応じて、作ったり、なりな材料や遊具を準備するニュー表、レジ、チケット、 ▲年長児の刺激を受けて、 ▲包む、丸める、接着の仕方技能を知らせ、作って遊べの果物、動物、乗り物など）。 ▲いろいろな絵の具の技法が老のはがき：野菜・段ボー吹き絵）。

※読み取り方は、P.52参照。

P.86へ

Ⅲ　3・4・5歳児のごっこ遊びドキュメンテーションと年間指導計画

旬)	Ⅳ期（10月上旬～12月下旬）	Ⅴ期（1月上旬～3月下旬）
し取り組み、実現する喜びを を出したり友達の思いに気付 分かって自分から取り組み、 現する楽しさを感じたりする。 自分でしようとする。 持ったりする。	○自分なりの目的を持ったり、友達の動きに刺激を受けて目的としたりして、自分の力で実現していこうとする。 ○共通の興味に向けて、自分の思いや考えを友達に表したり、友達の思いを部分的に受け入れたりしながら遊ぶ楽しさを感じる。 ○クラスのみんなでする活動でやることが分かって取り組み、友達の動きを意識して動いたり気持ちを合わせたりする楽しさを感じる。 ○生活の流れが分かり、生活に必要なことを自分でしようとする。 ○いろいろな活動の中で自然物に触れたり遊びに使ったりする楽しさを感じる。	○自分なりの目的に向けて、工夫したり挑戦したりしながら自分の力で実現する喜びを感じる。 ○友達と共通の目的に向けて遊びを進める中で、自分の思いやイメージを出したり、友達の思いやイメージを受け止めたりしながら遊ぶ楽しさを感じる。 ○クラスのみんなですることを受け止め、自分なりの思いを持って取り組み、できた喜びを感じる。 ○自分なりの見通しを持って生活する中で、年長組になる期待を持つ。 ○冬の自然に興味を持ったり、春の訪れを感じたりする。
作って遊びを楽しもうとす **け、**自分でもできそうなこ ことをする中で、イメージ れていく。 ったことや考えたことを言	○自分で材料を選び、**試したり工夫したりしながらイメージを実現**しようとする。 ○自分のイメージが**友達に受け入れられた喜び**を感じる。 ○自分の役割や**友達の動きを意識**して遊ぶ。	○自分のイメージを生かし、**実現していく楽しさや満足感**を味わっていく。 ○一緒に遊ぶ友達と必要な場や物を作り、**友達と一緒に遊ぶ楽しさ**を味わう。
きを出せるように。 取り組むことができるように。	●相手の思いに気付きながら遊ぶことができるように。 ●素材経験が豊かになるように。	●自分なりの目的を持って遊びを楽しめるように。
必要な材料を提示したり、 じられるように、材料を用 ていけるようなものを一緒 ：食べ物、宝箱、地図　く	△自分のイメージしたものを実現したり、表現の幅を広げたりできるように材料や自然物を準備する（毛糸、接着剤、カラーポリ袋、封筒、落ち葉、ドングリ、小枝など）。 △作った物で遊ぶ楽しさを感じられるように、材料を用意したり、イメージを広げていけるようなものを一緒に考えたりする（人形劇ごっこ：小さな布、割り箸、色画用紙、人形劇台　うどん屋さん：毛糸、箸、色画用紙や色紙で作ったトッピング、小さめのテーブル）。	△作り上げた喜びを感じられるように、一人ひとりのイメージに応じてやり方を一緒に考えたり工夫している姿を認めたりする（事例4－①→P.40参照）。 △遊びの刺激になるような材料や、遊びに流れが生まれるような環境を準備し、遊びの状態に応じて提示していく（動く車の材料：竹ひご、ストロー、ペットボトルの蓋　立体の人形：トイレットペーパーの芯、色紙、包装紙など）。 △作った物で遊ぶ楽しさを感じられるように、材料を用意したり、イメージを広げるようなものを一緒に考えたりする（スキー・スケートごっこ、おでん屋さん、忍者ごっこ、音楽会ごっこ）。
って遊ぶことを楽しめるように～		
ージをつなげて楽しめるよ に使う物の材料を用意した 賊ごっこ：トウモロコシ、 （事例3－①→P.36参照） るように、それぞれの役割 きって動いたりできるよう （お面バンドを使った帽子、メ 商品袋）。	△遊びの中でなりきって動けるように、それぞれの役割に応じて、作ったり、なりきって動いたりできるような材料や遊具を準備し、必要に応じて一緒に作る（ハロウィンごっこ：魔女の衣装、キャンディー作り　サンタごっこ：サンタの帽子、そり、おもちゃ作り工場）。	▲イメージが持ちやすく、展開が分かりやすいものや繰り返しの多いものを選び共通のイメージの中で表現する楽しさが味わえるようにする（子ども会）。 ▲イメージを膨らませたりそのものになりきったりできるような物を子どもと一緒に作っていく（子ども会：帽子型のお面、大道具など）。
動きをまねたり、使った遊具、用具、衣装を借りたりして経験の幅を広げられるようにする（運動会、子ども会）。		
など、立体の製作に必要な るような環境を整える（立体 経験できるようにする（敬 ルスタンプ　キノコの模様：	▲いろいろな技法が経験できるようにする。接着（小枝のクリスマスツリー：接着剤）。平面から立体へ（リース、ハート型など：二つ折りの紙を切り、形を切り出す　立つ動物：二つ折りにして足を切る）。絵の具（イモの絵：絵の具の上からクレヨンで描き込む）。	▲いろいろな技法が経験できるようにする（ひな人形：立体の人形作り　鬼のお面：イメージした物を作り上げる　升作り：紙に切り込みを入れ立体にする　絵の具：ビー玉転がしなど）。 ▲友達と一緒に作ったうれしさが感じられるようにする（たこ作り：友達に支えてもらって接着をするなど）。

P.87へ

4歳児年間指導計画　続き　P.84から

		Ⅰ期（4月上旬～5月中旬）	Ⅱ期（5月上旬～7月下旬）	Ⅲ期（9月上旬～10月下）
ごっこ遊びの環境構成と保育者の援助	□場の設定	**～友達とイメージをつなげられるように～** □自分なりの動きをしながら、友達とかたまって遊べる場を構成し、落ち着いて遊べるようにする（ウレタン積み木、中型積み木、牛乳パックやプラスチック段ボールのつい立て、レジャーシート、ウレタンマット、ゴザなど）。 **～遊びの場を自分でつくれるように～** □使い慣れた遊具で遊べるように、3歳時に使っていた遊具を用意しておく（ウレタン積み木、ままごと道具など）。 □年中になって使えるようになった遊具の使い方を知らせながら進級の喜びが味わえるようにする（中型積み木の扱い方）。 □遊びのイメージが持ちやすい題材を遊びや環境に取り入れていく（ショーごっこ、パーティーごっこなど）。 □場づくりのモデルになるように動いたり、子どもと一緒に遊びの場をつくったりする。 **～安全に遊べるように～** □みんながやり方を知り、安心して遊べるように、遊びに必要な遊具や用具の扱い方や片付け方を共通にし、繰り返し確認していく（中型積み木など）。 □イメージや動線に配慮した場づくりをする。	□友達と一緒に遊びの場をつくって遊べるように、子どもが扱いやすい材料や遊具を、子どに準備しておく。 □友達と一緒に場をつくれるような遊具（中型積み木など）を用意し、一緒に作ったうれしさ □遊びのイメージに応じて、異年齢や他クラスの子どもと関わりが持てるように場を設定する。 □個々に想像力を広げたり、友達のイメージからさらにイメージを膨らませたりして遊ぶこの世界など様々なイメージを伴った環境設定をしていく（海賊ごっこの船、洞窟など）。 **～共通の経験を生かして遊べるように～** □共通の経験を再現して遊べるような環境を用意する（遠足ごっこができるような木の壁面、動物の家など）。	□夏休みに経験したことを遊メージがつながったりする（縁日ごっこなど）。 □イメージに合わせて自分か □子どものイメージや遊びの
	☆人との関わり	**～安心して動き出せるように～** ☆子どもの気持ちに共感し、保育者もそのものになりきって遊んだり保育者のイメージを表現したりしてイメージに沿って遊ぶ楽しさを味わえるようにする。 ☆3歳時に同じクラスだった友達との遊びの時間も楽しめるように、学年のどちらのクラスでも遊んでもよいという雰囲気をつくったり、片付けの時間をそろえたりする。 **～友達とイメージをつなげて遊べるように～** ☆気に入った友達との関わりが持て、すぐに遊び出したくなるような場を準備しておく。 ☆それぞれの子どもがやっていることを言葉にして認め、一緒にいる友達に伝わるように橋渡しをしていく。 **～友達の思いに気付けるように～** ☆自分の好きな遊びをする中で、自分の思いを動きや言葉に出している姿を捉え、言葉を補ったり、周りの子どもに伝えたりしていく。	☆友達の動きや作った物を見て、自分もやってみたい、作りたいという思いを受け止め、実現できるように援助する。	**～自分の思いを出して** ☆一人ひとりの子どものイメ探り、遊びの仲間に加わっ ☆自分なりの目的を持って遊 ☆子どもとともに考えたり工イメージを持って楽しめる入れる（仲間意識が持てる面）。 ☆リズム遊びや絵本をきっかを膨らませたり、クラスのたりして遊ぶ楽しさが味わ小さな海賊だ！』、『かいぞ ☆相手の思いや自分とは違う付けるような言葉掛けをす ☆それぞれの子どもがしてい子どもにも知らせていき、する。

Ⅲ　3・4・5歳児のごっこ遊びドキュメンテーションと年間指導計画

P.85から

旬)	Ⅳ期(10月上旬～12月下旬)	Ⅴ期(1月上旬～3月下旬)
もが出し入れしやすい場所 に共感していく。 とを楽しめるように、空想 (事例3－②→P.36参照)	□友達の動きが見え、互いの役割を意識できるような場づくりの援助をする(厨房と食べる所、チケット売り場と客席と舞台など)。 □友達との遊びが翌日も継続していけるように遊びに使った物を置く場所を遊びごとに分けてつくったり、表示を付けたりする。	□友達とイメージを出し合いながら場づくりをしている姿を見守り、状況に応じて手伝ったり、保育者も仲間になって提案したりする(事例4－①→P.40参照)。
びに取り入れたり友達とイ ような環境を準備しておく	□運動会での経験で5歳児のしていることをまねてできるように教えてもらったり衣装を貸してもらったりする機会をつくる。	□冬休みの経験を生かして遊べるような環境を準備しておく(スケートごっこ、おでん屋さんなど)。 □子ども会で年長児のしていることをまねてできるように教えてもらったり衣装を貸してもらったりする機会をつくる。
ら使えるように、遊具を決まった場所に配置する。 流れに応じて新しい環境を用意する(郵便ポスト、段ボールの船)。		
遊べるように～		
ージや表現を受け止め、共感し、やりたいと思ったことが実現できるように、イメージを たり、必要に応じて手伝ったりする(事例3－③→P.38参照)。 びに取り組めるように、認めたり、励ましたり、周りの子どもの姿を知らせるようにする。		
夫したりして、友達と似た ような場や物を遊びに取り ようなおそろいの腕輪やお けに、自分なりのイメージ 友達とイメージを出し合っ えるようにする(『ぼくらは くりラちゃん』)。	☆友達との遊びの中で遊びの目的が持てるような言葉をつぶやくなど、簡単な共通の目的が持てるようにする(事例4－③→P.42参照)。 ☆友達と遊びのイメージをつなげて楽しめるように、保育者も仲間となり、遊びの流れや互いの役割をつぶやいたり伝えたりしていく。	☆友達とのつながりを楽しんでいるところを言葉に出して共感したり、友達と考えたりしている姿を認めていく(事例4－②→P.41参照)。
考えを持っていることに気 る。 ることを言葉にしてほかの 互いの思いに気付くように	☆友達との遊びの中で思いが通じ合わない場合には、保育者がそれぞれの思いを伝えたり、力関係を調整したりしながら、相手の気持ちに気付かせ、少しずつ友達を受け入れられるように援助していく。 ★生活グループやクラス活動を通して友達との関わりが広がるように、メンバー構成や活動内容を工夫する。	☆必要に応じて保育者が仲間に入り、子どものしていることや遊びの方向が見いだせるように言葉を出してつなげたり、物を提示したりする(事例4－②→P.41参照)。

3年保育4歳児・年間指導計画全体の一覧表

P.84～87の年間指導計画の全体像をつかむため、縦で一覧できるようにしています。

3年保育4歳児 年間指導計画

年間指導計画（3年保育　4歳児）一覧表

	Ⅰ期（4月上旬～5月中旬）	Ⅱ期（5月上旬～7月下旬）	Ⅲ期（9月上旬～10月上旬）	Ⅳ期（10月上旬～12月下旬）	Ⅴ期（1月上旬～3月下旬）
期のねらい	○進級したことを喜び、新しい環境に自分から関わって遊ぶことを楽しむ。 ○遊びや生活の中で保育者や友達との関わりを楽しむ。 ○クラスのみんなと一緒に過ごすことを楽しみながら、安心して自分なりの動きを出す。 ○新しい生活に必要なことを自分からしようとする。 ○身近な植物や生き物に興味を持って見たり触れたりする。	○好きな遊びの中で、自分なりのやり方を試しながら繰り返し遊ぶことを楽しむ。 ○友達とかたまって遊ぶ中で自分の思いを出したり伝えようとしたりする。 ○保育者が設定した環境に、自分なりに目当てを持って取り組む楽しさを味わう。 ○みんなと一緒に活動する中で、自分なりの動きをしたり、部分的にそろったりする楽しさを味わう。 ○生活に必要なことが分かり、自分でできることは自分でしようとする。 ○栽培物の生長を楽しみにしたり、収穫を喜んだりする。	○自分のやりたいことに繰り返し取り組み、実現する喜びを味わう。 ○一緒にいる友達に自分の思いを出したり友達の思いに気付いたりする。 ○クラスのみんなですることが分かって自分から取り組み、できた満足感を味わったり表現する楽しさを感じたりする。 ○生活に必要なことが分かり、自分でしようとする。 ○季節の変化を感じたり関心を持ったりする。	○自分なりの目的を持ったり、友達の動きに刺激を受けて目的としたりして、自分の力で実現していこうとする。 ○共通の興味に向けて、自分の思いや考えを友達に表したり、友達の思いを部分的に受け入れたりしながら遊ぶ楽しさを感じる。 ○クラスのみんなでする活動でやることが分かって取り組み、友達の動きを意識して動いたり気持ちを合わせたりする楽しさを感じる。 ○生活の流れが分かり、生活に必要なことを自分でしようとする。 ○いろいろな活動の中で自然物に触れたり遊びに使ったりする楽しさを感じる。	○自分なりの目的に向けて、工夫したり挑戦したりしながら自分の力で実現する喜びを感じる。 ○友達と共通の目的に向けて遊びを進める中で、自分の思いやイメージを出したり、友達の思いやイメージを受け止めたりしながら遊ぶ楽しさを感じる。 ○クラスのみんなですることを受け止め、自分なりの思いを持って取り組み、できた喜びを感じる。 ○自分なりの見通しを持って生活する中で、年長組になる期待を持つ。 ○冬の自然に興味を持ったり、春の訪れを感じたりする。
豊かな表現につながる指導内容	○**新しい環境に慣れる。** ○設定された環境に興味を持ち、自分から働き掛けて遊ぶ。 ○**遊び慣れた素材**を使って、好きな物を描いたり、作ったりする。	○**友達と同じ場で**同じような遊びをしたり、見立てながら遊ぶことを楽しんだりする。 ○遊びの場を自分たちでつくったり、必要な物を持ち込んだりして遊ぶ。 ○自分の感じたこと、考えたこと、したいことなどを友達との関わりの中で**言葉や動きで表現しようとする。**	○**自分のイメージで**場や物を作って遊びを楽しもうとする。 ○**友達の動きや言葉に目を向け**、自分でもできそうなこと、やってみたいと思ったことをする中で、イメージを膨らませ、遊びに取り入れていく。 ○**気の合った友達に**自分の思ったことや考えたことを言って遊ぶ。	○自分で材料を選び、**試したり工夫したりしながらイメージを実現**しようとする。 ○自分のイメージが**友達に受け入れられた喜び**を感じる。 ○自分の役割や**友達の動きを意識**して遊ぶ。	○自分のイメージを生かし、**実現していく楽しさや満足感**を味わっていく。 ○一緒に遊ぶ友達と必要な場や物を作り、**友達と一緒に遊ぶ楽しさ**を味わう。
指導のポイント	●新しい環境の中で安定して自分から動き出せるように。	●自分なりのやり方で楽しめるように。 ●自分の思いを出しながら友達と関わって遊べるように。	●友達と遊ぶ中で自分なりの動きを出せるように。 ●自分のしたいことにじっくり取り組むことができるように。	●相手の思いに気付きながら遊ぶことができるように。 ●素材経験が豊かになるように。	●自分なりの目的を持って遊びを楽しめるように。
ごっこ遊びの環境構成と保育者の援助（△物との関わり）	**～物作りからイメージを広げていけるように～** △作りたい物やイメージした物が実現できるように、作り方を知らせたり手伝ったりし、自分でできた喜びが味わえるようにする。 △3歳時に経験していて、使い慣れた材料を用意する（画用紙、紙テープ、廃材、セロハンテープ、ハサミ、のり、水性ペン、形が印刷された画用紙など）。	△自分なりに作って遊ぶことが楽しめるような材料を用意する（立体のサクランボ・イチゴ、掛けられる壁面の木）。 △製作活動の中でいろいろなことに気付いたり、自分なりに試したりすることができる材料を準備する（半立体になるオタマジャクシ・カタツムリ、舟作りの材料、ビニールテープ、セロファンなど）。 △作った物で遊ぶ楽しさを感じられるように、材料を用意したり、イメージを広げるようなものを一緒に考えたりする（電車の線路や駅、お店屋さんの店構え、作った舟を浮かべる場、魚釣りの仕掛けやバーベキューができる環境、子どもが作った動物の家など）。 ▲親子で廃材を使った製作を楽しめるような機会をつくる（親子で遊ぼう）。	△子どものイメージに応じて必要な材料を提示したり、一緒に探したりする。 △作った物で遊ぶ楽しさを感じられるように、材料を用意したり、イメージを広げていけるようなものを一緒に考えたりする（海賊ごっこ：食べ物、宝箱、地図　くじ引き屋さん、縁日ごっこ）。	△自分のイメージしたものを実現したり、表現の幅を広げたりできるように材料や自然物を準備する（毛糸、接着剤、カラーポリ袋、封筒、落ち葉、ドングリ、小枝など）。 △作った物で遊ぶ楽しさを感じられるように、材料を用意したり、イメージを広げていけるようなものを一緒に考えたりする（人形劇ごっこ：小さな布、割り箸、色画用紙、人形劇台　うどん屋さん：毛糸、箸、色画用紙や色紙で作ったトッピング、小さめのテーブル）。	△作り上げた喜びを感じられるように、一人ひとりのイメージに応じてやり方を一緒に考えたり工夫している姿を認めたりする（事例4－①→P.40参照）。 △遊びの刺激になるような材料や、遊びに流れが生まれるような環境を準備し、遊びの状態に応じて提示していく（動く車の材料：竹ひご、ストロー、ペットボトルの蓋　立体の人形：トイレットペーパーの芯、色紙、包装紙など）。 △作った物で遊ぶ楽しさを感じられるように、材料を用意したり、イメージを広げるようなものを一緒に考えたりする（スキー・スケートごっこ、おでん屋さん、忍者ごっこ、音楽会ごっこ）。
	～なりきって遊ぶことを楽しめるように～ △役になりきって遊べるような物や、遊びに必要な物が作れるような材料、遊具を準備しておく（お面ベルト、腰ベルト、腕ベルト、緩衝材、新聞紙、広告紙の棒、ポンポン、エプロン、スカート、ネクタイ、親しみのある音楽のテープなど）。		**～友達と一緒になりきって遊ぶことを楽しめるように～** △物を媒介にして友達とイメージをつなげて楽しめるように、身に付ける物や遊びに使う物の材料を用意したり一緒に作ったりする（海賊ごっこ：トウモロコシ、海賊船、宝箱、ワニ）（事例3－①→P.36参照）。 △遊びの中でなりきって動けるように、それぞれの役割に応じて、作ったり、なりきって動いたりできるような材料や遊具を準備する（お面バンドを使った帽子、メニュー表、レジ、チケット、商品袋）。	△遊びの中でなりきって動けるように、それぞれの役割に応じて、作ったり、なりきって動いたりできるような材料や遊具を準備し、必要に応じて一緒に作る（ハロウィンごっこ：魔女の衣装、キャンディー作り　サンタごっこ：サンタの帽子、そり、おもちゃ作り工場）。	▲イメージが持ちやすく、展開が分かりやすいものや繰り返しの多いものを選び共通のイメージの中で表現する楽しさが味わえるようにする（子ども会）。 ▲イメージを膨らませたりそのものになりきったりできるような物を子どもと一緒に作っていく（子ども会：帽子型のお面、大道具など）。
			▲年長児の刺激を受けて、動きをまねたり、使った遊具、用具、衣装を借りたりして経験の幅を広げられるようにする（運動会、子ども会）。		
	～素材経験を広げながら自分なりに作って遊ぶことを楽しめるように～ ▲遊びに必要な物を自分で考えたり工夫したりして作れるように、一斉活動で使った材料や用具を身近な場所に用意しておく。ステープラー（ホッチキス）、穴あけパンチなど新たな用具は、使い方が分かるように全員が経験してから、製作棚に出す（雨、半立体のカタツムリ、七夕の飾りなど）。 ▲いろいろな絵の具の技法が経験できるようにする（チョウチョウ：デカルコマニー　Tシャツ：はじき絵）。 △自分で作った満足感を味わえるよう、個人差に応じて教材や工程に配慮していく。また、その子なりに作った物を認めていく。		▲包む、丸める、接着の仕方など、立体の製作に必要な技能を知らせ、作って遊べるような環境を整える（立体の果物、動物、乗り物など）。 ▲いろいろな絵の具の技法が経験できるようにする（敬老のはがき：野菜・段ボールスタンプ　キノコの模様：吹き絵）。	▲いろいろな技法が経験できるようにする。接着（小枝のクリスマスツリー：接着剤）。平面から立体へ（リース、ハート型など：二つ折りの紙を切り、形を切り出す　立つ動物：二つ折りにして足を切る）。絵の具（イモの絵：絵の具の上からクレヨンで描き込む）。	▲いろいろな技法が経験できるようにする（ひな人形：立体の人形作り　鬼のお面：イメージした物を作り上げる　升作り：紙に切り込みを入れ立体にする　絵の具：ビー玉転がしなど）。 ▲友達と一緒に作ったうれしさが感じられるようにする（たこ作り：友達に支えてもらって接着をするなど）。

P.84～85

P.86～87

ごっこ遊びの環境構成と保育者の援助

□場の設定

～友達とイメージをつなげられるように～

□自分なりの動きをしながら、友達とかたまって遊べる場を構成し、落ち着いて遊べるようにする（ウレタン積み木、中型積み木、牛乳パックやプラスチック段ボールのつい立て、レジャーシート、ウレタンマット、ゴザなど）。

→ □友達と一緒に遊びの場をつくって遊べるように、子どもが扱いやすい材料や遊具を、子どもが出し入れしやすい場所に準備しておく。
□友達と一緒に場をつくれるような遊具（中型積み木など）を用意し、一緒に作ったうれしさに共感していく。
□遊びのイメージに応じて、異年齢や他クラスの子どもと関わりが持てるように場を設定する。
□個々に想像力を広げたり、友達のイメージからさらにイメージを膨らませたりして遊ぶことを楽しめるように、空想の世界など様々なイメージを伴った環境設定をしていく（海賊ごっこの船、洞窟など）（事例3－②→P.36参照）。

→ □友達の動きが見え、互いの役割を意識できるような場づくりの援助をする（厨房と食べる所、チケット売り場と客席と舞台など）。
□友達との遊びが翌日も継続していけるように遊びに使った物を置く場所を遊びごとに分けてつくったり、表示を付けたりする。

→ □友達とイメージを出し合いながら場づくりをしている姿を見守り、状況に応じて手伝ったり、保育者も仲間になって提案したりする（事例4－①→P.40参照）。→

～共通の経験を生かして遊べるように～

□共通の経験を再現して遊べるような環境を用意する（遠足ごっこができるような木の壁面、動物の家など）。

→ □夏休みに経験したことを遊びに取り入れたり友達とイメージがつながったりするような環境を準備しておく（縁日ごっこなど）。

→ □運動会での経験で5歳児のしていることをまねてできるように教えてもらったり衣装を貸してもらったりする機会をつくる。

→ □冬休みの経験を生かして遊べるような環境を準備しておく（スケートごっこ、おでん屋さんなど）。
□子ども会で年長児のしていることをまねてできるように教えてもらったり衣装を貸してもらったりする機会をつくる。→

～遊びの場を自分でつくれるように～

□使い慣れた遊具で遊べるように、3歳時に使っていた遊具を用意しておく（ウレタン積み木、ままごと道具など）。
□年中になって使えるようになった遊具の使い方を知らせながら進級の喜びが味わえるようにする（中型積み木の扱い方）。
□遊びのイメージが持ちやすい題材を遊びや環境に取り入れていく（ショーごっこ、パーティーごっこなど）。
□場づくりのモデルになるように動いたり、子どもと一緒に遊びの場をつくったりする。

→ □イメージに合わせて自分から使えるように、遊具を決まった場所に配置する。
□子どものイメージや遊びの流れに応じて新しい環境を用意する（郵便ポスト、段ボールの船）。→

～安全に遊べるように～

□みんながやり方を知り、安心して遊べるように、遊びに必要な遊具や用具の扱い方や片付け方を共通にし、繰り返し確認していく（中型積み木など）。
□イメージや動線に配慮した場づくりをする。→

☆人との関わり

～安心して動き出せるように～

☆子どもの気持ちに共感し、保育者もそのものになりきって遊んだり保育者のイメージを表現したりしてイメージに沿って遊ぶ楽しさを味わえるようにする。
☆3歳時に同じクラスだった友達との遊びの時間も楽しめるように、学年のどちらのクラスでも遊んでもよいという雰囲気をつくったり、片付けの時間をそろえたりする。

～自分の思いを出して遊べるように～

☆一人ひとりの子どものイメージや表現を受け止め、共感し、やりたいと思ったことが実現できるように、イメージを探り、遊びの仲間に加わったり、必要に応じて手伝ったりする（事例3－③→P.38参照）。
☆自分なりの目的を持って遊びに取り組めるように、認めたり、励ましたり、周りの子どもの姿を知らせるようにする。→

～友達とイメージをつなげて遊べるように～

☆気に入った友達との関わりが持て、すぐに遊び出したくなるような場を準備しておく。
☆それぞれの子どもがやっていることを言葉にして認め、一緒にいる友達に伝わるように橋渡しをしていく。

→ ☆友達の動きや作った物を見て、自分もやってみたい、作りたいという思いを受け止め、実現できるように援助する。

→ ☆子どもとともに考えたり工夫したりして、友達と似たイメージを持って楽しめるような場や物を遊びに取り入れる（仲間意識が持てるようなおそろいの腕輪やお面）。
☆リズム遊びや絵本をきっかけに、自分なりのイメージを膨らませたり、クラスの友達とイメージを出し合ったりして遊ぶ楽しさが味わえるようにする（「ぼくらは小さな海賊だ！」、「かいぞくリラちゃん」）。

→ ☆友達との遊びの中で遊びの目的が持てるような言葉をつぶやくなど、簡単な共通の目的が持てるようにする（事例4－③→P.42参照）。
☆友達と遊びのイメージをつなげて楽しめるように、保育者も仲間となり、遊びの流れや互いの役割をつぶやいたり伝えたりしていく。

→ ☆友達とのつながりを楽しんでいるところを言葉に出して共感したり、友達と考えたりしている姿を認めていく（事例4－②→P.41参照）。→

～友達の思いに気付けるように～

☆自分の好きな遊びをする中で、自分の思いを動きや言葉に出している姿を捉え、言葉を補ったり、周りの子どもに伝えたりしていく。

→ ☆相手の思いや自分とは違う考えを持っていることに気付けるような言葉掛けをする。
☆それぞれの子どもがしていることを言葉にしてほかの子どもにも知らせていき、互いの思いに気付くようにする。

→ ☆友達との遊びの中で思いが通じ合わない場合には、保育者がそれぞれの思いを伝えたり、力関係を調整したりしながら、相手の気持ちに気付かせ、少しずつ友達を受け入れられるように援助していく。
★生活グループやクラス活動を通して友達との関わりが広がるように、メンバー構成や活動内容を工夫する。

→ ☆必要に応じて保育者が仲間に入り、子どものしていることや遊びの方向が見いだせるように言葉を出してつなげたり、物を提示したりする（事例4－②→P.41参照）。→

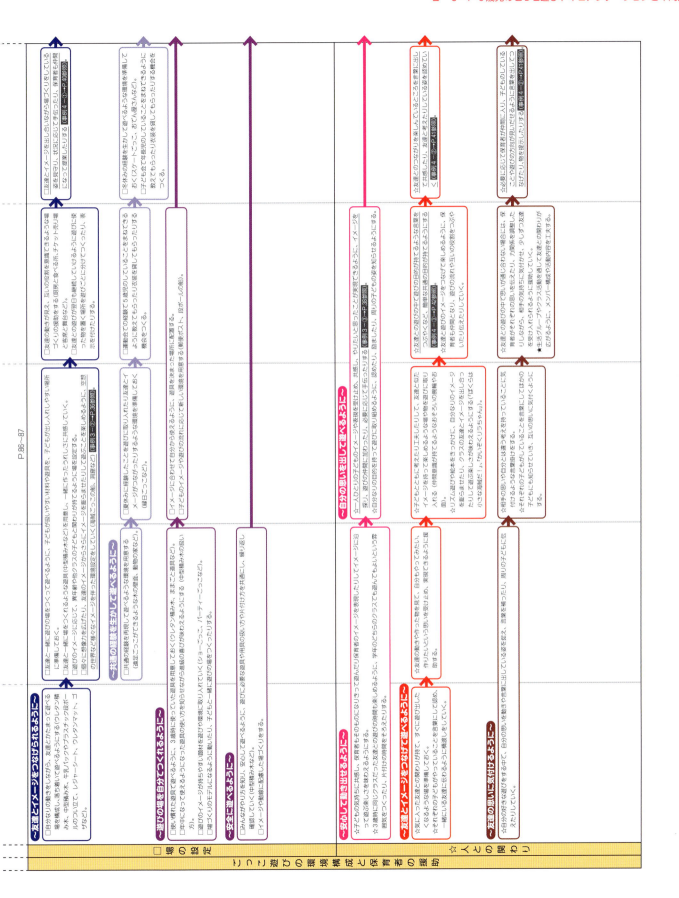

5歳児の「ごっこ遊び」ドキュメンテーション
写真で見る子どもたちの1年間の育ち

4月

街のパン屋さんを再現！…
より、本物に近付く！

パン屋さんごっこ
～自分の思いや考えを
言葉や動きで表しながら楽しむ～

ねんちゅうぐみさん、
どのパンにしますか?

←

わたし
レジやるね
おきゃくさんはここに
ならんでもらおうよ

5月

大型積み木等の使い方が、
より巧みになる。

大型積み木でのおうちごっこ
～グループの友達と力を合わせて
作ることを楽しむ～

よいしょ、
よいしょ
どんなおうちに
しようかな

おべんとう
おいしいね!

お化け屋敷ごっこ
～大型の遊具を使って
友達と力を合わせて作る～

話し合いや相談の内容が高度に
なってくる。

ネジでしっかり
とめないと

ここに
ようかいのえを
ぶらさげよう
いいね!

スタートとゴールが
わかるようにしよう

6月

遊びがつながり、重なって広がる！　仲間と共通の目的とイメージを持って遊ぶ姿が見られる。

電車ごっこ
～イメージを出し合いながら遊びを進めていく～

ロマンスカーをつくろう!
しろにあかいせんがはいっているんだよね

作る物がより本物らしくなる(ロマンスカーの知識がにじみ出ている)。

ごじょうしゃありがとうございます

ロマンスカーが動く→踏み切りができる→工場ができる→ほかの子が入ることも。

アイススケートショーごっこ
～仲間としてのつながりを感じながら遊びを進めていく～

みんなでそろえて!

ほんとうにゆきがふってきたみたいにみえるね

場の設定が大切…
「遊戯室に行こうか」など

ヒーローショーごっこ
～友達と同じ目的を持って遊びを進めていく～

ぼくたち○○○ジャーです!

5歳児

海ごっこ(魚釣り・ダイビング)
～イメージを出しながら
遊びに必要な物を作って楽しむ～

あとすこしで
つれそう!

もぐって
さかなを
とろうよ

海の中にいる生き物の知識が深まり、本物らしく作るようになる。

7月

本物らしさにこだわる！

ピザ屋さんごっこ
～仲間とのつながりを感じながら
遊びを進める～

つぎはどんなピザに
しようかな
よーくいため
ないとね
ぼく、
おきゃくさんを
よんでくるね

増えた知識を生かしている！

9月

共通の目的に向かって活動する。

運動会に向けて(応援ダンス)
～学年の課題に向けて、
友達と相談しながら進めていく～

みんなにも
みてもらおう

こんなポーズはどうかな?
わたしは
こういうポーズが
いいとおもうな

共通の目的に向かって、創り出す！　動き出す！

運動会に向けて(宇宙のイメージでリズム表現)
～共通のイメージを持って
表現することを楽しむ～

てんたい
ぼうえんきょうで
つきをみよう

ほしぞら
みたいに
なった!

年長だけ夜に登園した、9月の体験(お月見の会で月や星を見る)から、共通のイメージ作り。

10月

9月からの続きでイメージが深まり、広がり、共有！
気持ちを合わせて大成功！

運動会に向けて(宇宙のイメージでリズム表現)
～共通のイメージを持って
表現することを楽しむ～

うちゅうのヒーローの
イメージでダンス!

自分たちが宇宙に出発するイメージからのダンスなど。

おおきな
うちゅうせん
みたい!

最後のシーンはパラバルーンの宇宙船から流れ星を飛ばす。

5歳児

11月

話し合いを元にイメージを広げつつ、
それを具体化していく。

子ども会に向けて①
～イメージや目的を共通にしていく～

好きな遊びの中で、浦島太郎ごっこ

カメの背に人は乗れないぞ！→カメ電車を作ろう！→ロマンスカーチームが作る。

話し合いを元に、イメージしながら描いた設計図。

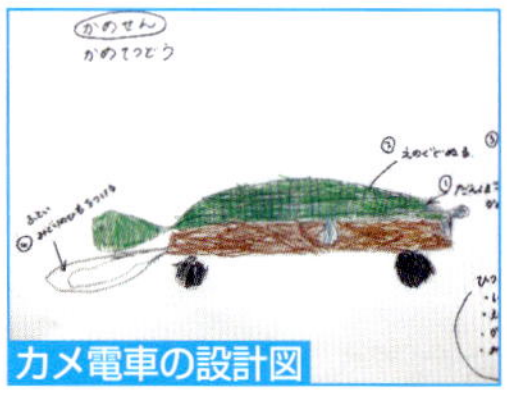

カメ電車の設計図

こんなふうに作ろう！グループで相談してイメージを共通にしました。

岩のイメージ

海の中のサンゴ礁

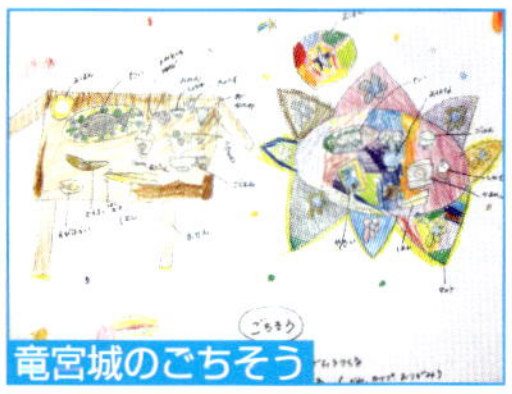

竜宮城のごちそう

子ども会に向けて②
～イメージした物を形にしていく～

力を合わせて舞台作り。
クラス全体で子ども会に向かう！

描いた絵を元に、段ボール、絵の具、色画用紙、のり、木工用接着剤などを使って、形にしていきました。

子ども会に向けて③
～イメージした物を形にしていく～

衣装作り

背景や竜宮城なども作り進めながら、配役を決めて、衣装作りをしました。

竜宮城

12月

観客に見てもらうことを意識して。
クラスの課題に向かって作り上げる充実感を味わう。

子ども会に向けて④
～共通のイメージで表現することを楽しむ～

クラス活動の中で楽しんできた歌やダンスをストーリーに取り入れました。友達と見合って、良い所を褒めたり、もっとこうするとよいということを出し合ったりしました。

ストーリーの流れに沿って自分なりに表現しながら、セリフを考えました。

1月

学年全体で楽しむ！

音楽会に向けて
～共通の目的に向けて
友達と力を合わせて取り組むことを楽しむ～

学年全体が
一つの曲に取り組む！
互いの楽器の音を聴きながら
⋮
音色やリズムの違いに気遣いつつ。
⋮
合奏・音色・音の大きさ・リズムの違いに気付く、
合わせる経験。

環境づくり
楽器の種類を増やす。これまでの経験から、子どもがいろんな物に触れて、自分たちで担当を決めていける、調整する力も付いている。

みんなのおとをよく
きいてあわせよう
YAMAHA

2月

様々な経験が生かされるようにする。

豆まき（鬼になりきって）
～今までの経験を生かして作り上げていく～

おにだぞー!

年間指導計画（3年保育　5歳児）

		Ⅰ期（4月上旬～5月中旬）	Ⅱ期（5月上旬～7月下旬）	Ⅲ期（9月上旬～10月下）
期のねらい		○新しい環境の中で、自分なりの目的を持って遊んだり、友達とのつながりを楽しんだりする。 ○自分の思いを出したり友達の思いを聞いたりして遊ぶ楽しさを味わう。 ○クラスのみんなと活動する中で保育者の投げ掛けた課題を受け止め、個々に、またはグループで取り組んでいく楽しさを感じる。 ○年長児になった喜びや自信を持ち、自分なりに新しい生活を進めようとする。 ○身近な春の自然に関心を持ち、自分から関わったり遊びに取り入れたりする楽しさを味わう。	○友達とのつながりの中で、自分なりの目的に向けて、考えたり、工夫したりして繰り返し取り組んでいく楽しさを味わう。 ○グループの友達と思いや考えを出し合って共通のイメージを持ち、一緒に遊びを進める楽しさを味わう。 ○クラスやグループの課題を受け止め、友達と一緒に取り組む中で、友達とのつながりを感じる。 ○生活に必要なことに気付き、自分たちでしようとする。 ○初夏の季節を感じ、自然の変化に気付いたり関わることを楽しんだりする。	○個々に目的を持って取り組み、や充実感を味わう。 ○友達と考えを出し合いながら、遊びを進めていく。 ○クラスや園全体の課題に向け発揮しながらみんなでやり遂う。 ○1日の生活に見通しを持ち、たちで動こうとする。 ○秋の自然の変化に気付き、
指導内容	豊かな表現につながる	○友達とのつながりの中で、一人ひとりが**自分なりのイメージ**を持って動いたり、遊びに必要な物を作ったりして遊ぶ。 ○友達との遊びの中で、自分の思いや考えを言葉や動きで表しながら遊ぶことを楽しむ。 ○自分なりの目的を持ったり友達の動きに気付いたりしながら、**一緒に遊びを進める楽しさ**を感じる。	○自分のイメージしたことや思い、考えを相手に分かるように伝え、**仲間としてのつながり**を感じながら遊びを進める楽しさを味わう。 ○友達と遊ぶ中で大型積み木や段ボールなど、いろいろな遊具を組み合わせ**自分のイメージで構成した物を友達と共有**して遊ぶ楽しさを味わう。	○クラスや園全体での課題にや考えを出し合い、一人ひり遂げた喜びを味わう。 ○**共通のイメージ**を持ってリ達と動きがそろう心地よさ ○イメージを膨らませながらり身に付けたりして、なりわう。
指導のポイント		●個々の目的やイメージをくみ取り、実現できるように。 ●友達と一緒に作った物から見いだした楽しさへの共感。	●保育者は困ったときの相談役。 ●仲間同士のやり取りを見守る。	
ごっこ遊びの環境構成と保育者の援助	物との関わり	**～遊びに必要な物を作って遊ぶことを楽しめるように～** △進級当初は、扱い慣れた用具や材料を用意する。 △個々の実現したいイメージが実現できるように丁寧に関わる。 △遊びに必要な物や身に付ける物に気付かせたり、材料や作り方を子どもと考え提案したりする。また、幾つかの材料の中から自分で選んで作ることができるように用意する（ショーごっこ（事例5-①→P.44参照）、チョウチョウごっこ、人魚ごっこ：カラーポリ袋、スズランテープ　おうちごっこ：食べ物の材料として色画用紙、フラワーペーパー、ティッシュペーパー、カラーポリ袋）。 △3～4人で取り組めるように、大きい素材を提示する（おうちごっこ：家の扉や壁の材料として段ボール、絵の具、旗立台　電車ごっこ、バスごっこ：段ボール、台車、運転手の帽子用の色画用紙　水族館ごっこ、動物園ごっこ：カラーポリ袋、新聞紙）。 △子どもの興味や体験を元に、ごっこ遊びのきっかけとなるような物や素材を置いておく。 △絵本・物語の読み聞かせでは、ストーリーの展開が分かりやすいもの、イメージが共通になり、遊びにつながるものを選ぶ（人形劇ごっこ：画用紙、紙コップ、ストロー、トイレットペーパーの芯、人形劇の舞台など）。 △ダンスやごっこ遊びのイメージが膨らむような音楽を用意する。 △友達のやり方を見て、良いと思った方法を自分の遊びに取り入れたり、互いに刺激し合ったりしながら作る姿を認める。 △繰り返し遊べるように、作った物を分類したり、整えたりしながら片付けることに気付かせていく。 **～クラスで共通の目的に向けて取り組めるように～** ▲誕生表を、クラスの友達とイメージを共通にしながらテーマを決めて製作する（自分の人形作り、海や宇宙、不思議の国などをテーマにした壁面作り）。 **～自分の力でイメージを実現していけるように～** ▲友達とイメージを共通にしながら作る（こいのぼり：ベックス紙、アクリル絵の具）。 ▲紙の大きさ、目的を考えて描く（誕生児への冠作り）。 ▲目的を持って描く（離任式のプレゼント、母の日・父の日のプレゼント、カレーパーティーのポスター）。 ▲経験したことを描く（遠足の絵）。 ▲新しい素材を使って立体的に作る（人形：発泡球、ウレタン棒、針金、カラーポリ袋のスカート作り）。 ▲折り紙で折る（七夕飾り作り）。 ▲動かす仕組みを考えて作る（車：小さなタイヤ、竹ひご、ストロー　船：ゴム、スチレン板、割り箸）。		△自分たちで選んで使もに、遊びの流れにに準備する。 △遊びに必要な物や身子どもと考え提案しっこ、海ごっこ、虫 ▲運動会のリズム表現に提案したりして、身に ▲体験したことが実現で（例：プラネタリウム ▲イメージを表現し作りや扱いがしやすい素材きるようにする。 ▲共通のイメージを膨ら音楽を用意しておく。 ▲写真や図鑑などを見て描く ▲経験したことを描く（運動 ▲パレットの上で絵の具を混 ▲秋の自然物を使ってクリス

※読み取り方は、P.52参照。

Ⅲ　3・4・5歳児のごっこ遊びドキュメンテーションと年間指導計画

旬)	Ⅳ期(10月上旬～12月下旬)	Ⅴ期(1月上旬～3月下旬)
自分の力を伸ばしていく喜び 共通の目的を見いだし一緒に て、一人ひとりが自分の力を げていく喜びや充実感を味わ 必要なことに気付いて、自分 自分から関わろうとする。	○友達と共通の目的に向けて、自分や友達の良さや得意な面を生かしながら遊びを進める。 ○課題に向けて、自分なりの力を発揮し、友達の力を認めたり受け入れたりしながら活動を進める楽しさや満足感を味わう。 ○生活の流れが分かり、友達と声を掛け合って見通しを持って取り組む。 ○季節の移り変わりに興味や関心を持ち、自然物を遊びの中に取り入れて工夫して遊ぶことの楽しさを味わう。	○友達と互いの思いや考えを伝え合いながら共通のイメージを実現させたり、友達とのつながりの中で自分の力を発揮したりする楽しさを味わう。 ○クラスやグループの課題に取り組む中で、友達の持ち味を認めながら協力して遊びや活動を進めていく充実感を味わう。 ○自分たちで必要なことを考えたり問題を解決したりしながら、自信を持って生活を進めていく。 ○冬から春への季節の移り変わりを感じ、自然の事象に心を動かし、観察したり試したりしながら関わる。
取り組む中で、**互いの思い** とりが自分の力を発揮しや ズミカルに体を動かし、友 や一体感を味わう。 衣装や道具を作り、持った きって表現する楽しさを味	○**友達と共通の目的を持って遊びを進めていく**中で、自分のイメージに合った遊具や材料を選んで使う楽しさを味わう。 ○**クラスの共通の目的**に向かい、見通しを持って取り組んでいく中で、協力しながらやり遂げた満足感や充実感を味わう。	○友達とイメージや考えを出し合い、友達の得意な面に気付いたり、友達の考えを受け入れたりして、**互いの良さを認め合って遊びを進める**充実感を味わう。 ○友達とストーリーに沿って動く中で、登場人物の気持ちを動きや言葉で表現したり、やり取りをしたりして**演じる楽しさ**を味わう。
●クラスや学年で共通のイメージを実現できるように。	●成長している姿を認め自信を持って取り組めるように。	
えるように、材料を分類して置いておくとと 予測して必要になったときに提示できるよう に付ける物に気付かせたり、材料や作り方を たりする（夏休みの経験を生かして：縁日ご 作り、お化け屋敷ごっこなど）。	△遊びに必要な物や身に付ける物に気付かせたり、材料や作り方を子どもと考え提案したりする（秋の自然物を使ったままごとの食べ物作り、衣装作り、ハロウィンごっこ、クリスマスの飾り作りなど）。	△"こうしたらこうなるのでは"と、予測したり見通しを持ったりして作る姿を認める。 △遊びに必要な物をイメージし実現していく中で、考えたり工夫したりする楽しさが味わえるように、保育室や教材室から自分で材料を選べるようにしておく。
必要な物を子どもと考えたり保育者が 付ける物を製作する。 きるような遊具や材料を準備しておく から宇宙作りへ）。 上げる喜びを味わえるように、見立て や遊具を子どもの要求に応じて提示で ませていくことができるような絵本や	▲遊園地ごっこに向けて、グループの友達と、話し合う機会をつくったり構想図を描いたりして、イメージを共通にできるようにする。 ▲必要な物をどのような材料でどのように作るか、子どものアイディアを取り入れながら、材料や用具を用意し、必要に応じて作り方を提案する。 ▲役割分担をしたり、場や物を作ったりしながら、自分たちで作り出す力が身に付くようにする（段ボールで作る、段ボールカッターを使う、ローラーやはけで色を塗る、台車を付けて動くようにする）。	▲子ども会に見通しを持って取り組む中で友達と関わりながら、グループのイメージを具体的に表現することができるよう、必要な材料を用意しておく。 ▲子ども会に向けて、ストーリーや大道具、小道具、衣装などのイメージを膨らませていくために絵本や資料を用意する。 ▲必要な物を考えたりイメージを共通にしたりする機会をつくりながら、これまでの経験を生かして自分たちで作り上げていく姿を見守る（背景、大道具、小道具、衣装などを数名の子どもと一緒に作る）。
（運動会のポスターで国旗の絵を描く）。 会の絵）。 色して色を作る（サツマイモの絵）。 マスのリースを作り飾る（リース作り）。		▲今までの経験を生かしながら自分で材料を選んだり、試したり工夫したりしてイメージを実現する楽しさを味わえるような機会を持ち、材料の種類や量も豊富に用意しておく（たこ作り、鬼の面作り、ひな人形作り）。

P.99へ

P.96から

ごっこ遊びの環境構成と保育者の援助

	Ⅰ期（4月上旬～5月中旬）	Ⅱ期（5月上旬～7月下旬）	Ⅲ期（9月上旬～10月下

□場の設定

～友達とイメージを共有して楽しめるように～

- Ⅰ期：□自ら環境に関わって遊べるように、遊びを繰り返すことができるような場を用意したり、遊ぶ時間を確保したりする。
- Ⅱ期：□同じ遊びの中でも、自分なりの目的が持てるように、それぞれの目的や動きに応じて子どもが場をつくっていけるようにする。
  □遊戯室にも製作コーナーを作り、作りたい物をすぐに作って遊べるようにする。
  □継続して遊べるように、翌日以降も引き続き遊べる場を保障していく。また、作った物を整理して片付けて扱いやすいようにする。

～共通の経験を生かして遊べるように～

- Ⅱ期：■共通の体験・経験を意図的計画的に入れ込んでいく（生き物との触れ合い、動物園への遠足、カレーの材料の買い物など）。
- Ⅲ期：■共通の体験・経験を意図
  り遠足、観劇会、小学校

～遊びの場を友達と一緒につくれるように～

- Ⅰ期：□進級当初は、扱い慣れた中型積み木を使って遊べるようにする。
  □進級当初は保育室の中に場をつくって遊べるようにする。少しずつ使える場を遊戯室に広げていく。
- Ⅱ期：■大型積み木やゲームボックスなどで家や船などを構成し、その場で弁当を食べたり遊んだりして
  会をつくり、扱い方や約束が分かるようにする。
  □新しい環境でイメージを膨らませながら遊びに取り組めるように、いろいろな空間の使い方や場
  らせていく（大型積み木、ゲームボックス、巧技台、段ボールなど）。
  □遊びの場が広がり、動きが活発になるため、大型積み木や巧技台のような大型遊具や慣れている
  な使い方に留意していくとともに、友達同士で伝え合う姿を認めていく。

☆人との関わり

～思いを伝え合いながら遊ぶことを楽しめるように～

- Ⅰ期：☆一人ひとりが自分の思いを出したり、友達の話を聞いたりする姿を認め、必要に応じて意見を調整しながら、一緒に取り組む楽しさを味わえるようにする。
- Ⅱ期：☆遊びの中で思ったことや考えたことを、互いに出したり受け入れたりしながら、イメージが共通になっていく楽しさを受け止め、共感する。また、強く主張する子どもには、相手の思いに気付くように援助し、互いに思いを出し合いながら遊ぶ楽しさを感じられるようにする。
  ☆必要に応じて保育者も一緒に仲間に入り、相談に乗りながら、何を作るか、友達の考えはどうか、どのように進めるかなどを明確にして見通しが持てるようにする（事例5－②→P.45参照）（ショーごっこ、お店ごっこ、乗り物作りなど）。
- Ⅲ期：☆友達と思いや考えを伝え合い
  く様子（ストーリー）を見守り、
  が停滞しているときにはさり
  していく。
  ☆友達と思いを伝え合いながら、
  ていく喜びが感じられるよう
  （運動会の応援団のダンス）。
  ☆共通に経験したことや絵本な
  友達と同じ思いや目的を持っ

～クラスの友達と認め合える関係をつくれるように～

- Ⅰ期：☆数名の友達と力を合わせ作り上げた喜びが感じられるように、言葉を掛けていく。
  ☆同じ遊びのグループで友達の動きや様子を知らせたり、具体的にイメージを確認したりして、仲間意識が持てるようにする。
- Ⅱ期：☆同じクラスの友達のしていることに興味を持ち、仲間に入りたいときに受け入れ合えるような雰囲気づくりを心掛ける。
  ★4～5人で相談する機会をつくり、作り方や表現方法を考え工夫しながら取り組み、やり遂げる喜びを味わえるように、クラスで披露する機会をつくったり、他学年の子どもと関わるきっかけをつくったりする（こいのぼり作り、グループの名前の相談、誕生会へ向けた活動など）。
- Ⅲ期：☆友達の動きが刺激となるよう
  ★子どもが主体的に取り組める
  取り組む方法などを分かりや
  ★クラスの中で互いに見合う機
  を客観的に捉えたりできるよ
  ★一人ではできないことも、み
  るように、互いの動きに気付
  を掛けたりする。
  ★クラス全体でいろいろな行事
  がりやまとまりが深められる

～友達の思いに気付けるように～

- Ⅱ期：☆3歳児、4歳児をごっこ遊びに招待するなどしながら、遊びの目的が達成されていく充実感や、自分たちがしたことを喜んでもらえるうれしさを味わえるようにする。

Ⅲ　3・4・5歳児のごっこ遊びドキュメンテーションと年間指導計画

P.97から

旬)	Ⅳ期(10月上旬～12月下旬)	Ⅴ期(1月上旬～3月下旬)
	□仲間とのつながりが感じられるように、仲間同士で準備したり落ち着いて過ごしたりできるような場を確保しておく。 □遊びの内容に応じて、物を動かして遊べる場、ほかのクラス・学年の子どもと関わることができるような場など、遊びの要素を満たす場がつくれるように、気付かせたり、提案したりしていく。 □自分たちで選んだ遊びの場や空間が、より友達とのつながりが持てる場になるよう、イメージに合った遊具や素材を提示したり互いの動きが見えるよう援助したりしていく。	□今までの経験を生かし、仲間と相談しながら遊ぶ場をつくることができるような材料、遊具を用意する。 □用具を使いやすいように置いておき、必要に応じて自分たちで用意し、片付けまで行えるようにする。
的計画的に入れ込んでいく(お祭り、月や星を見る会、遊園地への遠足、イモ掘の学芸会・音楽会、コンサートなど)。	→	→
全員が楽しむ機 のつくり方を知 遊具などの安全	■クラスや学年の友達と、目的やイメージを共通に持ち、遊戯室や保育室の空間全体を意識して作ることができるように、見やすい配置図を掲示したり、実現する方法を一緒に考えたりする(遊園地ごっこ、子ども会に向けて)。 □遊びの場を共有の場所や通り道に設定し、他学年とも交流する機会をつくる(お店屋さんごっこやショーごっこ、遊園地ごっこに招待する)。	→
ながら、遊びが展開してい 思いや考えが伝わらず遊び げなく声を掛けて橋渡しを 共通のイメージを作り上げ な取り組みの機会を持つ どから得たイメージを基に、 て遊ぶ姿を認めていく。	☆遊びの中で、主張が強い子どもの思いだけで遊びが進んでしまっているときには、遊びの仲間同士で思いやイメージを伝え合えているか見守り、必要に応じて遊びの流れを止めないように配慮しながら調整していく。 ☆自分の思いはあるが、言葉で表現できない様子が見られたら、保育者が必要に応じて言葉を補ったり話すきっかけをつくったりする。	☆互いのイメージを受け入れ合いながら遊ぶ楽しさが味わえるように、友達と共感し合って遊びを進めている姿を認めたり、状況に応じて思いが伝わる言い方に気付かせたりしていく。
に、具体的に認める言葉を掛けていく。 ように、興味・関心を捉えた課題を取り入れる。目的や、 すく示して、目的を共有できるようにする。 会をつくり、友達の表現の良い所を認めたり、自分の動き うにする。 んなでやることで大きなことを実現できる喜びが感じられ かせたり、みんなで力を合わせることを意識できるよう声 に取り組み、楽しみながらやり遂げたことでクラスのつな ようにするとともに、一人ひとりの自信につなげていく。	★子ども会や音楽会、誕生会などに向けての取り組みの中で、自信を持って表現できるように互いに見合っていい所を伝え合う機会をつくる (事例6－①→P.49参照)。 ★イメージを確認する機会をつくり、子どものアイディアを取り上げ認めながら、ストーリーを共通にしていく。 ★クラスの共通の目的や課題をやり遂げた喜びが味わえるように一人ひとりが力を発揮する機会をつくっていく。また、苦手なことにも挑戦しようとする姿を具体的に認めたり、分かりやすい目的を示したりする。 ★それぞれが力を発揮したことや気持ちを合わせたことが達成につながったことを知らせ、その喜びに共感する。	
→	☆運動会や子ども会の後、好きな遊びの中で年少児や年中児に、リズムやリレー、応援ダンスなどを教えてあげようとする姿を認め、場や時間を保障する。 ☆3歳児、4歳児をごっこ遊びに招待するなどしながら関わりを広げ、遊びや場の使い方を伝承していけるようにする。年少児や年中児のモデルとなって動くことで、自信につながるようにする。	

P.96～99の年間指導計画の全体像をつかむため、縦で一覧できるようにしています。

3年保育5歳児 年間指導計画

年間指導計画（3年保育　5歳児）一覧表

	Ⅰ期（4月上旬～5月中旬）	Ⅱ期（5月上旬～7月下旬）	Ⅲ期（9月上旬～10月下旬）	Ⅳ期（10月上旬～12月下旬）	Ⅴ期（1月上旬～3月下旬）
期のねらい	○新しい環境の中で、自分なりの目的を持って遊んだり、友達とのつながりを楽しんだりする。 ○自分の思いを出したり友達の思いを聞いたりして遊ぶ楽しさを味わう。 ○クラスのみんなと活動する中で保育者の投げ掛けた課題を受け止め、個々に、またはグループで取り組んでいく楽しさを感じる。 ○年長児になった喜びや自信を持ち、自分なりに新しい生活を進めようとする。 ○身近な春の自然に関心を持ち、自分から関わったり遊びに取り入れたりする楽しさを味わう。	○友達とのつながりの中で、自分なりの目的に向けて、考えたり、工夫したりして繰り返し取り組んでいく楽しさを味わう。 ○グループの友達と思いや考えを出し合って共通のイメージを持ち、一緒に遊びを進める楽しさを味わう。 ○クラスやグループの課題を受け止め、友達と一緒に取り組む中で、友達とのつながりを感じる。 ○生活に必要なことに気付き、自分たちでしようとする。 ○初夏の季節を感じ、自然の変化に気付いたり関わることを楽しんだりする。	○個々に目的を持って取り組み、自分の力を伸ばしていく喜びや充実感を味わう。 ○友達と考えを出し合いながら、共通の目的を見いだし一緒に遊びを進めていく。 ○クラスや園全体の課題に向けて、一人ひとりが自分の力を発揮しながらみんなでやり遂げていく喜びや充実感を味わう。 ○1日の生活に見通しを持ち、必要なことに気付いて、自分たちで動こうとする。 ○秋の自然の変化に気付き、自分から関わろうとする。	○友達と共通の目的に向けて、自分や友達の良さや得意な面を生かしながら遊びを進める。 ○課題に向けて、自分なりの力を発揮し、友達の力を認めたり受け入れたりしながら活動を進める楽しさや満足感を味わう。 ○生活の流れが分かり、友達と声を掛け合って見通しを持って取り組む。 ○季節の移り変わりに興味や関心を持ち、自然物を遊びの中に取り入れて工夫して遊ぶことの楽しさを味わう。	○友達と互いの思いや考えを伝え合いながら共通のイメージを実現させたり、友達とのつながりの中で自分の力を発揮したりする楽しさを味わう。 ○クラスやグループの課題に取り組む中で、友達の持ち味を認めながら協力して遊びや活動を進めていく充実感を味わう。 ○自分たちで必要なことを考えたり問題を解決したりしながら、自信を持って生活を進めていく。 ○冬から春への季節の移り変わりを感じ、自然の事象に心を動かし、観察したり試したりしながら関わる。
指導内容 豊かな表現につながる	○**友達とのつながり**の中で、一人ひとりが**自分なりのイメージ**を持って動いたり、遊びに必要な物を作ったりして遊ぶ。 ○友達との遊びの中で、自分の思いや考えを言葉や動きで表しながら遊ぶことを楽しむ。 ○自分なりの目的を持ったり友達の動きに気付いたりしながら、**一緒に遊びを進める楽しさ**を感じる。	○自分のイメージしたことや思い、考えを相手に分かるように伝え、**仲間としてのつながり**を感じながら遊びを進める楽しさを味わう。 ○友達と遊ぶ中で大型積み木や段ボールなど、いろいろな遊具を組み合わせ自**分のイメージで構成した物を友達と共有**して遊ぶ楽しさを味わう。	○クラスや園全体での課題に取り組む中で、**互いの思いや考えを出し合い**、一人ひとりが自分の力を発揮しやり遂げた喜びを味わう。 ○**共通のイメージ**を持ってリズミカルに体を動かし、友達と動きがそろう心地良さや一体感を味わう。 ○イメージを膨らませながら衣装や道具を作り、持ったり身に付けたりして、なりきって表現する楽しさを味わう。	○**友達と共通の目的を持って遊びを進めていく**中で、自分のイメージに合った遊具や材料を選んで使う楽しさを味わう。 ○**クラスの共通の目的**に向かい、見通しを持って取り組んでいく中で、協力しながらやり遂げた満足感や充実感を味わう。	○友達とイメージや考えを出し合い、友達の得意な面に気付いたり、友達の考えを受け入れたりして、**互いの良さを認め合って遊びを進める**充実感を味わう。 ○友達とストーリーに沿って動く中で、登場人物の気持ちを動きや言葉で表現したり、やり取りをしたりして**演じる楽しさ**を味わう。
指導のポイント	●個々の目的やイメージをくみ取り、実現できるように。 ●友達と一緒に作った物から見いだした楽しさへの共感。	●保育者は困ったときの相談役。 ●仲間同士のやり取りを見守る。	●クラスや学年で共通のイメージを実現できるように。		●成長している姿を認め自信を持って取り組めるように。

ごっこ遊びの環境構成と保育者の援助（△物との関わり）

～遊びに必要な物を作って遊ぶことを楽しめるように～

（Ⅰ期）
- △進級当初は、扱い慣れた用具や材料を用意する。
- △個々の実現したいイメージが実現できるように丁寧に関わる。

（Ⅰ期～Ⅱ期）
- △遊びに必要な物や身に付ける物に気付かせたり、材料や作り方を子どもと考え提案したりする。また、幾つかの材料の中から自分で選んで作ることができるように用意する（ショーごっこ（事例5－①→P.44参照）、チョウチョウごっこ、人魚ごっこ：カラーポリ袋、スズランテープ　おうちごっこ：食べ物の材料として色画用紙、フラワーペーパー、ティッシュペーパー、カラーポリ袋）。
- △3～4人で取り組めるように、大きい素材を提示する（おうちごっこ：家の扉や壁の材料として段ボール、絵の具、旗立台　電車ごっこ、バスごっこ：段ボール、台車、運転手の帽子用の色画用紙　水族館ごっこ、動物園ごっこ：カラーポリ袋、新聞紙）。
- △子どもの興味や体験を元に、ごっこ遊びのきっかけとなるような物や素材を置いておく。
- △絵本・物語の読み聞かせでは、ストーリーの展開が分かりやすいもの、イメージが共通になり、遊びにつながるものを選ぶ（人形劇ごっこ：画用紙、紙コップ、ストロー、トイレットペーパーの芯、人形劇の舞台など）。
- △ダンスやごっこ遊びのイメージが膨らむような音楽を用意する。
- △友達のやり方を見て、良いと思った方法を自分の遊びに取り入れたり、互いに刺激し合ったりしながら作る姿を認める。
- △繰り返し遊べるように、作った物を分類したり、整えたりしながら片付けることに気付かせていく。

（Ⅲ期）
- △自分たちで選んで使えるように、材料を分類して置いておくとともに、遊びの流れを予測して必要になったときに提示できるように準備する。
- △遊びに必要な物や身に付ける物に気付かせたり、材料や作り方を子どもと考え提案したりする（夏休みの経験を生かして：縁日ごっこ、海ごっこ、虫作り、お化け屋敷ごっこなど）。

（Ⅳ期）
- △遊びに必要な物や身に付ける物に気付かせたり、材料や作り方を子どもと考え提案したりする（秋の自然物を使ったままごとの食べ物作り、衣装作り、ハロウィンごっこ、クリスマスの飾り作りなど）。

（Ⅴ期）
- △"こうしたらこうなるのでは"と、予測したり見通しを持ったりして作る姿を認める。
- △遊びに必要な物をイメージし実現していく中で、考えたり工夫したりする楽しさが味わえるように、保育室や教材室から自分で材料を選べるようにしておく。

～クラスで共通の目的に向けて取り組めるように～

（Ⅰ期～Ⅱ期）
- ▲誕生表を、クラスの友達とイメージを共通にしながらテーマを決めて製作する（自分の人形作り、海や宇宙、不思議の国などをテーマにした壁面作り）。

（Ⅲ期）
- ▲運動会のリズム表現に必要な物を子どもと考えたり保育者が提案したりして、身に付ける物を製作する。
- ▲体験したことが実現できるような遊具や材料を準備しておく（例：プラネタリウムから宇宙作りへ）。
- ▲イメージを表現し作り上げる喜びを味わえるように、見立てや扱いがしやすい素材や遊具を子どもの要求に応じて提示できるようにする。
- ▲共通のイメージを膨らませていくことができるような絵本や音楽を用意しておく。

（Ⅳ期）
- ▲遊園地ごっこに向けて、グループの友達と、話し合う機会をつくったり構想図を描いたりして、イメージを共通にできるようにする。
- ▲必要な物をどのような材料でどのように作るか、子どものアイディアを取り入れながら、材料や用具を用意し、必要に応じて作り方を提案する。
- ▲役割分担をしたり、場や物を作ったりしながら、自分たちで作り出す力が身に付くようにする（段ボールで作る、段ボールカッターを使う、ローラーやはけで色を塗る、台車を付けて動くようにする）。

（Ⅴ期）
- ▲子ども会に見通しを持って取り組む中で友達と関わりながら、グループのイメージを具体的に表現することができるよう、必要な材料を用意しておく。
- ▲子ども会に向けて、ストーリーや大道具、小道具、衣装などのイメージを膨らませていくために絵本や資料を用意する。
- ▲必要な物を考えたりイメージを共通にしたりする機会をつくりながら、これまでの経験を生かして自分たちで作り上げていく姿を見守る（背景、大道具、小道具、衣装などを数名の子どもと一緒に作る）。

～自分の力でイメージを実現していけるように～

（Ⅰ期～Ⅱ期）
- ▲友達とイメージを共通にしながら作る（こいのぼり：ペックス紙、アクリル絵の具）。
- ▲紙の大きさ、目的を考えて描く（誕生児への冠作り）。
- ▲目的を持って描く（離任式のプレゼント、母の日・父の日のプレゼント、カレーパーティーのポスター）。
- ▲経験したことを描く（遠足の絵）。
- ▲新しい素材を使って立体的に作る（人形：発泡球、ウレタン棒、針金、カラーポリ袋のスカート作り）。
- ▲折り紙で折る（七夕飾り作り）。
- ▲動かす仕組みを考えて作る（車：小さなタイヤ、竹ひご、ストロー　船：ゴム、スチレン板、割り箸）。

（Ⅲ期～Ⅳ期）
- ▲写真や図鑑などを見て描く（運動会のポスターで国旗の絵を描く）。
- ▲経験したことを描く（運動会の絵）。
- ▲パレットの上で絵の具を混色して色を作る（サツマイモの絵）。
- ▲秋の自然物を使ってクリスマスのリースを作り飾る（リース作り）。

（Ⅴ期）
- ▲今までの経験を生かしながら自分で材料を選んだり、試したり工夫したりしてイメージを実現する楽しさを味わえるような機会を持ち、材料の種類や量も豊富に用意しておく（たこ作り、鬼の面作り、ひな人形作り）。

P.96～97

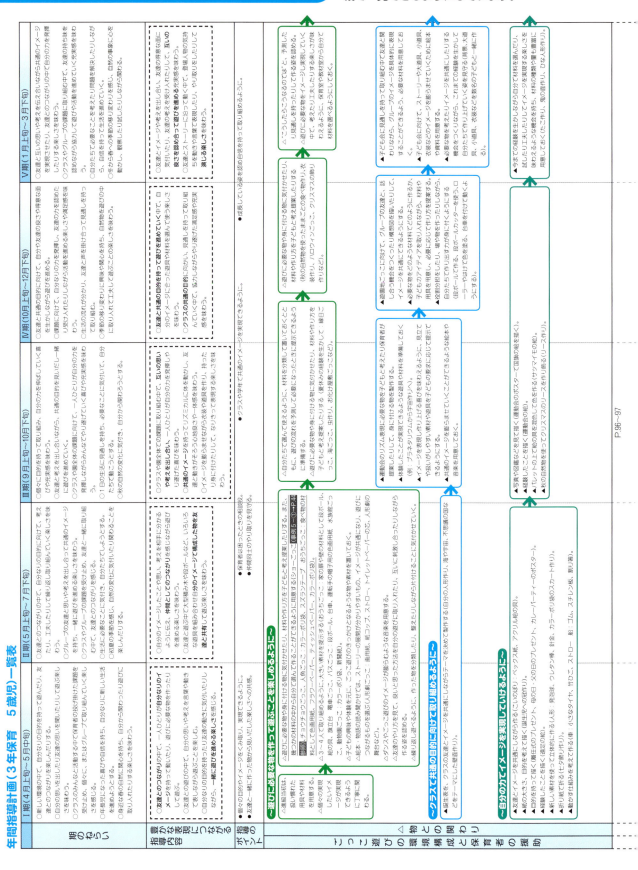

P.98〜99

ごっこ遊びの環境構成と保育者の援助

□場の設定

〜友達とイメージを共有して楽しめるように〜

□自ら環境に関わって遊べるように、遊びを繰り返すことができるような場を用意したり、遊ぶ時間を確保したりする。

→ □同じ遊びの中でも、自分なりの目的が持てるように、それぞれの目的や動きに応じて子どもが場をつくっていけるようにする。
□遊戯室にも製作コーナーを作り、作りたい物をすぐに作って遊べるようにする。
□継続して遊べるように、翌日以降も引き続き遊べる場を保障していく。
また、作った物を整理して片付けて扱いやすいようにする。

→ □仲間とのつながりが感じられるように、仲間同士で準備したり落ち着いて過ごしたりできるような場を確保しておく。
□遊びの内容に応じて、物を動かして遊べる場、ほかのクラス・学年の子どもと関わることができるような場など、遊びの要素を満たす場がつくれるように、気付かせたり、提案したりしていく。
□自分たちで選んだ遊びの場や空間が、より友達とのつながりが持てる場になるよう、イメージに合った遊具や素材を提示したり互いの動きが見えるよう援助したりしていく。

→ □今までの経験を生かし、仲間と相談しながら遊ぶ場をつくることができるような材料、遊具を用意する。
□用具を使いやすいように置いておき、必要に応じて自分たちで用意し、片付けまで行えるようにする。

〜共通の経験を生かして遊べるように〜

■共通の体験・経験を意図的計画的に入れ込んでいく（生き物との触れ合い、動物園への遠足、カレーの材料の買い物など）。

→ ■共通の体験・経験を意図的計画的に入れ込んでいく（お祭り、月や星を見る会、遊園地への遠足、イモ掘り遠足、観劇会、小学校の学芸会・音楽会、コンサートなど）。

〜遊びの場を友達と一緒につくれるように〜

□進級当初は、扱い慣れた中型積み木を使って遊べるようにする。
□進級当初は保育室の中に場をつくって遊べるようにする。少しずつ使える場を遊戯室に広げていく。

→ ■大型積み木やゲームボックスなどで家や船などを構成し、その場で弁当を食べたり遊んだりして全員が楽しむ機会をつくり、扱い方や約束が分かるようにする。
□新しい環境でイメージを膨らませながら遊びに取り組めるように、いろいろな空間の使い方や場のつくり方を知らせていく（大型積み木、ゲームボックス、巧技台、段ボールなど）。
□遊びの場が広がり、動きが活発になるため、大型積み木や巧技台のような大型遊具や慣れている遊具などの安全な使い方に留意していくとともに、友達同士で伝え合う姿を認めていく。

→ ■クラスや学年の友達と、目的やイメージを共通に持ち、遊戯室や保育室の空間全体を意識して作ることができるように、見やすい配置図を掲示したり、実現する方法を一緒に考えたりする（遊園地ごっこ、子ども会に向けて）。
□遊びの場を共有の場所や通り道に設定し、他学年とも交流する機会をつくる（お店屋さんごっこやショーごっこ、遊園地ごっこに招待する）。

☆人との関わり

〜思いを伝え合いながら遊ぶことを楽しめるように〜

☆一人ひとりが自分の思いを出したり、友達の話を聞いたりする姿を認め、必要に応じて意見を調整しながら、一緒に取り組む楽しさを味わえるようにする。

→ ☆遊びの中で思ったことや考えたことを、互いに出したり受け入れたりしながら、イメージが共通になっていく楽しさを受け止め、共感する。また、強く主張する子どもには、相手の思いに気付くように援助し、互いに思いを出し合いながら遊ぶ楽しさを感じられるようにする。
☆必要に応じて保育者も一緒に仲間に入り、相談に乗りながら、何を作るか、友達の考えはどうか、どのように進めるかなどを明確にして見通しが持てるようにする（事例5−②→P.45参照）（ショーごっこ、お店ごっこ、乗り物作りなど）。

→ ☆友達と思いや考えを伝え合いながら、遊びが展開していく様子（ストーリー）を見守り、思いや考えが伝わらず遊びが停滞しているときにはさりげなく声を掛けて橋渡しをしていく。
☆友達と思いを伝え合いながら、共通のイメージを作り上げていく喜びが感じられるような取り組みの機会を持つ（運動会の応援団のダンス）。
☆共通に経験したことや絵本などから得たイメージを基に、友達と同じ思いや目的を持って遊ぶ姿を認めていく。

→ ☆遊びの中で、主張が強い子どもの思いだけで遊びが進んでしまっているときには、遊びの仲間同士で思いやイメージを伝え合えているか見守り、必要に応じて遊びの流れを止めないように配慮しながら調整していく。
☆自分の思いはあるが、言葉で表現できない様子が見られたら、保育者が必要に応じて言葉を補ったり話すきっかけをつくったりする。

→ ☆互いのイメージを受け入れ合いながら遊ぶ楽しさが味わえるように、友達と共感し合って遊びを進めている姿を認めたり、状況に応じて思いが伝わる言い方に気付かせたりしていく。

〜クラスの友達と認め合える関係をつくれるように〜

☆数名の友達と力を合わせ作り上げた喜びが感じられるように、言葉を掛けていく。
☆同じ遊びのグループで友達の動きや様子を知らせたり、具体的にイメージを確認したりして、仲間意識が持てるようにする。

→ ☆同じクラスの友達のしていることに興味を持ち、仲間に入りたいときに受け入れ合えるような雰囲気づくりを心掛ける。
★4〜5人で相談する機会をつくり、作り方や表現方法を考え工夫しながら取り組み、やり遂げる喜びを味わえるように、クラスで披露する機会をつくったり、他学年の子どもと関わるきっかけをつくったりする（こいのぼり作り、グループの名前の相談、誕生会へ向けた活動など）。

→ ☆友達の動きが刺激となるように、具体的に認める言葉を掛けていく。
★子どもが主体的に取り組めるように、興味・関心を捉えた課題を取り入れる。目的や、取り組む方法などを分かりやすく示して、目的を共有できるようにする。
★クラスの中で互いに見合う機会をつくり、友達の表現の良い所を認めたり、自分の動きを客観的に捉えたりできるようにする。
★一人ではできないことも、みんなでやることで大きなことを実現できる喜びが感じられるように、互いの動きに気付かせたり、みんなで力を合わせることを意識できるよう声を掛けたりする。
★クラス全体でいろいろな行事に取り組み、楽しみながらやり遂げたことでクラスのつながりやまとまりが深められるようにするとともに、一人ひとりの自信につなげていく。

→ ★子ども会や音楽会、誕生会などに向けての取り組みの中で、自信を持って表現できるように互いに見合っていい所を伝え合う機会をつくる（事例6−①→P.49参照）。
★イメージを確認する機会をつくり、子どものアイディアを取り上げ認めながら、ストーリーを共通にしていく。
★クラスの共通の目的や課題をやり遂げた喜びが味わえるように一人ひとりが力を発揮する機会をつくっていく。また、苦手なことにも挑戦しようとする姿を具体的に認めたり、分かりやすい目的を示したりする。
★それぞれが力を発揮したことや気持ちを合わせたことが達成につながったことを知らせ、その喜びに共感する。

〜友達の思いに気付けるように〜

☆3歳児、4歳児をごっこ遊びに招待するなどしながら、遊びの目的が達成されていく充実感や、自分たちがしたことを喜んでもらえるうれしさを味わえるようにする。

→ ☆運動会や子ども会の後、好きな遊びの中で年少児や年中児に、リズムやリレー、応援ダンスなどを教えてあげようとする姿を認め、場や時間を保障する。
☆3歳児、4歳児をごっこ遊びに招待するなどしながら関わりを広げ、遊びや場の使い方を伝承していけるようにする。年少児や年中児のモデルとなって動くことで、自信につながるようにする。

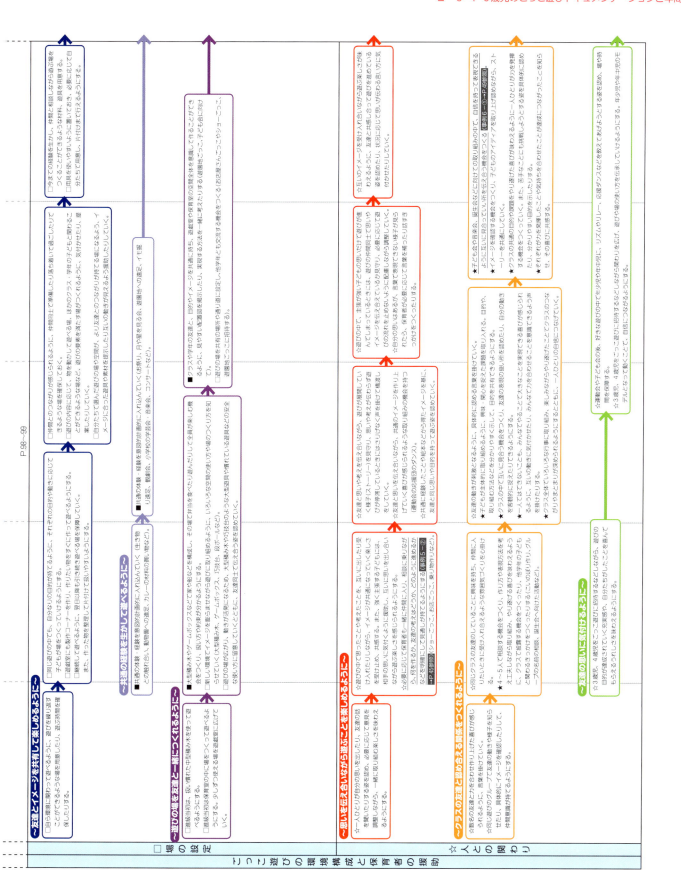

IV

3・4・5歳児　ごっこ遊びの日案と、5歳児プロジェクト・ドキュメンテーション

ごっこ遊びを短期の指導計画にしたときに、どうなるのかを読み取りつつ、
後半の「わくわくランド」では、
５歳児らしい広がりや深まりをドキュメンテーションから感じ取ってください。

3年保育3歳児
さくらんぼ組指導案

平成27年11月5日㈭
在　　　籍：男児7名／女児10名／合計17名
担　　　任：若林　芽
保育補助員：野原　千裕

1 子どもの実態

〈遊びへの取り組み〉

●自分で塗った冠やヒーローのお面、広告紙を巻いた紙に、形に切った画用紙をセロハンテープで貼ることを楽しんでいる。また、作った物を身に付け、遊ぶことを楽しんでいる。友達数人で集まり、積み木や囲いなどを使って家や舞台を作り、その中で踊ったりままごとをしたりして遊んでいる。

●お店屋さんごっこが遊びの中に出ているときには、自分の遊んでいた場所を拠点とし、出掛け先のお店で、店員役の友達と売り買いのやり取りをして楽しんでいる。そして、買った物を一緒の場所で遊んでいた友達と食べるなど、振りを楽しむ。一緒に同じ物を持ったり何かをしたりすることを楽しめるようになってきた。

●場づくりを保育者や友達と一緒にすることも楽しんでいる。同じ物を身に付けたり持ったりしている友達と一緒に、ウレタン積み木やつい立てを使って場をつくり、その中でごっこ遊びを楽しんでいる。

●園庭では、友達や保育者と追い掛けっこをしたり、固定遊具に取り組んだりして体を伸び伸びと動かすことを楽しんでいる。ままごとや、ショーごっこなど保育室での遊びも、園庭では他クラスと交わりながら遊ぶ姿も見られる。

〈人との関わり〉

●クラスの中では、気に入った友達と一緒に、同じ動きや同じ物を持ちたいという思いが出てきており、関心を持って話し掛けたり誘い合ったりしながら遊び始める姿がある。園庭での遊びでは保育者が中に入りながら、他クラスの友達とも遊ぶ機会が増え、同じ場で同じ遊びをすることを楽しむようになった。

●気の合う友達と一緒に過ごしたい思いが強く、他児を退けようとしたり無理やり入っていったりすることがある。その都度、思いを受け止めながらも相手の思いを代弁し、気付けるようにしている。

〈クラス全体の活動の取り組み〉

●運動会の経験を通し、クラスで見立てたりなりきったりして動くことや、簡単なルールのある遊びをしたりすることを楽しんでするようになった。

●「たのしかったね」「おいしいね」「またやりたいね」など、感じたことを言葉で表現する子どもが多く、友達と思ったことを言い合うことも楽しんでいる。受け止めたり、クラス全体で共感したりできるようにすることで、今までクラスで取り組む活動にあまり興味を示さなかった子どもも、活動に参加することや友達と一緒に動くことに少しずつやりたいと思う気持ちを持って、取り組むようになった。

〈生活への取り組み〉

●一つ一つ丁寧に取り組んでいる。友達が保育者に認められている姿に刺激を受け、進んで活動の準備や片付けに取り組んだり、やり方を友達に教えようとしたりする。一方で、友達のことに気が向いてしまい自分のことがおろそかになってしまう子どももいる。個別に声を掛けると気付き、自分のペースで取り組む。

2 日のねらい

○作った物を使って見立てたり、なりきったりすることを楽しむ。
○片付けや、身の回りのことを自分でしようとする気持ちを持ち、進んで取り組もうとする。

3 評価

〈子ども〉

○自分で作った物を使って、なりきる楽しさを動きや言葉で表していたか。
○自分で気付いたり、友達や保育者に教えてもらったりして、片付けや身支度に進んで取り組もうとしていたか。

〈保育者〉

○作った物を使って、すぐになりきれるように、作る工程に配慮した材料を準備したり、援助をしたりしていたか。
○一人ひとりが表現している姿を認めることができたか。
○片付けや、身の回りのことに進んで取り組んでいる子どもの姿を、認めることができていたか。
○片付けで、自分でやってみようと思う気持ちが持てる声掛けができていたか。

4 展開

時　間	1日の流れ
8：40	○登園 ・所持品の始末
9：20	○クラス活動 ・簡単なルールのある遊び ・リズム遊び　など
9：45	○片付け ・トイレ
10：00	○好きな遊び（園庭） ・追い掛けっこ ・固定遊具 ・ままごと ・三輪車　など
10：45	○片付け
11：00	○昼食準備 ・トイレ、手洗い、うがい ○昼食 ・休息、うがい、トイレ
12：00	○好きな遊び（保育室） ・ヒーロー・ヒロインごっこ ・ままごと ・自然物を使った遊び ・弁当作り　など
12：40	○片付け
12：55	・トイレ ○クラス活動 ・絵本、歌 ・明日に向けて
13：10	○降園準備
13：20	
13：30	○降園

Ⅳ　3・4・5歳児　ごっこ遊びの日案と、5歳児プロジェクト・ドキュメンテーション

5 環境と援助 ●子どもの姿　○子どもに経験してほしいこと

保育者の援助：（△物との関わり　□場の設定　☆人との関わり）

①ヒーロー・ヒロインごっこ

●冠や、ヒーローの顔の塗り絵を塗った物をお面に付けてなりきっている。
●ウレタン積み木やつい立てを使って囲いを作り、ジョイントマットを敷くなどして、場をつくる。
●ショーの出し物はヒーロー・ヒロインで、舞台は1か所になっている。それぞれの家が拠点となり、舞台に踊りに行っている。
○身に付ける物や、持つ物など自分で作った物を使って遊ぶことを楽しむ。
○なりきって動く楽しさを感じ、友達や保育者に見てもらう喜びを味わう。
△作った物ですぐ遊べるような物を準備する（いろいろな形に切った画用紙、広告紙を巻いた紙、お面ベルト、適当な長さに切った紙テープ、ヒーロー、ヒロインの塗り絵）。
△セロハンテープやハサミの使い方を確認しながら取り組めるようにする。

□舞台では、保育者も一緒に場の設定をしながら、それぞれの動きが保障されるように配慮する。
□ヒーロー・ヒロインそれぞれの遊びが重ならないようにする。
☆一人ひとりの表現している姿を認め、曲に合わせて踊ったりなりきって動いたりしている姿を見守る。
☆友達の動きを言葉にしていきながら、他児の動きに刺激を受けて、まねをしてみたり自分なりに動いたりしてみようとする気持ちが持てるようにする。
☆ショーでは、保育者が楽しい雰囲気をつくることで、子どもが踊ることやポーズする楽しさを味わえるようにする。

③自然物を使った遊び

●新宿御苑の遠足で使ったドングリバックを首から提げて、ドングリ拾いを再現することを楽しんでいる。
●タライの中のドングリを手で混ぜることや、ガラガラという音が鳴るのを楽しんでいる。
●ドングリを食べ物に見立てて、料理をしている。
○ドングリを使って何かを作ったり、見立てたりして遊ぶ楽しさを味わう。
△ドングリバック、カップ、ままごと道具など、子どもが自分で取り出せるような場所に準備しておく。
□ほかの遊びとぶつからないように、牛乳パックで作った囲いなどを使って遊びの場を分けられるように声を掛けたり、保育者も一緒に場の整理をしたりする。

☆イメージを持って遊びを楽しめるように保育者が声を掛けていく。

④弁当作り

●キッチンペーパーに、ティッシュペーパーを丸めた物を包み、黒い画用紙のノリをのりで貼っておにぎりを作ることを楽しんでいる。他児の分のお弁当も作ってあげたいと、幾つも作っている。ヒーロー・ヒロインごっこをしている子どもも「たべものをつくりにきた」と話し、食べ物を少しずつ自分で作ろうとする姿も見られる。
●遊びの中で作れるような環境を構成しておくと、おにぎりを作ることに興味を持ち、取り組んでいる。お弁当を持ってピクニックに行きたいと話す子どももいる。
○遠足の再現をしたり、遊びの中で食べたりして、友達と一緒の物を食べながら遊ぶ楽しさを味わう。
○自分で作った食べ物に愛着を持ち、丁寧に扱おうとする。
△弁当が作れるような材料を準備する（ティッシュペーパー、キッチンペーパー、お弁当タッパ、色画用紙、折り紙など）。
△作ったお弁当の具を分けて片付けられるような箱を準備する。
□片付け時に、置く場所を確認しながら決めていき、次に遊ぶときに自分たちで出せるようにする。

☆保育者も一緒に遊びに入り、作ったり、作った食べ物を使って遊んだりする楽しさが味わえるようにする。

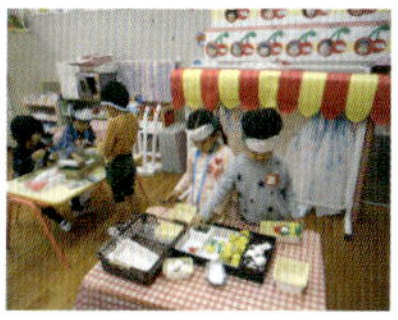

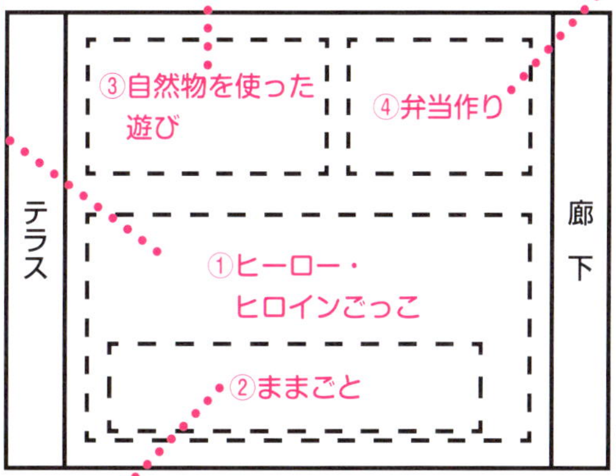

②ままごと

●ヒーロー・ヒロインがショーから戻り、家で過ごす際に、遊びがままごとに切り替わる。
●自分たちでウレタン積み木や囲いを使って場をつくる。ままごとコーナーで遊ぶことは少なくなり、必要な物はままごとコーナーから持ち出して来て、自分たちでつくった場でままごとの遊びの場を広げることが多い。
●片付けも食器をスポンジで洗ってから戻したり、魔法のつえを使って片付けをしたりしていくなど、イメージの中で楽しみながら取り組んでいる。
○役になりきって動いたり、見立てたりして動くことを楽しむ。
○使っている物を丁寧に扱ったり、片付けたりしようとする。
△片付けやすいように、広い場所に収納箱を移動したり、手順や方法（小物を片付けてからウレタン積み木を片付ける、収納する場所を提示）を伝えたりするなど、子どもが進んで取り組めるように工夫する。
□子どもが自分の遊んでいた場所から、ままごとコーナーに物を取りに来る際は、動線を意識して遊びと遊びの間隔や安全に配慮する。
☆イメージの中で動くことを楽しめるように、片付けも子どものイメージを崩さないように促していく。

ごっこ遊びの日案　**3年保育3歳児　いちご組指導案**

平成27年11月5日(木)
在　籍：男児7名／女児10名／合計17名
担　任：上野　今日子
保育補助員：中村　美栄

1　子どもの実態

〈遊びへの取り組み〉
- お菓子屋さんごっこでは、丸めた粘土の上に遠足で拾ったドングリを載せた物をケーキやクッキーなどのお菓子に見立て、それをカキの葉っぱをお皿に見立てた物に載せて、積み木の上に並べることを楽しんでいる。また、興味を持った友達が関わってきて、食べてくれることを楽しんでいる。
- 乗り物ごっこでは、ウレタン積み木と仕切りで飛行機や新幹線を作り、運転手やお客さんになりきることを楽しんでいる。
- おうちごっこでは、ウレタン積み木や仕切りを並べて家に見立て、お母さん、子ども、ネコなどの役になりきって、料理を振る舞ったり、お世話をしたり、ネコの鳴き声や動きをすることを楽しんでいる。
- ヒーローやヒロインの塗り絵を楽しみ、お面にした物を身に付けて、それらになりきって動いたり踊ったりすることを楽しんでいる。

〈人との関わり〉
- 自分で作った粘土のクッキーやケーキなどのお菓子を積み木に並べて友達に食べてもらうことや、自分が作った飛行機や新幹線の乗り物に保育者や友達に乗ってもらうことを喜ぶ姿もある。
- 友達にも自分の思いを安心して出せるようになってきたため、思いがぶつかり、ケンカをする子どももいる。保育者が双方の思いを受け止めながら、友達との思いの違いを知らせている。
- 自分からは友達に関わっていきにくかった子どもも、保育者と一緒であれば、興味を持った友達の遊びに入れるようになってきている。

〈クラス全体の活動の取り組み〉
- 年中長組からサツマイモをおみやげとしてもらい、実物に触ったり色や形を見たりしたので、サツマイモの塗り絵では、思い思いの色使いや塗り方を楽しんでいた。また、それに愛着を持ち、遊びに使ったり飾ったりしている。
- 降園前の活動では、保育者や友達と絵本や歌を楽しみ、その内容と自分の経験を結び付けて、今日の楽しかったことを話す姿がある。

〈生活への取り組み〉
- 登降園時の身支度や昼食の準備と後片付けなどの仕方が分かり、自分でしようとしている。
- 遊びの後の片付けは、片付けようとする気持ちはあるが、遊具を出しすぎて途中で片付け切れないこともある。保育者が自分の遊んだ所を片付けてから、友達の場所を片付けるように声を掛けたりして、最後まで片付けられるようになってきている。

2　日のねらい

○身の回りにある物を使って、見立てたりなりきったりして、自分の思いを動きに表しながら遊びを楽しむ。
○片付けやトイレの後にハンカチで手を拭くなど、自分でできる身の回りのことを、自分でしてみようとする。

3　評価

〈子ども〉
○自分で作った物を使って遊ぶことを楽しんでいたか。
○身の回りにある物を使って、作ったり、見立てたりして、役になりきり、自分の思いを動きに表しながら遊んでいたか。
○片付けやトイレの後にハンカチで手を拭くなど、自分でできる身の回りのことを自分でしてみようとしていたか。

〈保育者〉
○子どもが自分で作った物を使って遊ぶことを楽しめるように、製作の材料や用具を用意し、子どもの動きを引き出す環境ができていたか。
○子どもが好きなものになりきって自分の思いを動きで表しているのを認めたり、動きを引き出す声掛けができていたか。
○子どもが片付けやトイレの後にハンカチで手を拭くなど、身の回りのことを自分でしてみようとするために、自分でする姿を見守ったり、認めたりすることができていたか。

4　展開

時　間	1日の流れ
8：40	○登園 ・所持品の始末
9：15	○クラス活動 ・簡単なルールのある遊び ・リズム遊び　など
9：45	○片付け ・トイレ
10：00	○好きな遊び(園庭) ・追い掛けっこ ・固定遊具 ・ままごと ・三輪車　など
11：00	○昼食 ・トイレ、手洗い、うがい ○昼食 ・休息
12：00	○好きな遊び(保育室) ・お菓子屋さんごっこ ・乗り物(のおうちごっこ) ・テレビショーごっこ ・おうちごっこ　など
12：45	○片付け
13：00	・トイレ ○クラス活動 ・絵本、歌 ・明日に向けて
13：10	○降園準備
13：20	
13：50	○降園

5 環境と援助

●子どもの姿　○子どもに経験してほしいこと

保育者の援助：(△物との関わり　□場の設定　☆人との関わり)

①お菓子屋さんごっこ

●遠足で拾ったドングリやマツボックリを粘土に載せて、ケーキやクッキーなどに見立てている。
○遠足で拾ったドングリやマツボックリ、園庭で拾ったカキの葉を自分なりのお菓子に見立てて作ることや、作った物で遊ぶことの面白さを感じる。粘土と自然物をお菓子に見立てたり、お菓子屋さんになりきったりして自分の思いを動きに表しながら遊ぶ。
△ドングリ・マツボックリなどでお菓子作りができるように、自然物や粘土を取り出しやすく用意する。
△自分で作ったエプロンや、お皿に見立てたカキの葉とケーキカップなどを、ごっこ遊び用の棚や個人用のかごに片付けられるようにし、自分たちで片付けをして、次の日にもまた遊べるようにする。
□子どもがイメージしたお菓子屋さんの姿を表現できるような場を、保育者が一緒に机やイス・ウレタン積み木を使い作れるようにする。
☆動きや表情などで自分の思いを出している姿を受け止め、保育者もお菓子作りに加わりながら、子どもの思いを引き出す。

②乗り物ごっこ

●積み木や仕切りを組み合わせて飛行機や新幹線などの乗り物を作り、保育者や乗り物に興味を持った友達に乗ってもらうことを繰り返している。
○見立てたり、なりきったりして自分の思いを動きに表しながら一緒に遊びたい友達と関わる。自分で作った運転手の帽子をかぶり、作った物で遊ぶことの面白さを感じる。乗り物の運転手やお客さんになり、友達との関わりを楽しむ。
△自分で作った運転手になりきれるような帽子や、切符を片付ける場所を用意し、自分たちで遊び出せるようにする。
△切符を作るための材料を用意し、用具の使い方や扱い方を個々に応じて知らせ、安全に使えるように配慮する。
□安全に遊べるように遊びの様子を見ながら、積み木の高さを調整したり床に落ちている遊具の片付けや場を整理したりしていく。
☆気に入った友達と関わろうとしている様子を見守りながら、必要に応じて保育者が言葉を添えたり思いを代弁したりする。イメージしている乗り物を作れるように、積み木の色や並べ方を一緒に工夫する。

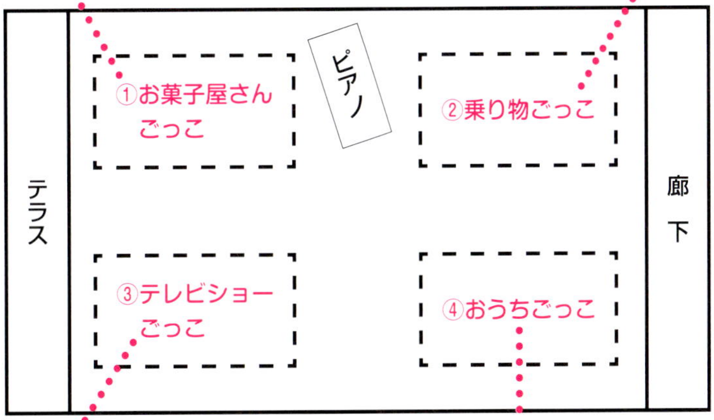

③テレビショーごっこ

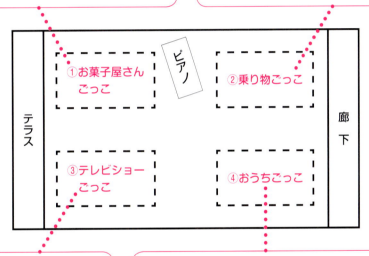

●自分で作った好きなキャラクターのお面ベルトをかぶり、なりきる中で自分の思いを出してお話をしたり、動いたりすることを楽しんでいる。
○身近にある物を使って作った物で、遊ぶことを楽しむ。
○見立てたり、なりきったりして自分の思いを動きに表しながら遊ぶ。
△作った物ですぐ遊べるように、物を準備する(いろいろな形に切った画用紙、広告紙を巻いた棒、お面ベルト、紙テープ、なりきれるような塗り絵、アニメ音楽、テレビの背景)。
□保育者と一緒にテレビの舞台を作りながら、自分たちで場をつくっていけるようにする。
☆一人ひとりが楽しんでいる姿を見守ったり一緒に遊んだりし、自分の思いを出すことを楽しめるように援助する。
☆自分の思いを出すことに抵抗のある子どもには、気持ちを受け止め、安心して参加できる雰囲気をつくったり、保育者や友達の楽しそうな様子を見せたりし、自分のペースで遊びに参加できるようにする。
☆動きや表情などで自分の思いを出している姿を受け止め、保育者も一緒に楽しむ。

④おうちごっこ

●お母さんになりきって料理や子どもの世話をしたり、赤ちゃんになりきってミルクを飲んだりしている。実際にネコを見た経験からか、ネコの家族になりきっているときもある。
○お菓子屋さんのケーキやクッキーをもらい、作った物で遊ぶ経験をしたり、既成のエプロンやままごと道具と自然物を使い、家族になりきったりして自分の思いを動きに表しながら遊ぶ。また、身近な人や動物になりきることを楽しむ。
△なりきったり見立てたりしやすくなるように、鍋や食器とドングリやマツボックリをしまうかごを保育者が用意し、遊びをより楽しめるように保育者も遊びに参加しながら自然物との触れ合いを促していく。また、親しみのある動物になりきって遊ぶことを楽しめるように、動物の尻尾も自分で作れるように材料を用意する。
□仕切りやカーペットをつなげて、場をつくれるようにする。
☆保育者が仲間に入ることで、個々のイメージを受け止めながら、イメージのすれ違いを調整して、おうちごっこでの友達との関わりを楽しめるようにする。
☆友達に自分から関わりにくい子どももきっかけができるように、保育者が一緒に遊びながら関われるようにする。

ごっこ遊びの日案

3年保育3歳児 ぶどう組指導案

平成27年11月5日(木)
在　　籍：男児7名／女児10名／合計17名
担　　任：見明　英美子
保育補助員：松永　聖子

1 子どもの実態

〈遊びへの取り組み〉

●気に入った遊びをしたり、保育者がしていることやお店屋さんの環境に興味を持って関わったりしている。

●保育者や友達と一緒にウレタン積み木で舞台を作って、ショーができるようにすると、ヒーロー・ヒロインのお面やベルト、手裏剣やステッキなど身に付けたり、同じ物を持ったりして、なりきって遊ぶことを楽しんでいる。

●ハサミで紙を小さく切ったり、塗り絵をした物を広告紙を巻いた棒にセロハンテープで留めたり、友達と一緒に同じ物を作ることを楽しんでいる姿が見られる。

●園庭では、保育者や友達と遠足で拾ったドングリをままごとの料理やジュースに見立てたり使ったりしながら、遊ぶことを楽しんでいる。固定遊具のウッドステーション(木製の遊具)や雲梯では、全身を使って登ったり、ぶら下がったりして楽しんでいる。

〈人との関わり〉

●気の合う友達と同じ場でかたまって遊ぶ姿が増えてきている。昼食時や集まるときに、一緒に座りたいという気持ちを持っている子どもも多い。その反面、「かして」と言わずに物を使ったり、自分の思いを押し通そうとしたりしてトラブルになることも多い。

●友達が困っていると、教えてあげようとする気持ちはあるが「ちがう」「だめ」など強い言葉で伝えてしまう子どももいる。必要な言葉を個別に知らせている。

〈クラス全体の活動の取り組み〉

●『ぶどうミルク』『あらし、あらし、おおあらし』などの簡単なルールのある遊びを、保育者や友達と一緒にすることを楽しんでいる。

●歌をうたったり、手遊びをしたり、『おいものてんぷら』のリズム遊びをするなど、みんなでする活動に喜んで参加している。

〈生活への取り組み〉

●所持品の始末や手洗い、うがい、昼食時の準備などの手順が分かり、自分でしようとしている子どもが多い。一方で、気持ちが向かずに時間が掛かってしまう子どももおり、保育者が個別に援助している。

●片付けでは、遊んだ物を自分で片付けようとする姿勢が身に付いてきている子どももいるが、すぐに気持ちを切り替えられず、片付けに時間が掛かる子どももいる。

●トイレで手を洗うときの腕まくり、ハンカチの始末など、自分で気付いて取り組んだり、保育者や友達に教えてもらったりして取り組んでいる子どももいる。

2 日のねらい

○気に入った遊びの場に関わって、自分で作った物を使って、見立てたり、なりきったりして遊ぶことを楽しむ。
○遊んだ遊具を自分で所定の場所に片付けようとする。

3 評価

〈子ども〉

○気に入った場に関わって、自分で作った物を使って、見立てたり、なりきったりして遊ぶことを楽しんでいたか。
○自分で遊具を所定の場所に片付けようとしていたか。

〈保育者〉

○気に入った遊びに関わって、自分なりに遊びを楽しめるように環境を用意したり、言葉を掛けたりしていたか。
○作りやすい環境を用意したり必要に応じて手伝ったりして、作りたい物が実現できるようにしたか。
○作った物を使って遊ぶ楽しさが感じられるように、受け止める言葉を掛けたり、一緒に遊んだりすることができたか。
○自分で所定の場所に遊具を片付けられるように、言葉を掛けたり、気付かせたりすることができていたか。

4 展開

時　間	1日の流れ
8：40	○登園 ・所持品の始末
9：20	○クラス活動 ・簡単なルールのある遊び ・リズム遊び　など ○片付け ・トイレ
10：00	○好きな遊び(園庭) ・追い掛けっこ ・固定遊具 ・ままごと ・三輪車　など
10：50	○片付け ・手洗い、うがい、トイレ
11：00	○昼食準備
11：15	○昼食 ・休息、うがい、トイレ
12：00	○好きな遊び(保育室) ・製作 ・おうちごっこ・お店屋さんごっこ ・ショーごっこ ・お城・バイク作り ・モグラのトンネル　など
12：45	○片付け
13：05	○クラス活動 ・絵本、歌 ・明日に向けて ・トイレ
13：20	○降園準備
13：30	○降園

Ⅳ　3・4・5歳児　ごっこ遊びの日案と、5歳児プロジェクト・ドキュメンテーション

5 環境と援助 ●子どもの姿 ○子どもに経験してほしいこと

保育者の援助：（△物との関わり □場の設定 ☆人との関わり）

①製作

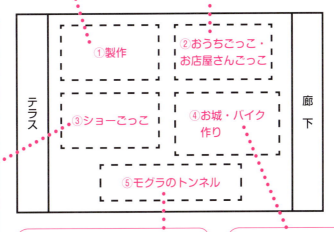

●塗り絵をクレヨンで塗ってお面にしたり、広告紙を巻いた棒にセロハンテープで留めて、ペープサートやステッキにしたりして、作った物を使って遊ぶことを楽しんでいる。
○作る楽しさを感じる。
○自分の力で、できた喜びを感じる。
△作って遊べるような材料（塗り絵、クレヨン、画用紙を形に切った物、お面ベルト、広告紙を巻いた棒）を用意しておく。
△用具の基本的な使い方や扱い方を個々に応じて知らせ、安全に使えるように配慮する。
□作る楽しさを感じられる十分な時間と、落ち着いて取り組める環境をつくる。
☆作りたい物が実現できるように、必要に応じて手伝いながら、自分でできた喜びを味わえるようにしていく。

②おうちごっこ・お店屋さんごっこ

●おうちごっこでは、テーブルに料理した食べ物を並べ、お客さんを呼んでパーティーや誕生会をして楽しんでいる。
●お店屋さんごっこでは、エプロンやねじり鉢巻き、カチューシャ（店員が頭に付ける物）を身に付け、タコ焼き屋さん、パン屋さん、クッキー屋さんなど、そのときにやりたい店の品物を並べて遊んでいる。
○自分のなりたい役になりきって楽しむ。
○同じ場で遊ぶ友達と同じ動きをする楽しさを感じる。
△遊びが実現できる物を用意し、遊びの楽しさを味わえるようにする。
□保育者と一緒に遊びの場をつくりながら自分たちで場をつくっていけるようにする。
☆保育者がモデルとなって遊び方や使い方を知らせ、子どものなりきった言葉や動きを引き出せるようにする。
☆一人ひとりが楽しんでいる姿を見守ったり一緒に遊んだりし、自分のしたい遊びを十分に楽しめるように援助する。

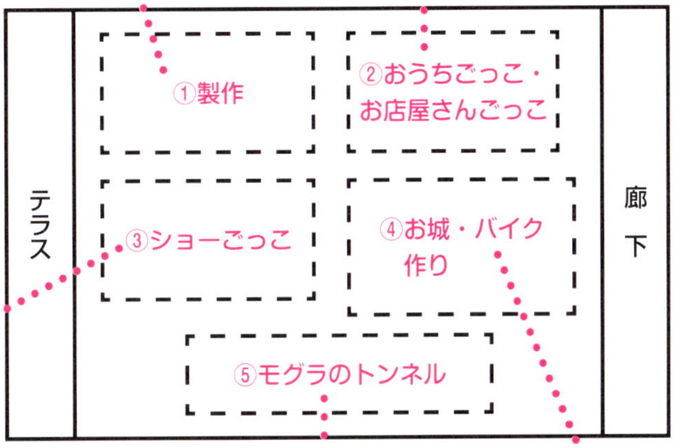

③ショーごっこ

●保育者や友達と一緒に、ウレタン積み木を並べて舞台を作ったり、イスを並べて観客席を作ったりして、ショーごっこの場をつくる。お面や冠など作った物を身に付けて歌ったり、踊ったりすることを楽しんでいる。
○自分で作ったお面や武器、ステッキなどを身に付けたり、手に持ったりすることで、なりきって遊ぶことを楽しむ。
○同じ場にいる友達と同じ物を持ったり、同じことをしたりして楽しむ。
△なりきれるようなドレスやベストを用意しておく。
△ヒーローやヒロインの塗り絵を用意しておく。
□子どもの要求に応えながら曲を流し、ショーごっこの雰囲気をつくる。
□必要な物を使って遊びが進められるように、ドレスやベストは取り出せる場所に置いておく。
☆保育者も一緒に遊びに参加しながら、同じ場の友達と遊ぶと楽しいという気持ちを味わえるようにしていく。

⑤モグラのトンネル

●自分で作ったモグラのお面を付けて、トンネルをくぐることを楽しんでいる。
●トンネルにウレタン積み木をつなげて迷路を作ったり、モグラのおうちを作って遊ぶことを楽しんだりしている。
○繰り返し遊ぶ楽しさを味わう。
○なりきる楽しさを感じる。
△くぐって遊べるトンネルを用意する。
□遊びの場を確保できるようにほかの遊びとの場を調整する。
□安全に遊べるように遊びの様子を見ながらトンネルの位置や場を整理していく。
☆一緒に遊んでいる友達と同じ動きをしたり、触れ合ったりしている姿を見守り、「同じだね」などの言葉に出して伝え、同じ動きをする楽しさを感じられるようにしていく。

④お城・バイク作り

●ウレタン積み木でお城やバイクを作り、見立てたりなりきったりして遊んでいる。
○自分なりのイメージで場をつくって遊ぶことを楽しむ。
○同じ場にいる友達と同じ物を作ったり、一緒に作ったりして遊ぶことを楽しむ。
△自分でできた喜びを味わえるように手伝ったり、使い方を知らせたりしていく。
□ウレタン積み木で仕切ったり、場をつくったりすることで、自分たちの場が確保されている安心感を持って遊べるようにする。
□自分で片付けられるように遊具の置き場を考えたり表示をしたりする。
☆気に入った友達と関わろうとしている様子を見守りながら、必要に応じて保育者が言葉を添えたり思いを代弁したりする。

3年保育4歳児 すみれ組指導案

平成27年11月5日(木)
在　　　籍：男児15名／女児19名／合計34名
担　　　任：大澤　志織
保育補助員：菅波　明子／山﨑　ゆう子

1 子どもの実態

〈遊びへの取り組み〉

●レストランごっこ、リボン屋さんごっこ、海賊ごっこ、演奏会ごっこなど、友達と集まって必要な物を作って遊びを楽しんでいる。遊びに使った物を共有のかごに入れてしまえるようにしたことで、継続して遊ぶ姿につながった。

●前日にした遊びの続きをしようと友達を誘ったり途中だった物を完成させようとしたりするなど、自分のしたいことを持って遊ぶ姿が見られる。

●友達の刺激を受けて作ろうとする姿や、一緒に遊んでいる友達同士で教え合う姿が見られるようになってきた。

●遊びに必要な物をお店屋さんで買ったりおうちごっこをしている子どもが演奏会を見に行ったりするなど別の遊びにも関心を持ち行き来して遊び、関わる姿が見られる。

●園庭では、砂でアイス屋さんごっこをしたり木の実を使って色水を作り、それをジュースに見立てて遊んだりする姿が見られる。また、固定遊具やリレーに繰り返し取り組んでいる。

〈人との関わり〉

●一緒に遊びたい友達と集まって積み木やゴザで自分たちで場をつくる姿が見られる。

●同じ物を身に付けたり遊びの中で新しく始めることがあるときには、一緒に遊んでいる友達に声を掛けるように促したりして一緒に遊んでいるという意識を持てるようにしている。

●やりたい役やしたいことなど自分の考えを出せるようになってきた。一方で自分の思いと友達の思いとが違うときにどうしていいか分からなくなってしまうことがある。保育者が間に入り、それぞれの思いを仲介したり解決の方法を提示したりするようにしている。

〈クラス全体の活動の取り組み〉

●みんなでするゲームやリズム遊びなどに楽しんで取り組む子どもが多い。ルールを理解し取り組む姿が見られる。

●ゲームのやり方が分かっている子どもが多いので、やることを伝えるとイスを並べたり二人組になったりして自分たちで準備をしている。

〈生活への取り組み〉

●身支度や昼食準備などは身に付き、丁寧に早くやろうとする姿が出てきている。

●遊んでいるときに使い終わった物は片付けることや製作コーナーにごみ入れを置くなどすることで整理しながら遊ぶことができるようになってきた。

●昼食前に気付いた子どもがテーブルを拭くなど、生活に必要なことに自分から気が付いて取り組む子どももいる。

2 日のねらい

○試したり工夫したりしながらイメージを実現していく楽しさを味わう。

○それぞれの思ったことやイメージを言葉で相手に伝え、受け入れてもらう喜びや一緒に遊ぶ楽しさを感じる。

3 評価

〈子ども〉

○自分なりのイメージを持ち、必要な場や物を作って遊びを楽しんでいたか。

○イメージや考えを友達に伝えながら遊ぶことを楽しんでいたか。

〈保育者〉

○必要に応じて手伝ったり作り方を知らせたりしながらイメージを実現できるようにしていたか。

○イメージを認めるようにし、遊びの中で自分の考えを出せるようにしていたか。

4 展開

時　間	1日の流れ
8：40	○登園 ・所持品の始末をする ○好きな遊び(園庭) ・リレー ・尻尾取り ・砂場 ・ままごと ・固定遊具　など
10：00	○片付け ・トイレ、手洗い、うがい ○クラス活動 ・イス取りゲーム
10：40	○昼食準備
11：00	○昼食
11：45	・休息、歯磨き、トイレ
12：00	○好きな遊び(保育室・みんなの部屋) ・製作　・ドングリ転がし ・おうちごっこ・レストランごっこ ・リボン屋さんごっこ　・演奏会ごっこ ・おうちごっこ　・海賊ごっこ　など
12：55	○片付け
13：15	○クラス活動 ・歌
13：20	○降園準備
13：30	○降園

5 環境と援助

●子どもの姿　○子どもに経験してほしいこと

保育者の援助：（△物との関わり　□場の設定　☆人との関わり）

①製作

●遊びに必要な物を作ることや、製作コーナーにある物を使って作ることでイメージを膨らませて遊ぶことを楽しんでいる。
●友達の作った物を見て刺激を受け作ろうとしたり作り方を友達に聞いたりしている。
○材料を探したり保育者に要求したりして遊びに必要な物を作る。
○作った物を使って遊ぶことを楽しむ。
△イメージを実現できるような材料や用具を準備しておき、自分で探して使えるようにする。
□遊びに必要な物を作れるように材料や用具を用意しておく。
□使った物はすぐに片付けるように声を掛ける、机にごみ入れを置くなどして整理しながら遊べるようにする。
☆必要に応じて手伝ったり作り方を知らせたりしながら自分でできたという思いを味わえるようにする。

②ドングリ転がし

●段ボールにトイレットペーパーの芯などを貼ってドングリを転がすことや点数を描いた所に入れることを繰り返し楽しんでいる。
○試したり工夫したりしながら、楽しくなるようなやり方を考える。
△考えたことを実現できるように材料や用具を用意し、必要に応じてやり方を知らせる。
☆友達と競ったり思いを出し合ったりできるように保育者も仲間になりそれぞれが思いを出せるようにする。

③おうちごっこ・レストランごっこ

●ゴザを敷いて場をつくったり、仕切りや積み木で場をつくったりして遊んでいる。
●遊んでいる友達と役割を話したり同じ物を持ったりして、一緒に遊ぶ楽しさを感じている。
○気の合う友達の中で自分のイメージを出して遊ぶ楽しさを味わう。
△遊びに使いたい物をままごとコーナーから選んで使ったり製作コーナーで作ったりできるように、遊具や材料を用意しておく。
□レストランごっこで使った物を翌日も使えるように片付けられる場所を用意する。
☆それぞれの子どもがしていることを言葉に出し、互いの思いに気付くようにする。
☆思いが通じ合わないときには、それぞれの思いを伝えたり言えるきっかけをつくったりしながら、少しずつ友達の思いを受け入れられるようにする。

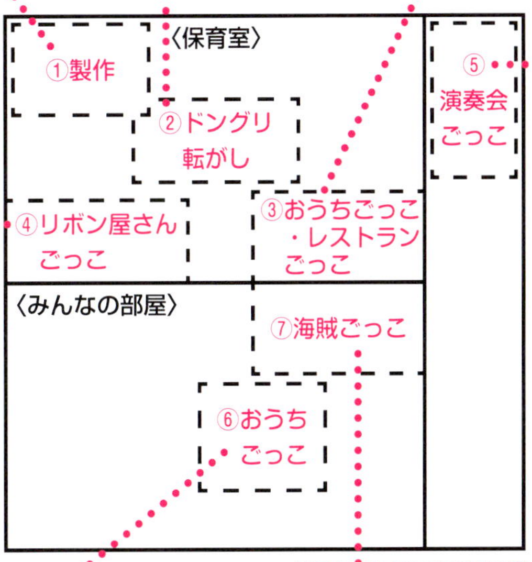
〈保育室〉
①製作
②ドングリ転がし
⑤演奏会ごっこ
④リボン屋さんごっこ
③おうちごっこ・レストランごっこ
〈みんなの部屋〉
⑦海賊ごっこ
⑥おうちごっこ

④リボン屋さんごっこ

●フラワーペーパーや紙テープなどを使ってリボンやリボンのアクセサリーを作ってお店屋さんをすることを楽しんでいる。
●来たお客さんの腕や首の太さに合わせて紙テープを切り、ちょうどいい長さの物を作って渡したり、足りなくなるとお店を閉店にして作り足したりしている。
○リボンを作ることやお店屋さんになりきることを楽しむ。
△いろいろなリボンの作り方や材料を提示する。
□ほかの遊びをしている友達が気付くような場所にテーブルを出す。
☆自分なりの目的を持って遊びに取り組めるように、認めたり励ましたりする。

⑤演奏会ごっこ

●空き箱などを使って自分たちで作ったピアノ、ギター、マイク、笛などを使って歌ったり演奏したりするまねをしている。
●近くの友達に声を掛け、お客さんになってもらい見てもらうことを楽しんでいる。
○音楽に合わせてなりきって動いたり歌ったりすることを楽しむ。
△それぞれの役割に応じて作ったりなりきったりできるような材料や遊具を提示する。
□人数に応じて場を提示したり一緒に考えたりする。
☆それぞれがやりたい役を言う機会をつくり、やりたい楽器を演奏できるうれしさをみんなが味わえるようにする。

⑥おうちごっこ

●中型積み木やゴザなどで場をつくり、保育室から食べ物などを持ってきて遊んでいる。ほかのおうちと行き来したり演奏会を見に行ったりしている。
●一緒に遊んでいる友達と役割を決め、なりきって動いている。
○なりきって動くことを楽しむ。
△なりきって動けるような材料や用具を準備しておき、必要に応じて一緒に作る。
□積み木で棚を作ったり物の置き場を考えたりできるように言葉を掛け、場を整理しながら遊べるようにする。
☆友達と一緒に楽しく遊んでいる姿に共感し、一緒に遊ぶ楽しさを味わえるようにする。

⑦海賊ごっこ

●中型積み木やウレタンマットで場をつくって遊んでいる。
●『かいぞくリラちゃん』の絵本をクラスで読んだことでその本のイメージを共通に持っている。その本に出てくる物を一緒に遊んでいる友達と作って遊んでいる。
○友達と一緒に遊ぶ楽しさを味わう。
○気の合う友達の中で自分のイメージを出して遊ぶ楽しさを味わう。
△一緒に遊んでいる友達が分かるように身に付ける物や持つ物などを提示する。
□海賊のイメージを実現できるような物を一緒に考えたり作ったりしていき、海賊になりきれるような場づくりをする。
☆一緒に遊んでいる友達に声を掛けるように促し、イメージやしていることが伝わるようにする。

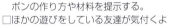

3年保育4歳児 さくら組指導案

平成27年11月5日(木)
在　　籍：男児15名／女児18名／合計33名
担　　任：望月　絵里
保育補助員：浅見　誠子／山﨑　ゆう子

1 子どもの実態

〈遊びへの取り組み〉
●保育室・みんなの部屋に分かれて自分の遊びたい場所で遊んでいる。また、同じ遊びを楽しむ姿が見られる。
●みんなの部屋では、子どもが自分たちで中型積み木を使った船を作ってその中でそれぞれの思いを出しながら遊びを楽しんだり、おうちを作って役になりきっておうちごっこをしたりしている。
●保育室では、製作が好きな子どもは、製作コーナーで思い思いの物を作っている。ショーごっこのための衣装を友達と一緒に作ったり、おうちごっこに必要な食べ物を作ったりしている。友達と同じ物を作って一緒に遊んだり、一緒に身に付けて、仲間意識を感じながら遊びを楽しんだりしている。
●園庭では、年長組に教えてもらったリレーをしたり、砂場で食べ物に見立ててお店屋さんをしたりしている。色水を使ったままごとをしている子どもや、年長組から教わった応援ダンサーズのショーをする子どももいる。

〈人との関わり〉
●クラスの中で一緒に遊ぶ友達を見付けて落ち着いて遊ぶ子どもが多くなってきている。別々の遊びをしていても、ほかの遊びにも関心を持って関わる姿が見られ、関わりが広がっている。
●友達と一緒に過ごす中で、自分の思いを言葉にすることができなかったり、強く言いすぎてしまったりすることでトラブルになることが多い。保育者が間に入って思いを聞き取ったり、代弁したりしながら援助している。それぞれがやりたいことを見付けて、遊びを楽しんでいる姿も見られる。
●特定の友達にこだわって遊びや生活を共にすることで、トラブルになる子どももいる。いろいろな友達と遊ぶ楽しさを味わうことで、こだわりなく友達と関われるよう援助している。

〈クラス全体の活動の取り組み〉
●クラスのみんなでするリズム遊びやゲームには、楽しんで取り組む姿が見られる。ルールのある遊びにもルールを守って意欲的に取り組み、勝敗に対する意識が芽生えてきている。

〈生活への取り組み〉
●身支度は、自分からしようとする子どもと、ほかのことに気持ちがそれてなかなか進まない子どもの個人差が大きい。個別に繰り返し言葉を掛けるようにしたり、終わったら楽しいことが待っているように知らせたりすることで、自分からしようという気持ちを持てるように援助している。
●片付けの場面では、気持ちを切り替えて、片付けられる子どもとなかなか片付けに気持ちが向けられない子どもがいる。保育者が遊びに十分に関わって満足感を得てから片付けに気持ちが切り替えられるように援助したり、子どもの遊びの区切りを見て片付けに向かえるようにしたりする。

2 日のねらい

○自分のイメージに合う場や物を作って、遊びの楽しさを味わう。
○自分の思いやイメージを言葉にして相手に伝え、受け入れてもらう喜びを感じながら遊びを楽しむ。

3 評価

〈子ども〉
○自分のやりたいことを見付けて、友達と関わったり、作りたい物を作ったりしながら遊びを楽しんでいたか。

〈保育者〉
○子どもがなりきったり、見立てたりしながら遊ぶ姿を受け止め、一緒に遊びを楽しんだり、遊びが広がるような場づくりや言葉掛けをしていたか。

4 展開

時　間	1日の流れ
8：40	○登園 ・所持品の始末をする ○好きな遊び(園庭) ・リレー ・尻尾取り ・砂場 ・ままごと ・固定遊具　など
10：00	○片付け ・トイレ、手洗い、うがい ○クラス活動 ・イス取りゲーム
10：40	○昼食準備
11：00	○昼食
11：45	・休息、歯磨き、トイレ
12：00	○好きな遊び(保育室・みんなの部屋) ・海賊ごっこ ・おうちごっこ ・ショーごっこ ・製作　など
12：55	○片付け
13：15	○クラス活動 ・歌
13：20	○降園準備
13：30	○降園

5 環境と援助 ●子どもの姿　○子どもに経験してほしいこと

保育者の援助：(△物との関わり　□場の設定　☆人との関わり)

①海賊ごっこ

●中型積み木で海賊船を作り、海賊になりきって宝や武器など、必要な物を作って遊びを楽しんでいる。
○自分のイメージを言葉にして友達に伝えたり、友達のイメージを聞いて一緒に遊びを進める。
○作った物を使って遊ぶことを楽しむ。
△必要な物を自分たちで作ることができるように、材料や用具を用意しておく。
□中型積み木の扱い方に気を付け、必要な場をつくることができるように声を掛けたり、一緒に場をつくったりしていく。
☆子どものイメージを聞き取ってほかの子どもに伝えたり、同じ動きを楽しむ姿を認めたりして、友達とのつながりを感じられるようにする。

②おうちごっこ

●数名の子どもが集まってウレタンマットと中型積み木を使い、保育室から必要な物を持って来て、おうちを作っておうちごっこを楽しんでいる。
○自分のイメージを言葉にして、友達のイメージも聞きながら役になりきって遊びを楽しむ。
△必要な物を自分で作れるように、材料や道具を用意しておく。
□通り道を確保し、遊ぶ人数に応じたスペースを確保できるようにする。
☆一緒に役になりきることで自分の思いを言葉にしたり、相手の思いを聞いたりする機会をつくる。

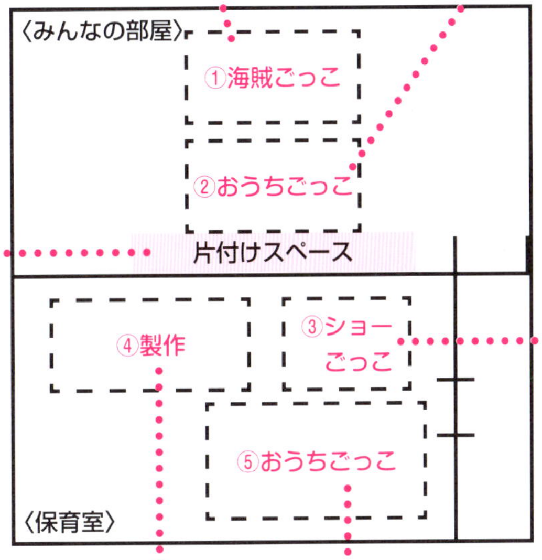

③ショーごっこ

●数人の子どもが、同じ物を身に付けて、年長児が運動会でやった応援ダンサーズの踊りや、プリンセスの踊りなどをしている。
○友達とイメージを共通にしながら、遊びを楽しむ。
△それぞれの役になりきって遊べるように、材料を提示したりアイディアを出したりする。
□遊びに必要な場づくりができるように積み木やイスを使えるようにしておく。
☆友達と遊びのイメージをつなげて遊べるように、必要に応じてそれぞれの役割を言葉に出したり、遊びの流れを一緒に考えたりする。

④製作

●様々な材料を使って、自分の作りたい物を作ったり、友達と一緒に作ったりしている。教え合いながら作る姿も見られる。
○自分が作りたいと思った物を作ったり、友達と同じ物を作って身に付けたりして楽しむ。
△作りたい物を作るために、様々な材料の中から選んだり試したりしながら作ることができるように材料を用意しておく。
□遊びに必要な物を作ることができるように製作コーナーを使いやすくしておく。
□使い終わった物をすぐに片付けられるように、小さなごみ箱を用意してテーブルの上を整理しながら使えるようにする。
☆友達から作り方を聞いたり、一緒に作ったりできるように、子どもの作った物を認めたり、子ども同士が関わるきっかけをつくったりする。

⑤おうちごっこ

●数名の子どもが集まって、ゴザとプラスチック段ボールの仕切りを使っておうちを作り、その中で役になりきって遊びを楽しんでいる。
○自分のイメージを言葉にしたり、友達の話を聞いたりしながら、友達と一緒に遊ぶ楽しさを感じる。
△遊びに必要な物を作ることができるように、材料を提示したりアイディアを出したりする。
□場が広がりすぎたり、通り道を塞いだりすることがないよう言葉を掛け、遊びやすい広さの場をつくることができるようにする。
☆必要に応じて、役になりきって一緒に遊んだり、遊びの流れを一緒に考えたりする。

3年保育5歳児
うめ組・もも組指導案

平成27年11月5日㈭
【うめ組】在　　　籍：男児17名／女児17名／合計34名
担　　　任：田代　綾子
保育補助員：岡　　尚子／秋元　智江
【もも組】在　　　籍：男児17名／女児18名／合計35名
担　　　任：浦木　智子
保育補助員：竹田　陽子／秋元　智江

1 子どもの実態

うめ組

〈遊びへの取り組み〉

●運動会で自分の力を発揮しやり遂げたことが自信となって、リレーに繰り返し取り組んだり、高鬼やバナナ鬼、氷鬼などを、仲間同士でルールを決めながら、自分たちで遊びを進めたりしている。また、ヨウシュヤマゴボウやハーブなどの自然物を使って色水を作り、ジュースやスープに見立ててままごと遊びを楽しむ姿も見られる。
●長縄や短縄を、二人組で跳んだり、いろいろな跳び方を考えて跳んだりして、友達と刺激し合いながら自分なりに挑戦している。

〈人との関わり〉

●３～５名程度の友達と目的を持ってかたまって遊ぶ中で、自分の思いや考えを友達に言葉で伝えながら遊びを進められるようになってきている。時には、意見が食い違ったり強く主張したりしたことでトラブルになることもあるが、保育者が互いの思いを伝え合えるように言葉を掛けたり、何をしたいのか目的をはっきりさせたりすると、再び遊び始める。

〈クラス全体の活動の取り組み〉

●クラス活動では、みんなで行うリズム遊びやゲーム、童話の読み聞かせなどに意欲的に参加している。保育者が投げ掛けたことに対して、自分の考えを積極的に表現しようとする子どももいるが、みんなの前では緊張して声が小さくなってしまう子どももいる。また、自分の意見を主張することに夢中になる子どもが多かったが、少しずつ友達の考えをよく聞いて受け止められるようになってきている。

〈生活への取り組み〉

●１日の生活の流れや、当番の仕事など、自分のやることの見通しを持って、進んで行動するようになってきている。特に、活動の切り替え時に行っているゲーム当番で、グループの友達と一緒にクイズを考えてみんなの前で行うことを喜んでいる。
●遊園地作りが始まってからは、自分のやりたいことをして遊ぶ時間と課題に向けてグループで取り組む時間とを、気持ちを切り替えながら活動している。

もも組

〈遊びへの取り組み〉

●気の合う友達との遊びを楽しむ中で、必要な物を友達と相談しながら工夫して作ったり、継続して取り組んだりする姿が見られる。
●園庭では鬼遊びや縄跳びなどで自分の力を出しながら遊ぶことを楽しんでいる。仲間同士でルールを作ったり、友達から刺激を受けて繰り返し取り組んだりする姿が見られる。

〈人との関わり〉

●数人の友達とイメージを共通にしながら遊ぶことを楽しんでいる。イメージの食い違いや、思いの衝突からトラブルになることもあるが、互いが思いを言葉で出したり、周りの子どもが仲裁に入ったりする姿が見られる。自分たちで進めようとしている姿を認めながら、状況に応じて、互いに思いが伝え合えるような機会をつくったり、仲間同士で進め方を確認したりしていっている。
●友達の頑張っていることや得意なこと、良さに気付き認める言葉を掛けたり、自分の得意なことを生かし困っている友達を助けてあげたりする姿が見られる。

〈クラス全体の活動の取り組み〉

●クラスのみんなで取り組む活動ではリズム遊びやゲームなどに意欲的に取り組んでいる。リレーやドッジボールなどチーム対抗のゲームでは、勝敗を意識して考えを出したり、友達を応援したりしながら、自分の力を出して遊ぶことを楽しむ姿が見られる。
●クラスや学年の課題に向かう中では、課題を受け止め、自分の考えを出しながら取り組む姿が見られる。その一方で、関わりの少ない子どもには思いや考えが出せない子どももいるため、一人ひとりが自分の思いが出せるように援助している。イメージが共通になるようにきっかけをつくったり、目的を明確にしたりすると、仲間同士で進めていこうとする姿が見られる。仲間の動きに合わせようとしたり、相手の思いを感じて動いたりする姿も増えてきた。

〈生活への取り組み〉

●集まる時間や１日の流れの掲示を見て、１日の流れに見通しを持って生活する姿が見られる。当番活動では、自分から進んで行ったり、友達と声を掛け合ったりしながら取り組んでいる。

Ⅳ　3・4・5歳児　ごっこ遊びの日案と、5歳児プロジェクト・ドキュメンテーション

2 これまでの取り組みの様子～みんなで作ろう！「わくわくランド」～

遊園地ごっこの実践を以下のように進めていきました。
●子どもの姿　○子どもに経験してほしいこと　保育者の援助・環境構成（△物との関わり、□場の設定、☆人との関わり）

「浅草花やしき」遠足　9月半ば

●年長組が、グループ（5～6名）に分かれて、乗りたいアトラクションを自分たちで決めて行動し、楽しんだ。

運動会楽しかったね　10月上旬

●運動会を終え、活動に自信を持って取り組むようになった。
●ダンスを一緒に踊ったり、応援団のやり方を教えたりする中で、年少組や年中組との関わりが広がっていった。

“遊園地ごっこをしよう!”

●年少組や年中組も楽しめる遊園地を、園に作ろうと、イメージを膨らませた。

どんな物を作る？

●「お化け屋敷も作りたいけど、小さい子も楽しめるものにしよう」「花やしきには忍者がいたから忍者になりたい！」など、具体的にアイディアを出し合いながら、アトラクションとお店を合わせて、各クラスで5～6つのグループに分かれることにした。
△1学期から好きな遊びの中で使っていた台車を使った乗り物の作り方など、具体的なアイディアを取り上げていく。

作りたい物のイメージを共通にしよう!

●自分の作りたい物を決めて、グループに分かれた。
●グループごとに、作りたい物の絵を描きながら、互いのイメージや考えを伝え合い、どのように作るか相談した。
△遊園地ごっこに向けて、グループの友達と話し合う機会をつくったり、構想図を描いたりして、イメージを共通にできるようにする。
☆話し合いのときには、グループの全員が納得しているか確認する。強く主張する子どもの意見だけで進まないように配慮する。
☆グループで決めた内容や進行状況について、クラスで集まったときに全体に伝えて、ほかのグループの様子が分かるようにする。

グループでの製作

●グループごとに、乗り物や、使う道具などを製作した。
△子どものアイディアを取り入れながら材料や用具を用意し、必要に応じて作り方を提案する。
△見通しを持って作ることができるように、製作する物を表にして掲示する。
□立体的に作ることができるように、大きめの段ボールを用意する。
□学年で目的やイメージを共通に持ち、遊戯室や保育室の空間全体を意識して作ることができるように、見やすい配置図を掲示したり、実現する方法を考えたりする。
□乗り物を動かして遊べる場、ショーを披露する場など、コーナーの目的に応じて、必要な場がつくれるように気付かせたり提案したりする。
☆主張が強い子どもの思いだけで進んでしまっているときには、グループで思いやイメージを伝え合えているか見守り、必要に応じて調整する。

この日案はこの場面です。

わくわくランドを自分たちで楽しもう!

○ペアのグループ同士で、店員役と客役に分かれて、自分たちで遊園地ごっこを楽しむ。
△遊戯室にも製作に必要な物を置いておく。
□実際に動かしてみて、困ったことや危険に感じたことを直していけるようにする。
☆互いに見合う中で、友達の動きの良い所を認めたり、自分の動きを客観的に捉えたりできるようにする。
☆なりきって動いている子どもの動きやひたむきに頑張っている子どもの姿に気付かせていく。

わくわくランドに招待しよう!

○年少組や年中組を招待して、協力してやり遂げた満足感や充実感を味わう。
☆年少組・年中組を招待して、共通の目的が達成されていく充実感や自分たちがしたことを喜んでもらえたうれしさが味わえるようにする。

P.118～P.131
写真多数参照

3年保育5歳児
うめ組・もも組指導案

3 日のねらい

○「わくわくランド」に向けて、自分の考えを伝えたり友達の考えを受け入れたりして、イメージを共通にしながら、活動を進める楽しさを味わう。

4 評価

〈子ども〉
○自分の考えを伝えたり友達の考えを受け入れたりして、イメージを共通にしながら活動を進める楽しさを味わっていたか。
〈保育者〉
○子ども同士が思いを伝え合う姿を見守ったり、伝え合えるようなきっかけをつくったりしていたか。

5 展開

時　間	1日の流れ
8：40	○登園 ・所持品の始末 ○好きな遊びをする(遊戯室・保育室) ・わくわくランドに向けて (製作、ごっこ遊び)
10：00	○片付け ・手洗い、うがい
10：15	○好きな遊びをする(園庭) ・ドッジボール ・鬼遊び　など
11：00	○昼食準備 ・昼食 ・休息
12：15	○わくわくランド ・グループ同士で見合って遊ぶ ・製作　など
13：00	○片付け
13：15	○クラス活動 ・明日に向けて ・歌
13：20	○降園準備
13：30	○降園

美容院

日頃からお店屋さんごっこや、作って遊ぶことが好きな子どもが集まっている。アクセサリーやハサミ、パフ、ドライヤーなど、お店で使いたい物を考えながら作っていった。色や形など細かな所にもこだわりながら作ることを楽しんでいる。

クレープ屋さん

遠足のときには店の前を通り過ぎるだけだったクレープ屋さんを作ろうと、いろいろな味をイメージして、本物のようなクレープになるように、いろいろな素材を使って、丁寧に作っていた。店員の衣装もかわいらしくしたい、とドレスを作って、店員役になりきって動くことを楽しんでいる。

忍者屋敷　うめ組

花やしきで出会った忍者に憧れて、忍者のショーをすることになった。武器から作り始めて、お気に入りの武器が出来上がると、忍者の衣装を作ったり、忍者屋敷の仕掛けを作ったりした。

ストーリーを自分たちで考え、忍者になりきって動くことを楽しんでいる。

2階廊下

ピザ屋さん

お店で何を出したいか話し合うと、「ピザがいい！」ということで全員が一致した。ピザが出来上がると、ピザを焼くときの動き（かまで焼いて、パーラーで取り出す）など、「ピザやさんのこんなところがかっこいい」というシェフやウエイトレスへの憧れの気持ちから、必要な道具を考えて作る姿が見られる。

映画館　もも組

以前保育者がＯＨＰを使ったお話を見せたことから、「あれをつかってえいがをつくりたい」と、映画作りが始まった。自分たちが好きな恐竜と電車のお話を考えている。おもちゃをもらう参加型の映画を見た経験から、恐竜を倒すための銃とステッキを作った。絵を描くことが好きな子どもが多く、細部まで細かく描くことを楽しんでいる。

□と□の囲み内は、子どもの姿や工夫していたことについて示しています。

6 環境と援助

環境の構成と保育者の援助：（△物との関わり　□場の設定　☆人との関わり）

△遊戯室にも必要な材料や用具を置いておく。
□実際に動かしてみて、困ったことや危険に感じたことを直していけるようにする。
☆互いに見合う中で、友達の動きの良い所を認めたり、自分の動きを客観的に捉えたりできるようにする。
☆なりきって動いている子どもの動きや、ひたむきに頑張っている子どもの姿に気付かせていく。

1階遊戯室

虹色タクシー

段ボールを組み合わせたり、段ボール用カッターナイフで窓を切り抜いたりして、土台を作った。虹のようなカラフルなタクシーにしようと、6人で色を塗り分けていった。「ハンドルはうごかせるようにしたい」と、これまでの経験を思い出しながら作っていった。土の中や、空の上を走っているタクシーにしようと、イメージして道を作っている。

スワン

スワンの乗り物をイメージして段ボールで立体的な白鳥を作った。「おきゃくさんがつかまるぼうもつけよう」「おんかくがながれるようにしよう」と、それぞれのアイディアを出し合いながら作った。手作りのシャワーでお客さんに水を掛ける動きを楽しんでいる。

お化け屋敷

以前の遊びの中でお化け屋敷を作って楽しんでいた子どもから始まり、今回魅力を感じて新たに加わった子どももいる。『くずかごおばけ』の絵本のイメージから、どんなお化けを作るか決め相談していった。雰囲気を出すための音や暗さなど、空間作りにも関心があり、アイディアを出し合っている。お化けを動かし互いに怖がらせ合うことを楽しみながら作っている。

びっくりハウス2

花屋敷のびっくりハウスを思い出しながら、「どうやったらおきゃくさんをおどろかせられるか」を考え、仕掛けや動かし方について相談した。オオカミを使って驚かすことが決まると、以前立体の動物を作った経験を生かして作っていく姿が見られる。作る過程で実際に乗って楽しみながら、グループのメンバーで大きな物を作っていくことを楽しんでいる。

忍者的当て

手裏剣を投げるゲームを作りたい、といろいろな材料を使って手裏剣を作った。「まとをうごかせるようにしたい」ということで、的を棒にぶら下げて動かせるようにした。自分たちも的当てを楽しみながら、作り進めている。

園庭

スカイシップ

「かわいいふねにしよう！」と作り始めた。乗ったときにも模様が見えるようにと、船の内側に模様を描くなど細部にもこだわりながら作っている。お菓子の家、流れ星のトンネルなど言葉でイメージを伝え、互いに確認し合いながら進めている。

ごっこ遊びの広がり・深まり…5歳児のグループに分かれての “遊園地ごっこ” プロジェクト

わくわくランド 写真・ドキュメンテーション（メイキングも含む）

遊園地へ遠足 → 運動会を経験 → 遊園地ごっこを! → どんな物?（各クラス5～6グループ） → 作りたかった物のイメージを共通化 → グループで製作 → わくわくランドだ! → わくわくランドに招待!

※P.114～117(ごっこ遊びの日案／うめ組・もも組指導案)も参照。

自分たちで主体的・協働的に世界を創り出せる５歳児たち
３歳児の頃からの積み重ねがあってこそ!

グループに分かれて作りたい物の絵を描きながら、互いのイメージや考えを伝え合い、どのように作るのか相談

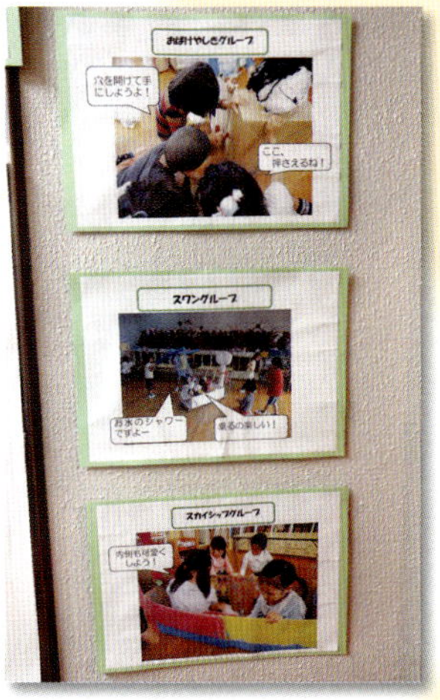

へ、ようこそ 次頁から

5歳児・もも組
「おばけやしき」グループ

遠足では体験していないお化け屋敷ですが、ちょっとしたスリル感は子どもにとって魅力的。仕掛けを工夫してお化けを作りました。

遊戯室の舞台を使おう!　暗くできそう!!

獅子舞お化け!

首(棒)が伸びるんだ!

なかなかの雰囲気!

ここ☞にいるのは…

ブラックライト＋蛍光色で!

ジグザグ通路だよ…
びっくりして、一気に走り抜けないように

グループみんなで考えたんだ!!

5歳児・うめ組
「にじいろタクシー」グループ

話し合いの中で、土の中の世界から空の世界に行く虹色のタクシーになりました。細かい部分までこだわって作っていました。

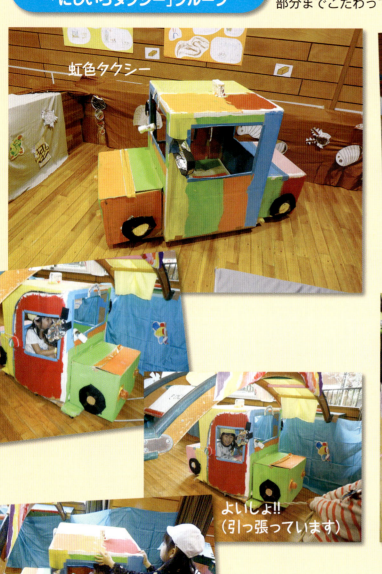

虹色タクシー

乗ってくださーい!!

よいしょ!!
(引っ張っています)

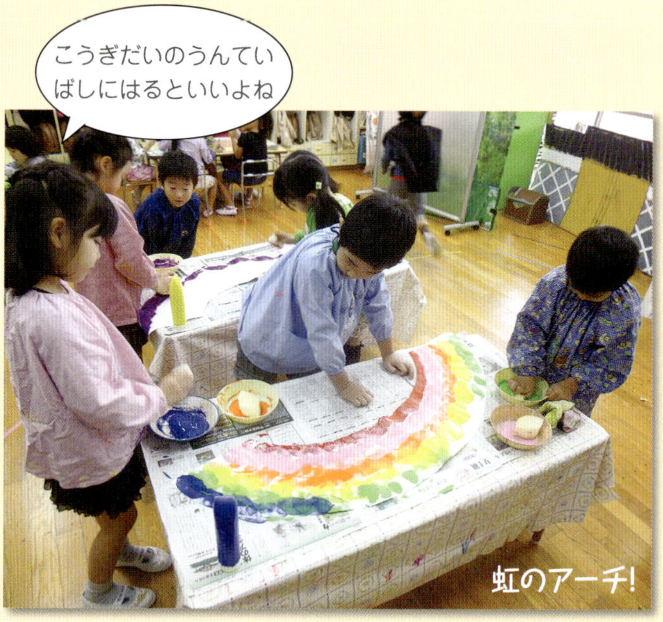
こうぎだいのうんていばしにはるといいよね
虹のアーチ!

虹をくぐるよ!

話し合って内装を

タクシーの屋根に
付いているやつ!

車体を
作るときの
相談?

ハンドルの周りにも
リアリティを

コース作り
メイキングに
も葛藤あり!

こうじゃん!

こうじゃない?

そうだな…

土→草→空と景色が変わるよ!

5歳児・もも組
「びっくりハウス」グループ

実物のモチーフとなっていた『3匹のこぶた』のイメージで家を作り、オオカミを使ってびっくりさせることになりました。

縦に10回
横に20回
揺らす

トイレの鍵を参考に

ここから
オオカミを
落とす

1枚ずつレンガを…

❶「せつめいします。
ちゅういしてくださいね…」

❷「みんな、はいりましたね」

うごいたー!
❸「スタート!」「ゆらすよ!」

ユラユラ

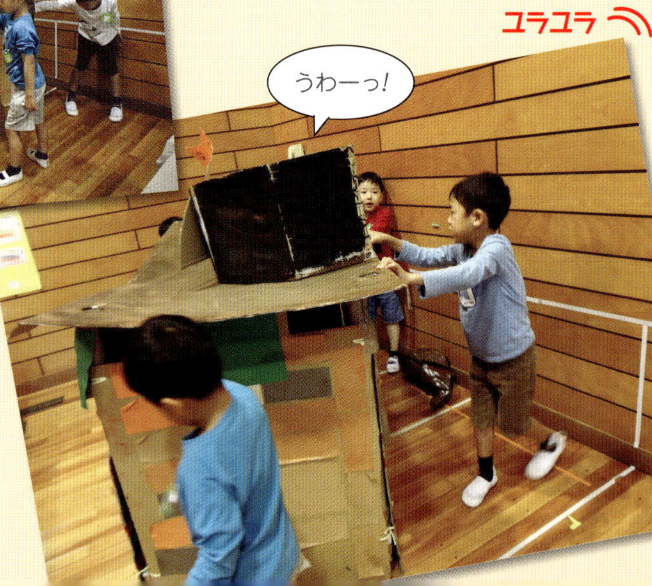
ユラユラ
うわーっ!

Ⅳ　3・4・5歳児　ごっこ遊びの日案と、5歳児プロジェクト・ドキュメンテーション

5歳児・うめ組
「にんじゃまとあて」グループ

遊園地で出会った本物？の忍者に大興奮だった子どもたち。キラキラの手裏剣をたくさん作って的当てゲームを作ることになりました。

メイキング

5歳児・もも組
「みらくる・まじかる・びよういん」グループ

おしゃれが大好きな子どもたちが、お客さんにもおしゃれを楽しんでもらうために、鏡台やドライヤー、アクセサリーを作りました。

みらくる
まじかる
びよういん

裏側にアクセサリーを
ディスプレイ

「このアクセサリー
いいとおもいますよ」

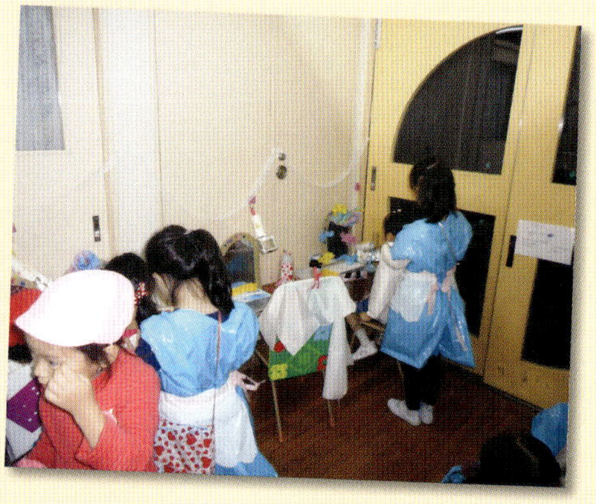

「いつものかんじ
ですよね」

スタッフでーす!!

Ⅳ　3・4・5歳児　ごっこ遊びの日案と、5歳児プロジェクト・ドキュメンテーション

アクセサリーも作りました!

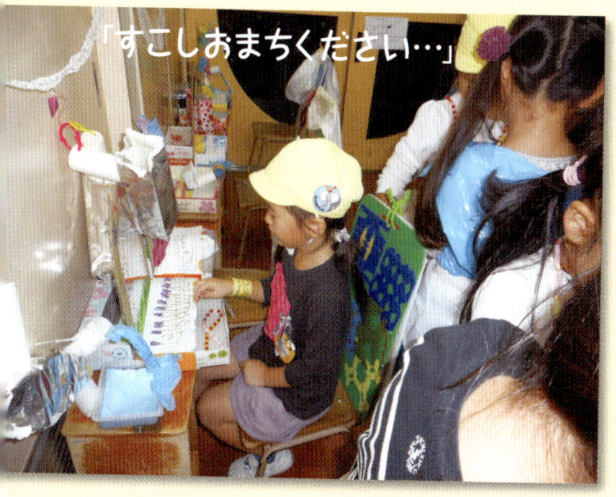

いろいろ作りました!♥♥♥

シーツで前掛け

5歳児・もも組
「えいがかん」グループ

お話作りが大好きな子どもたちが、恐竜の映画を作ることにしました。お客さんには、手作りの銃で参加して楽しめるようにしました。

グッズも販売!

予行演習をしました!

映画が進みます!

暗くして…

クライマックス!

おもちゃを配る参加型の映画のクライマックス

Ⅳ　3・4・5歳児　ごっこ遊びの日案と、5歳児プロジェクト・ドキュメンテーション

5歳児・うめ組
「にんじゃやしき」グループ

自分たちが憧れの忍者になってショーをすることになりました。ストーリーや役割を決め、戦いの場面も真剣に練習していました。

忍者屋敷メイキング

5歳児・もも組
「ピザやさん」グループ

子どもたちはピザが大好き。注文を聞いてトッピングしたり、釜で焼いたりする動きがあることで、本格的なピザ屋さんになりました。

イタリア料理店シェフの子どもがいる！

不織布やフェルトで貼り付きやすい

こちら側から見ると…

側面の穴からのぞける

ピザ生地メイキング

5歳児・うめ組
「クレープやさん」グループ

遊園地と言えばクレープ。いろいろな素材を工夫し、本物のようなトッピングをたくさん作ってお客さんが選べるようにしました。

メイキング!!

いらっしゃいませ～!

イチゴクリームですね!

クリームは紙粘土を本当に絞り出して作りました

トッピングの種類が豊富!!

クレープを焼いています!

焼けたらトッピングして包みます!

さあ、お客さんがいっぱい!!

5歳児・もも組
「スカイシップ」グループ

空飛ぶ海賊船のイメージですが、子どもたちのアイディアで星空やお菓子の家の世界を楽しむ船になりました。

よいしょ
よいしょ!

お待ちどおさま!!

トラック1周するよ!

メイキング

「はしっこをまとめるの」

「ひよけをつけるよ」

「ふねのなかにいっぱいおえかきして、おきゃくさんにみてもらおう!」

さあ、いよいよ外へ!

Ⅳ　3・4・5歳児　ごっこ遊びの日案と、5歳児プロジェクト・ドキュメンテーション

5歳児・うめ組
「スワン」グループ

水の上を進む白鳥の乗り物のイメージです。
白鳥が出来上がると、自分たちで乗って遊びながら、必要な物を考えて作っていきました。

スワンの色は白よ白！

水しぶきも!!

やっぱり水が欲しい!!

会場設営

走行演習
引っ張って、
そして押して…

思ったより
重いかも…!?

帰る人にお礼!　おもてなし
お客さん→
向けに

I・II・III・IV章のまとめ

ごっこ遊びを子どもの育ちへ!!

※ごっこ遊びを幼児教育・保育に積極的に取り入れることで、これからの時代を生きていくための様々な事柄に積極的・能動的に関わり、自ら課題を発見したり主体的・協働的に探究して表現したりする力を育てることにつながると思われます。「ごっこ遊び」は、まさに保育本来に根付いた「アクティブ・ラーニング」であると言えます。

※下の図で、見通しを持って、子どもを育てていくイメージを高めていただきたいと思います。

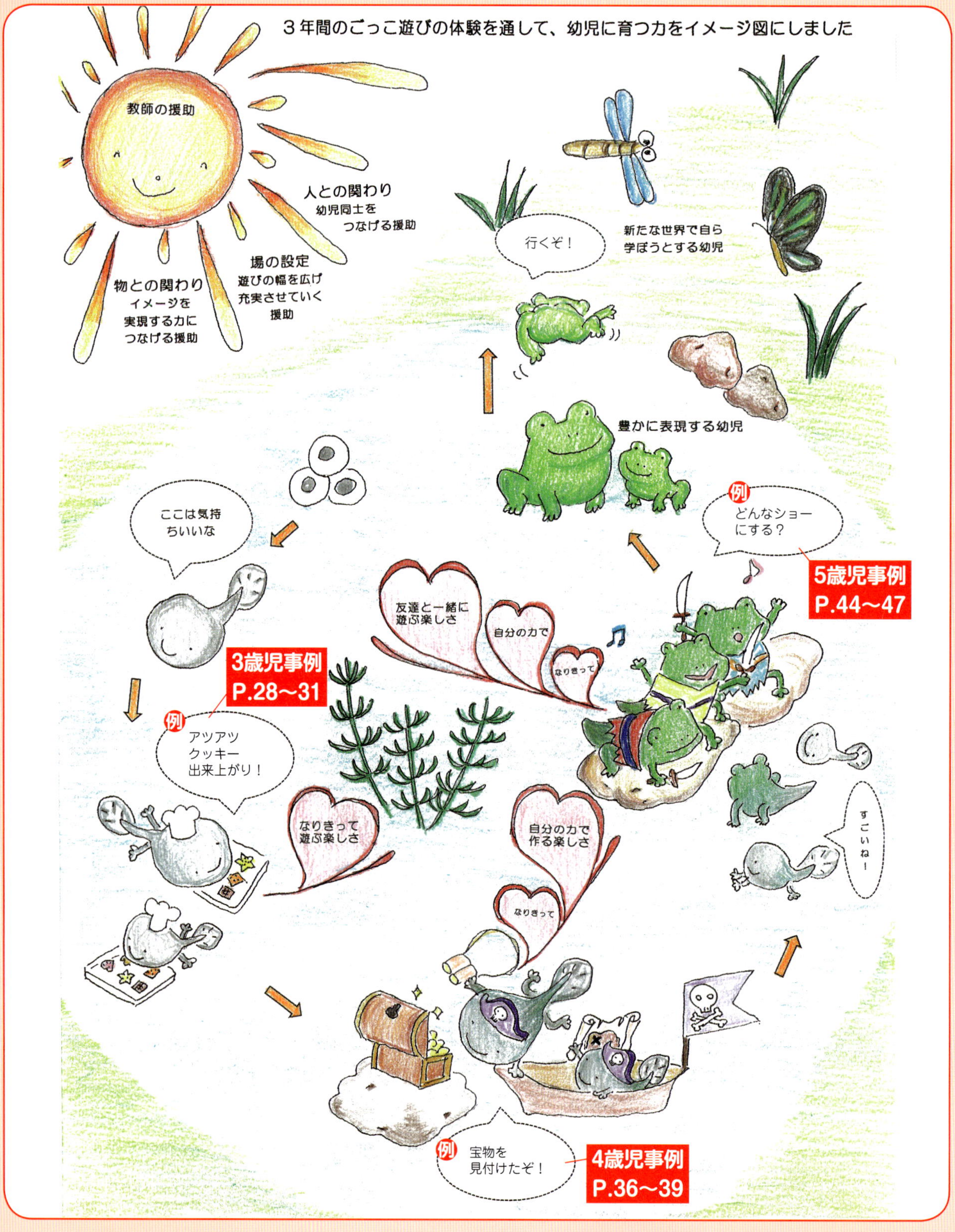

※ごっこ遊びが、そのときだけの盛り上がりで終わらないように、子どもの育ちを見通したものとなるためには、指導計画で意図として押さえていく必要があります。

※下の表から子どもの育ちを押さえるための三つの視点を大切にしつつ援助（環境構成も含む）し、指導計画化していく中でこそ、見通しを持った幼児教育となります。

3・4・5歳児の指導の要点…P.23より

詳しくはP.66〜71・P.84〜89・P.96〜101の年間指導計画も参照。

援助	3歳児	4歳児	5歳児
物との関わり	○遊ぶ楽しさにつながる物との出会いになるように。 ●発達の時期を踏まえ、物と出会うきっかけをつくる。 ●見立てたりなりきったりしやすくなる物を用意することで、イメージを持って遊ぶ楽しさが感じられるようにしていく。 ●できた喜びや使って遊ぶ楽しさに共感し、自分で作った物で遊ぶ楽しさにつなげていく。 ○一人ひとりの遊びが充実するように。 ●自分のやりたいことがすぐにできるように、形や素材、子どもが作る工程などに配慮する。 ●十分な数や種類を用意する。 ●子どもが必要感を持ったときに、タイミングを逃さずに提示できるよう工夫する。	○自分で作った満足感を味わえるように。 ●いろいろな表現方法に触れたり素材経験の幅が広げられたりするように、素材を用意したり用具の使い方を知らせたりする。 ●個人差が大きいため、必要に応じて手伝う、やり方を知らせるなどし、一人ひとりが自分なりにできたうれしさを感じられるようにする。 ●作った物を使って遊べる場を一緒につくり、作った物で遊ぶ楽しさを味わえるようにする。 ○物を介して友達と見立てが共通になるように。 ●同じ物を身に付けることで、友達と見立てが共通になったりイメージがつながったりできるように、身に付ける物や遊びに必要な物の材料を用意したり、一緒に作ったりしていく。	○本物らしさへのこだわりを大切にできるように。 ●一人ひとりの追求したい形や表現したいイメージを丁寧に受け止め、一緒に考えたり周りの友達に投げ掛けたりしながら、実現したい気持ちが満たされるようにする。 ●本物らしさへのこだわり、試行錯誤しながら努力して作り上げる姿を支える。 ○友達と一緒に作り上げられるように。 ●大型積み木や段ボールなどを提示し、友達と一緒だからできたという満足感が味わえるようにする。 ○子ども主体の目的となるように。 ●子どもの実現したことが遊びの目的となっているかどうか意識しながら援助する。 ●保育者のイメージが強くなりすぎたり、形に捉われすぎたりしないように配慮する。
場の設定	○つもりになって、なりきれる楽しさを味わえるように。 ●見立てやすい環境を構成する。 ●イメージがしやすい環境を構成する。 ●動きが引き出される環境を構成する。 ○遊びの拠点となるように。 ●安心して居場所を見付け自分から遊び出せる場の構成。 ●安心して自分を出して動ける場の構成。 ●一人ひとりの遊び場を保障する囲いや道具を用意する。 ○同じ場で過ごす楽しさを味わえるように。 ●子どもの動きや人数に合わせて、広さや場の再構成を行う。 ●一人ひとりの多様な動きを保障しながら場を共有できるようにする。	○自分たちで遊びの場をつくっていけるように。 ●子どもが自分で取り組める用具を提示する。 ●友達とかたまって遊べる場づくりの方法を、一緒に遊びながら知らせる。 ●友達と一緒につくった場で遊ぶ楽しさを味わえるようにする。 ○イメージを膨らませて遊びを楽しめるように。 ●一人ひとりのイメージをくみ取り、遊びに必要な場を提示する。 ●保育者も仲間になって、互いの動きが見えるような場をつくる。 ●保育者も仲間になって、いろいろなイメージができる場をつくる。 ○共通体験を生かして場づくりができるように。 ●共通体験を生かした遊びが友達と楽しめるように、イメージを想起しやすい環境や友達と一緒に遊べる場を設定する。	○自分たちで場を選んで遊べるように。 ●自分たちのやりたい遊びに合った場を選んだり、ほかの遊びを見て調整したりして遊べるようにする。 ●遊びの拠点として継続して使えるように、作った物や用具の保管を工夫、整理する。 ●遊びを継続していく意欲につなげられる遊びのヒントを提案する。 ○遊びをつくりだす喜びや自信が味わえるように。 ●目的に応じて、平面構成から立体構成を意識させる。 ●イメージしたものや難しいものができる喜びが味わえるようにする。 ○人との関わりを広げる場づくりができるように。 ●遊びの内容に応じて、共有の場や通り道を設定し、他クラス・他学年とも遊びを楽しめるようにしていく。
人との関わり	○保育者との信頼関係を基盤に、安心して動けるように。 ●心のよりどころとなり、子どもが自分らしく表現できるようにする。 ●遊びの中に入り、遊びの楽しさを伝え、言葉や動きを引き出していく。 ○保育者を介して近くにいる友達の存在に気付いていけるように。 ●近くにいる友達の存在に気付き、同じ場で遊ぶ楽しさを味わうことができるようにする。	○自分の思いを出して遊び、楽しさを味わえるように。 ●一人ひとりのイメージや表現を認め、実現できるような方法を考えたり、仲間になって一緒に進めたりする。 ●保育者だけでなく、周りの友達にも思いが出せるように、きっかけをつくったり、言葉を補ったりする。 ○友達の思いに気付き、友達と遊ぶ楽しさが味わえるように。 ●友達とのつながりを感じている所に共感し、楽しさが味わえるようにする。 ●他児のしていることを言葉にして知らせていくことで、自分と違う考えがあることを知らせたり、子ども同士の関係を調整したりする。 ●思いが通じ合わないときには、互いの思いを伝えたり力関係を調整したりしながら、相手の気持ちに気付かせ、一緒に遊ぶ楽しさを味わえるようにする。 ○友達とイメージをつなげて遊びを楽しめるように。 ●共通の経験や絵本、リズム遊びなどから共通のイメージで楽しめるようにする。 ●遊びの仲間に入りながら、簡単な共通の目的が持てるように、物を介してイメージを具体的にしたり、先の見通しが持てるようにしたりする。	○関わりを広げ、いろいろな友達の良さに気付くように。 ●クラス活動の中で、ペアやグループで取り組む当番活動やゲーム、製作活動などを取り入れ、いろいろな友達と関わる機会をつくっていく。その中で、子どもの自由な発想を受け止め、生かしていけるようにする。 ○仲間意識を育て、クラスのつながりを感じられるように。 ●遊びの仲間を認識させる言葉を掛け、目的が曖昧になっているときには確認し合えるような機会をつくる。 ●仲間同士が互いにしていることを受け入れ合って遊びが進められるようにする。 ●ほかのグループを阻害したり対立したりしないために、違う遊びをしてもクラスのつながりを感じられる配慮をする。 ○自分たちで問題解決していけるように。 ●すれ違いやトラブルがあったときに、仲間の問題としてそれぞれに自覚させていく。 ●意見を調整したり話し合いのモデルとなったりしていくことで、子どもが自己決定して進めていけるようにする。必要に応じてクラス全体で考える機会をつくっていく。 ○協同性を育くみ、友達と力を合わせて目的を達成する喜びを味わえるように。 ●友達と共通の目的に向けて力を合わせたり試行錯誤したりする中で、様々な感情を経験できるようにする。 ●子どもが自分の力を発揮することを大切にしながら、環境の構成や援助を工夫することによって、友達と力を合わせて目的を達成する喜びを味わえるようにする。

↓ Q&A 5 (P.16〜17) も参照　　↓ Q&A 6 (P.18〜19) も参照　　↓ Q&A 8 (P.24〜25) も参照

※Q&Aや年の計画も参照しつつ、ごっこ遊びを子どもの育ちに結び付けていけるようにしましょう。そのためには、V章からの園内研修が必要になります。

Ⅰ・Ⅱ・Ⅲ・Ⅳ章のまとめ　ごっこ遊びを子どもの育ちへ!!

※ごっこ遊びを支える保育者の在り方として押さえておきたい三つのことを示しておきます。保育者の役割として重要なポイントです。P.132・133と併せて意識していきましょう。

保育者の寄り添う姿勢

子どもの豊かな表現を育てるためには、主体的な活動としての「遊び」を充実させていくことが大切です。保育者は、子どもの遊びを尊重し、常に子どもが主体であるという意識を持って、遊びに関わる姿勢が重要です。保育者が一方的に援助するのではなく、子どもが自己決定する機会を大事にし、自分で選んだ活動を充実感を持って達成できるように援助していく姿勢です。

子どもの遊びの状況から援助が必要だと考えたとき、どのように援助するかをよく考えることが必要になってきます。例えば、「〜のつもり」「〜の振り」を楽しんでいる中では、保育者も遊びのイメージを捉え「〜のつもり」になって遊びに入ることで、子どもの遊びの世界に自然に受け入れられ、楽しさを共有しながら、その場に必要な援助をすることができます。友達関係の育ちと遊びの充実とは関係しているため、友達関係の育ちをよく見てくことも大切です。「仲間として共感しているとき」「じっと遊びを見守っているとき」「励ましたり支えたりするとき」など、どのような立場でどう関わっていくかを常に意識しながら実践することが大切なのです。

一人ひとりの育ちの場であるという意識

ごっこ遊びでは、ともすると、遊びを楽しくすることや遊びを発展させることに目が向きがちです。しかし遊びを楽しく充実させていくとともに、個々の発達の課題を捉え、場面の中で指導していくことが大切です。保育者は子ども一人ひとりの課題を踏まえて、遊びの中で育てたいもの、育ちつつあるものを捉え、指導の方向性を持ってその場に関わり、一人ひとりの育ちにつなげていきます。また同時に、子ども同士をつなぎ、出会いやきっかけをつくっていくことで、友達との関わりの中で一人ひとりの良さや可能性が開かれていくようにしていくことが大切です。

教材研究に向かう姿勢を持つ

豊かな感性や表現する力を育てる上で、様々な素材や表現方法に出会うことは大きな意味を持ちます。子どもは身近にあるいろいろな素材を使って遊ぶ中で、それらの特性に気付き、またその特性を生かして様々な物をより工夫して作ります。

子どもができるだけ多くの素材に触れ、それらを工夫して遊びを楽しく展開し、充実感や満足感を味わう経験を積み重ねていくことが大切です。また、連続性を意識して製作技術を積み重ねていくことで、イメージを実現するための力、遊びをつくりだしていく力が付いていきます。

そのためには、保育者自身が素材経験を豊かにし、感性を磨いていくことが大事です。

V

保育力アップにつながる
園内研修の在り方
～ごっこ遊びの指導の工夫を支える～

子どもが真剣に遊ぶ姿は、主体的で対話的な学びの姿であり、
それは深い学びにつながっていきます。
もちろん、そのためには、
子どもの「遊びの過程」＝「学びの過程」を支える保育者の役割が重要です。

保育力アップにつながる園内研修の在り方

(1)園内研修の進め方

みんなの園内研修を目指そう

保育を取り上げて同僚と話し合う園内研修は、保育者一人ひとりの保育力アップに不可欠です。園内研修を通して、保育者一人ひとりが、子どもを見る目を養い、保育を構想する力を付け、保育実践力を高めることができます。同時に、園内研修を通して、保育者間で保育の課題を共有し問題の解決に当たることもできます。担任一人で抱えている課題も、同僚の保育者と課題を共有することで、解決の道を見付けることもできるのです。その結果、園全体の保育力アップにもつながります。

100園100通りの園内研修

しかし、そのためには、園内研修の進め方に工夫や配慮が必要です。ここでは、中央区立月島幼稚園の園内研修の流れを紹介します。園長や先輩保育者、研究保育をする保育者、記録や話し合いに参加する同僚の保育者等がそれぞれの立場で、それぞれに配慮していますので、その工夫を読み取ってください。

園内研修は、100園100通りです。大規模な園と小規模な園、若い保育者が多い園とベテラン保育者が多い園、なかなか園内研修の時間が取れない園などにより異なり、100園あったら、100通りの園内研修があると思います。つまり、それぞれの園で「我が園の園内研修」を創っていくことが必要です。各園における「みんなの学び合いの場となる園内研修」を見付けていただくことを期待しています。

～月島幼稚園での例…どの園でも…

＜研究保育の事前の話し合い＞

❶研究保育担当者が、当日の大まかな指導案をほかの保育者に見てもらいつつ、クラスの子どもの姿や保育の視点を提案。

❷ほかの保育者が、それぞれの立場で質問したり、保育の視点を話し合ったりして、課題を共有する。

❸ほかの保育者の意見を聞く中で、研究保育担当者は、もう一度自分の指導案を見直してみる。

1 事前の話し合い
(指導案の検討・研究保育前日までに)

研究保育担当者が作成した指導案を見ながら…

- そのクラスの実態を踏まえた「ねらい」「環境構成」「援助の手立て」になっているか、みんなで検討・意見交換し、課題を共有。
- 担任が困っていることに対して、
  「自分だったらこうする」
  「こんな教材もあるよ」
  など、アイディアを出し合う

↓

★自分とは異なる考え方を知り、子ども理解が深まる！
★教材を出し合い、教材について学べる！

↓

●担任は話し合ったことを踏まえて指導案を加筆・修正。

- みんな対等でOK!
- 園長や先輩は、担任の言葉にならない悩みを引き出すよう、話しやすい雰囲気で!
- 同僚は、「私だったらこうする」という視点で話そう!
- 担任は、いろいろな意見に耳を傾けつつ、納得できる所を取り入れて練り直す。

…事前の話し合い…研究保育を中心に～

＜研究保育の展開＞

❶指導案を作成し研究保育をする。
↓
❷観察記録を取る。
- 対象児を決めてその活動の様子を取る。
- 保育者の動きと子どもの姿を追う。
- 遊びの展開を追う。
↓
❸忘れないうちに、記録はまとめておこう。

2 研究保育時の対象児の情報を共有

一人の対象児に対して複数の保育者が観察できるように割り振り、小グループを作る…

●対象児に対する担任の考え、見てもらいたいポイントなどを共有する。

●研究保育の日に焦点を絞って観察ができる！

3 研究保育当日…協議会へ

対象クラス以外は早めに降園し、全員で研究保育対象クラスの観察ができるようにする…

●複数クラスが対象になっている場合や、環境を記録に残したい場合などは、写真やビデオを撮り、直後の協議会や今後に生かす。

●観察終了後、協議会が始まるまでに対象児ごとの小グループに分かれて記録を整理し、対象児の読み取りについて話し合う。

＜研究保育終了後の話し合い＞

❶研究保育担当者の振り返り。
何を視点に話すか。
↓
❷担当の記録を話し合おう。
↓
❸研究テーマに沿って話し合いを深めていこう。
（ここでは、ごっこについて深める　など）

4 協議会（研究保育当日中に）

P.142～144・P.146～148の記録参照

●担任の自評
↓
●観察者の報告▶
- ●事前に担任から聞いた見てもらいたいポイントに沿った対象児についてのつぶさな記録から。
- ●遊びのきっかけや盛り上がり（豊かな表現につながった援助など…今回の場合）。

↓
●観察者からの話題提供から全員での話し合い
講師の先生（外部の大学の先生や園長・主任）からも、テーマについての話し合いを深めるきっかけになるようなコメントをもらいながら、全員が自由に発言して進めます。
||
★みんなで見ている場面についての話し合いなので、具体的なイメージがあり、分かりやすい！

★実際の子どもの姿からだから…P.142～145「ごう」君の記録から
- 子ども理解が深まる。
- この時期の特徴が共有できる。
- 豊かな表現につながる保育者の援助について話し合い、学び合える。

★子どもの姿や保育者の援助について多角的に意見を出し合えるから…P.146～149「さゆり」ちゃんの記録から
- 自分の見方の傾向に気付く。
- 対象児の新たな一面を知ることができるなどにもつながる！

★子どもの見方や保育の考え方が広がり、同僚と共有できる！

●まとめ・気付きの確認…テーマに沿って

⬇

●一人ひとりの保育者の保育実践力アップと同時に、園全体の保育力アップにつながる！

⑵園内研修の実際

※P.140・141の指導案を参照しながら見てください。

―４歳児すみれ組の研究保育の場合―

①事前の話し合い…この内容が、指導計画に生かされるようにしよう！

- できるだけ、担任が日常の保育で悩んでいることに応えていこう！
- この時期の保育の課題を同僚と話し合うことで、子ども理解や保育観を共有していこう！

㈠「担任の提案」を基に、「４歳児９月の学級の実態」の検討

〈遊びへの取り組み〉

- 夏休み明けは、表情が堅かったり緊張している子どももいたが、おすし屋さんごっこや製作など、１学期に経験した遊びを再現したり、それぞれのペースで遊び出す姿が見られている。
- 自分たちで場をつくって遊び出す子どももいるが、場を広げすぎてしまったりどのようにつくればよいのか分からなかったりする姿も見られる。自分たちの遊びの場がつくれるように保育者が一緒に入りながら援助している。

〈人との関わり〉

- 夏休みの経験を保育者や友達に話したり、触れ合ったりしながら次第に友達とのつながりを取り戻す様子が見られる。
- 遊びの人数が増えすぎてイメージが伝わらなかったり、トラブルになったりすることもある。
- 自分の思いを動きや言葉で表すが、友達の気持ちに気付かなかったり、うまく受け入れられなかったりして、トラブルになることが多い。また、なかなか自分の思いを出せない子どももいる。

〈生活への取り組み〉

- 幼稚園の生活の流れが分かり、自分から動こうとする子どもが多い。
- 降園前の支度に時間の掛かる子どももいる。また早く行おうとして雑になってしまう子どももいる。

先輩「どんなトラブル？」

…P.140参照（マーカー部分特に）

担任「物の取り合いや、思いの行き違いもあるかな。つい強い口調で思いを出すこともある。ただ、特定の子どもが原因になっているかな」

先輩「トラブルが起こったときは、どうしているの？」

担任「ゆっくり話してまず気持ちを落ち着かせるようにしている。したいことを実現することを援助しながら、気持ちを切り返させていく。ただ、あっちこっちでトラブルが起こると面白くなくなる気がする。楽しさが共有できるようになるといいんだけど」

先輩「それはどういうこと？」

担任「遊びの核になる援助をするってことかな。子どもたちのやろうとするイメージがつながるような言葉を、いろいろ考えながら掛け続けるとか」

㈡「ねらい」の検討

○自分のイメージで場や物を作って遊ぶことを楽しむ。

○自分のやりたい遊びに取り組む中で、一緒にいたい友達と触れ合いながら遊ぶ楽しさを味わう。

先輩「一人で遊ぶ子どもも、物を介して関われるようにしたいね」

同僚「そのための環境の構成はどうしようか」「○○などはどう？」（提案なども様々に）

(ウ)**「環境の構成」の検討**…全て、P.141を見ながらの話し合いです。

「製作」の所の話し合い

先輩「身の回りの素材を探すって、どんな物？」

…P.141参照(マーカー部分特に)

担任「積み木で船を作っているので、身に付けるベルトや剣を作ることができるような素材がいるかな」

同僚「一斉保育で取り上げたコスモスが自分でも作ることができるようにしておいたらいいのでは？　製作をきっかけに仲間に入れることもあるしね」

「お店屋さんごっこ」の所の話し合い

同僚「どんな物を作って遊んでいる？」

…P.141参照(マーカー部分特に)

担任「ごちそうを作っている。お風呂のシャワーがあるといいな」

先輩「必要な物は、遊びの仲間になって一緒に探したらどう？」

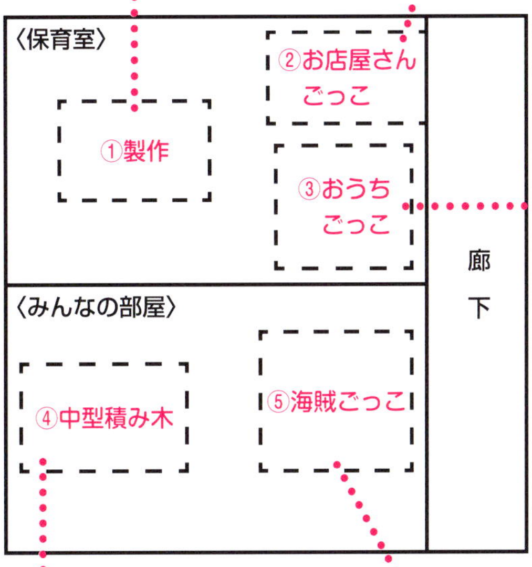

「おうちごっこ」の所

先輩「出しすぎてもダメだけれど、イメージが出たときに、すぐに実現できるようにするといいのではないかな」

…P.141参照(マーカー部分特に)

担任「作った物を通して友達と関わっていけたらいいな」

「中型積み木」の所の話し合い

先輩「コーナーは自分で作れるように、仕切りをたくさん用意したらいいのでは。積み木の使う量はメンバーによって取りすぎることもあるので、調整が必要かもしれないね」…P.141参照(マーカー部分特に)

同僚「積み木で作った船で魚釣りをしたら、釣った魚が食べられるようにすると、イメージが広がるね」

「警察ごっこ、ショーごっこ、海賊ごっこ」の話し合い

担任「なんとなく繰り返して遊んでいるという感じなんです」

先輩「全体での活動で、宝探しなどを入れてみたら、遊びにつながっていくのではないかしら」

…P.141参照(マーカー部分特に)

同僚「太鼓橋って、囲うと洞窟になるかもしれないね」

同僚「夏にお祭りに行っている子どもが多いので、そのような遊びがあると、共通経験となるのではないかな」

※P.138・139の事前の話し合いで取り上げられた所をチェックしながら見ていきましょう。

3年保育4歳児 すみれ組指導案

平成26年9月18日(木)
在　　籍：男児17名／女児17名／合計34名
担　　任：浦木　智子
保育補助員：竹田　陽子

②研究保育当日の指導案

1 子どもの実態

〈遊びへの取り組み〉

●夏休み明けは、表情が堅かったり緊張をしていたりする子どももいたが、おすし屋さんごっこやおうちごっこ、製作など1学期に経験した遊びをする姿や新しい環境に関わりながらそれぞれのペースで遊び出す姿が見られてる。

●自分たちで場をつくって遊び出す子どももいるが、場を広げすぎてしまい、どのようにつくればよいのか分からなくなる姿も見られる。自分たちの遊びの場がつくれるように保育者が一緒に入りながら援助している。

●遊びの中でイメージを広げて新しい遊びを楽しむ子どもと、以前から楽しんでいる遊びを繰り返す中で安心する子どもがいる。

〈人との関わり〉

●夏休みカレンダーを見て夏休みの経験を保育者や友達に話したり、触れ合ったりしながら次第に友達とのつながりを取り戻す様子が見られる。

●ほかの遊びや友達の動きや作った物を敏感にキャッチし、やってみたいことを自分なりにやってみようとする子どもが多い。その一方で遊びの人数が増えすぎてイメージが伝わらなかったり、トラブルになったりすることもある。一人では作れなかったり、材料が必要だったりするときには保育者に要求する。

●自分の思いを動きや言葉で出そうとしているが、友達の気持ちに気付かなかったり、うまく受け入れられなかったりしてトラブルになることが多い。また、自分の思いを言葉で表現できにくい子どももいる。

〈クラス全体の活動の取り組み〉

●リズムに合わせて体を動かしたり、掛け声を出したりすることを楽しんでいる。2学期から行っている海賊のリズム遊びも好きな子どもが多く、みんなで行うことを繰り返し楽しんでいる。

●製作が好きで、学級のみんなで行う製作に意欲的に取り組む子どもが多い。

●玉入れや駆けっこなどの運動遊びでは、自分の力を出したり、簡単なルールの下に動いたりすることを楽しんでいる。

〈生活への取り組み〉

●幼稚園の生活の流れが分かり、自分から動こうとする子どもが多い。

●降園前の支度などに時間の掛かる子どももいる。また、早く行おうとして雑になる子どももいる。

2 日のねらい

○自分のイメージで場や物を作って遊ぶことを楽しむ。
○自分のやりたい遊びに取り組む中で、一緒にいたい友達と触れ合いながら遊ぶ楽しさを味わう。

3 評価

〈子ども〉

○自分のイメージで場や物を作って遊ぶことを楽しむことができたか。
○一緒にいたい友達と触れ合いながら遊ぶ楽しさを味わうことができたか。

〈保育者〉

○自分のイメージで場や物を作って遊ぶことを楽しむことができるような、イメージを引き出すような働き掛けや、イメージを実現する素材や場の提示や方法を知らせたりすることができたか。
○友達と同じ場で見立てたり作ったりすることを楽しめるような環境、かたまって遊べる場づくりの援助、トラブルの際には自分の気持ちに折り合いをつける過程を見守り橋渡しをしていくなど、一緒にいたい友達と触れ合いながら遊ぶ楽しさを味わうことができるような援助ができたか。

4 展開

時　間	1日の流れ
8：50	○登園 ・所持品の始末をする ○好きな遊び(保育室・みんなの部屋) ・中型積み木 ・製作 ・おうちごっこ　など
10：00	○片付け ・トイレ、手洗い、うがい
10：20	○リズム遊び ○好きな遊び(園庭) ・駆けっこ ・尻尾取り ・固定遊具
11：20	○昼食準備 ○昼食 ・休息、歯磨き、トイレ
12：30	○好きな遊び(園庭) ・鬼遊び ・ままごと ・駆けっこ　など
13：00	○片付け
13：20	○クラス活動 ・絵本・歌 ・明日に向けて
13：35	○降園準備
14：00	○降園

5 環境と援助　●子どもの姿　○子どもに経験してほしいこと　☆保育者の援助

※遊びの場が分かれるため、保育補助員と連携を取りながら両方の保育室を行き来し、安全に配慮する。

①製作

●廃材を使って自分の作りたい物を作ったり、友達の作っている物を見てやってみたいと思ったことを取り入れたりしている。
○自分の思いで描いたり作ったりする楽しさを感じる。
○遊びに使う物を作るために身の回りの素材を探したり、保育者に要求したりする。
☆個々に合わせてできない所を援助したり、用具の使い方を知らせたりしていく。
☆子どものイメージや作った物を受け止め、自分なりに作ったうれしさが感じられるようにする。必要に応じて、周囲の子どもにも知らせ、友達とのつながりが持てるようにしていく。
☆いろいろ見立てたり作ったりできるような素材を、取り出しやすいように用意しておく。
☆机の上に物を出しすぎているときには、その状態を言葉に出したり、整理する動きをしたり、使い終わった物は片付けるように言葉を掛けたりする。
☆空き箱、カップ、芯、色画用紙、セロハンテープ、ビニールテープ、お面バンド、のり、など。

②お店屋さんごっこ

●夏休みの経験や、年長組の太鼓の音などからお祭りのイメージでチョコバナナ作り、海賊の絵本に出てきたクッキー作りを楽しんでいる。ほかの遊びの人が買いに来ることもある。
○見立てたり、作ったりしながら友達と同じ場で遊ぶことを楽しむ。
☆色画用紙、ストロー、絵の具、のり、など素材を用意し、遊びのコーナーを設置する。
☆その子どもなりに描いたり作ったりした物を認め、遊びに使えるように工夫し(飾る場の工夫、お店屋さんにできるようになど)満足感や充実感が味わえるようにする。

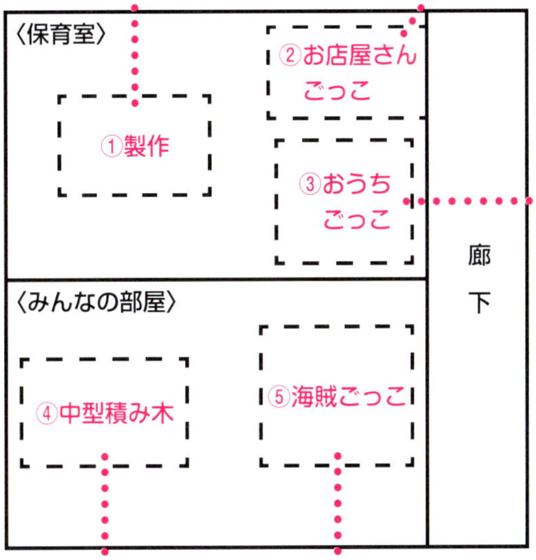
〈保育室〉
②お店屋さんごっこ
①製作
③おうちごっこ
廊下
〈みんなの部屋〉
④中型積み木
⑤海賊ごっこ

③おうちごっこ

●気の合う友達と繰り返しおうちごっこを楽しんでいる。自分たちで場をつくり、玄関、お風呂、ベッドなど、部屋の中のイメージを部分的に共有しながら遊んでいる。同じ場で遊んでいても、それぞれの思いで動いていることもある。
○一人ひとりが自分のイメージを出して遊ぶ楽しさを味わう。
○友達の動きや言葉に目を向け、自分でもできそうなこと、やってみたいことを遊びに取り入れようとする。
☆遊びの中で個々の子どもがしていることを周囲の子どもに伝え、個々のイメージや動きを知らせていくようにする。
☆子どもがやりたいと思ったことが実現できるように、イメージに合う物を提示したり、保育者も一緒に遊びの仲間に加わったりする。
☆人数が多すぎたり、遊びの場が混乱したりしているときにはそれぞれの遊びの場が確保できるように調整する。

④中型積み木

●中型積み木を組み合わせて、船や基地など場をつくって遊ぶことを楽しんでいる。場ができると、それに乗って遊んだり、個々にイメージを言葉に出したりすることを楽しんでいる。
○自分のイメージで場をつくって遊ぶことを楽しむ。
○自分のイメージを言葉に出したり、一緒にいたい友達と触れ合ったりしながら遊ぶことを楽しむ。
☆友達との遊びの中で個々の子どもがしていることを周囲の子どもに伝え、個々のイメージや動きを知らせていくようにする。
☆自分の思いを伝えられない子どもは、保育者が受け止めて仲介し思いを出していけるようにする。
☆それぞれの遊びの場を確保できるように、場やほかの遊びとの距離を調整する。

⑤海賊ごっこ

●運動会に向けて海賊のリズム遊びを行っている。クラスのみんなが興味を持って取り組めるように、海賊や海に関する絵本を読んだり、海賊から腕に付けるバンドを届けたりしてきた。自由な形態の遊びの中でも、海賊になって遊ぶ姿が見られている。身に付ける物や宝物を作ったり、なりきって動いたり、中型積み木で船を作ったりすることを楽しんでいる。
○イメージを膨らませてなりきって動いたり、友達とイメージを部分的に重ねたりしながら遊ぶことを楽しむ。
☆一人ひとりの持つイメージを膨らませて友達と似たイメージを持って動けるように、絵本や、宝箱、船などを用意する。
☆友達とかたまって遊べるような場を子どもと一緒に作る。
☆一人ひとりのイメージを認め、共感していくことで子どもが自分の思ったことや考えたことを遊びの中で出せるようにする。
☆友達とのトラブルの際には子どもの気持ちを受け止めながら、相手との共通点に気付かせたり、相違点を知らせたりしながら友達にも思いがあることに気付くことができるように働き掛ける。

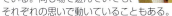

③観察記録の紹介と、そこからの読み取り＝話し合いへ　その1
すみれ組（4歳児・9月）「ごう」君（海賊ごっこ）の記録…A先生グループのまとめ

時間	記　録	分　析
8：45	○早めに登園し、すぐに支度をする。 ○トイレットペーパーの芯二つ（茶と白） 　ご　う：「ねえーせんせい」 　保育者：「はまった？」 　ご　う：「はまってない」 ○芯の箱から、じっくりと大きさを選ぶ。 　セロハンテープでつなぐ。 　つなぎ目に貼り付けて、指で押さえる。 ○白を三つ、新たに取り出す。 （作った物、棚に） 　ご　う：「ふたつのやつ、ごうのだったよ」 ○れいに言うが、答えなし	（トイレットペーパーの芯／茶／白／セロハンテープ　の図） 適切な長さと、貼る場所を考える 押さえることが分る れいと同じ色合いにしたかった 長くするために一度置いた
9：00	ご　う：「あった」…つなげる、のぞく （みんなの部屋へ） ご　う：「ねえ、れいくん、いーれーて」 ご　う：「ごうも、てつだってあげる」 れ　い：「だいじょうぶ」 ご　う：「なんで」 れ　い：「メダルもってるひとだけ」 ご　う：「そういうのずるだよ」 保育者：「リュック出しっぱなしになってるよ」 （取りに行く） れ　い：ごうの持ってきたワニを端に追いやる ご　う：戻ってくる。何度も「いーれーて」 　　　　断られる。「なんでやなの？」 　　　　太鼓橋のたけしの所へ 　　　　「たべられる〜」（声、大きくなる） 　　　　ワニを持って「グワ〜」 　　　　繰り返す 　　　　別の保育者に武器を持って走ると危ないと言われた 　　　　ことを思い出し 　　　　「ねえ、たけしくん、いーれーて」 たけし：「いーよ」 れ　い：「いーよ」ワニを持っていく ごう：「そとにいくと、ワニにくわれるからね」 たけし：「ペットにしよう」 ご　う：「このワニのなまえ、○○」 れ　い：「だめ、そんなの」	（白／白／茶／白／白　箱の図） 何個も付ける れいと一緒に遊びたい だいすけとじんに たけし、ごうの言葉受け入れ れい、強い口調 れいと遊びたい 受け止められないことが多い

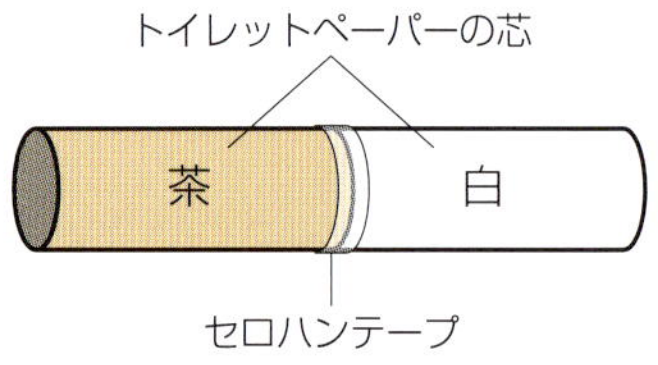

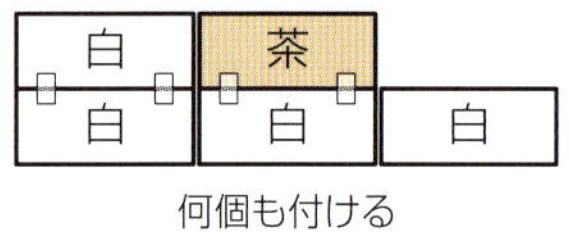

時間	記　　録	分　析
9：10	○武器を直しに行く…長くする 　基地に戻る。武器を向ける 　　じん：「いれてって、いってない」 ○ただしと話す。自分の箱から 　　れい：地図を持つ。海賊船のイメージ 　　探す「そうがんきょうがなくなった」	かご置きっぱなし 枠積み木に靴を入れる
9：20	「せんちょう」「しゅっぱつ」 ○ほかの子どもは地図を作る ○女児が使っていた地図 　保育者が一緒に描く 　　ご　う：「つくってあげる」 ○保育者が子どもの気持ちを受け止めながら描いていく 　　保育者：「×ってなんだろうね」 　　れ　い：「たからだよ」「ちずだよ」 　　保育者：「赤い線、なんだろうね」 　　ご　う：「ここあるくと、つながってる」 　　保育者：「そっか、ここ歩くと行けるのかもね」 　　ご　う：「ごうのそうがんきょうでよくみる」 ○れいが地図を取る 　　ご　う：「しゅっぱつだ」 ○ワニの一番前が、れい ○いなくなる	クラフトテープの芯×2 （○○） イメージを受け止めてもらえると、声、大きくなる れいに否定される 部屋に戻ること多い
9：30	○宝箱を洞窟から持ってくる 　　れ　い：「ずいぶんたからものがおおくなったのー」 ○トウモロコシをみんなで食べる 　　ガブガブ ○双眼鏡を渡されて→「ありがとう」 　　のぞく 　　れ　い：「あいつがこのたからねらってる」 　　ご　う：「あいつねらってる」 ○本当にかぶりついてトウモロコシを食べる 　　たけし：「おなかいっぱいになった」 　　ご　う：「おなかいっぱいだ」 　　れ　い：「あっちにひっこすぞ」 ○洞窟の中に海賊船二つ 　　旗を取りに行く 　　旗を持って 　　ご　う：「にっぽんのかいぞくだぞー」 　　みんな：「おー」	海賊のイメージを持っている 部分的にイメージそろう さゆりたちも 　↓ 受け止めてもらう 表情生き生き、声、大きく P.36〜の事例とリンクしています。 旗を作る くるくる棒（広告紙を細く丸めた棒）を洞窟に刺そうとしてうまくいかない 全体を船にしたい

P.143の続き

時間	記　録	分　析
9：40	◯補助の保育者に ご　う：「にっぽんのはたと、かいぞくのはた、つくりたい」 ◯洞窟に日本の旗 補助の保育者と一緒にガムテープで付けるが、倒れる。 ご　う：「どうする？」 保育者：「ここに付けるの難しいんじゃない？」 ご　う：「もういっこガムテープあればつくかもしれない」 「ここおさえといて」 ご　う：「はい」 保育者：「固いのがあれば付くかも」 ご　う：「あつがみもってこよっ」	補助の保育者に受け止めてもらう 銀の厚紙
9：55	◯ジャンプしてたたくことが楽しくなり、壊れそうになる 保育者：「割り箸を芯にした方がいいよ」 ご　う：「いいことおもいついた！」 ◯空き箱をたくさん持って来る ご　う：「こうやって、とおして」 ◯自分で考える ◯れいは自分の考えを強く出す。 ↓ ほかの子の意見が通らない ◯いろいろな思いを感じている。 イメージを出したい ↓　発想豊か 受け止められたい ◯力関係ができている ◯魅力的な環境 →イメージが持てるきっかけに …洞窟・地図・ワニ	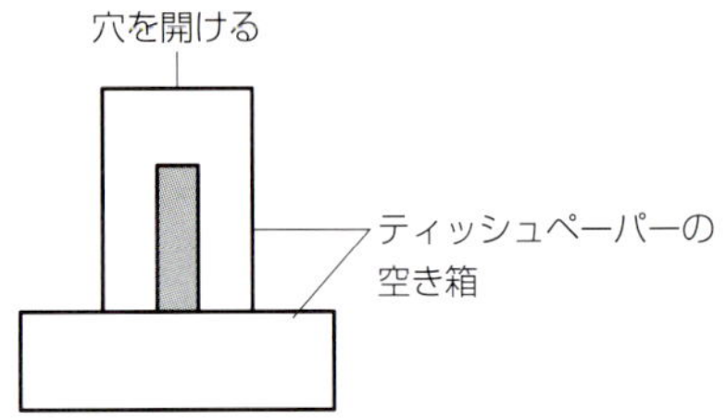 自分で作ることが一番楽しい れいの意見は、強い それぞれ場に集まっているが動きは、思い思いの動きになっている。 言葉で言えている 「いれて」「なんでやなの？」 ひらめくが、1か所にとどまらない 援助を受け止めて 一緒に考えて

A先生のグループが記録から読み取ったこと→話し合いへ

子ども理解の視点からの読み取り

☆ごうは初めかられいと遊びたい気持ちが強い。
☆れいに否定されることが多い。「なんでだめなの？」と、食い下がる。言葉で言うことができる。たけしに「いいよ」と受け入れてもらい、そこから仲間に入る。
☆れいは自分が積み木で海賊船を作ることが楽しい。れいはイメージがはっきりあるので、主張も強い。
☆ごうはいろいろな思いを感じているし、発想豊かでイメージがあるが、子ども同士の力関係もあって、なかなか思いを出せていない。

→

話し合いへ

●ごうはれいたちの遊びに興味を持ち、仲間に入りたいが、なかなか受け入れてもらえない。しかし言葉で気持ちを言うことができている。
●れいは初めから積み木で海賊船を作っていたので、途中から仲間に入ろうとするごうを、簡単には受け入れられないのではないか。
●ごうは、自分なりのイメージがある。保育者がごうのイメージを引き出すように聞いていくと思いを出している。

教材や環境構成の視点からの読み取り

△海賊になりきって動いている。トウモロコシを一緒に食べるなど、部分的にイメージが共有になっている所もある。
△宝箱、洞窟などの魅力的な環境がイメージを持つきっかけになっている。

→

話し合いへ

●トウモロコシが本物らしくできていて、焼く行為があることによって、イメージが共有され、みんなで、ガブガブと食べることにつながったと思われる。
●宝箱、洞窟などの環境が海賊のイメージを引き出している。友達がそれらを使っている姿がまた刺激となっている。

発達と援助の視点からの読み取り

◎保育者にイメージを受け止めてもらえると、声が大きくなる。

→

話し合いへ

●保育者がごうのイメージや表現を受け止め、やりたいことが実現できるように援助していた。
●この時期は、それぞれが自分の思いで動いている。保育者が仲間になりながら、友達と遊びのイメージをつなげていくことが大切である。

③観察記録の紹介と、そこからの読み取り＝話し合いへ　その2

すみれ組(4歳児・9月)「さゆり」ちゃん(海賊ごっこ…お店屋さんごっこ)の記録…B先生グループのまとめ

時間	記　録	分　析
8：45	○登園。ごうと関わりつつ身支度。	自分でやりたい思いがある
	保育者：「自分で付けられる？」	
	と手伝おうとする	
	→自分でやろうとするが難しい	
	○蚊に刺されて、貼ったばんそうこうが気になる	いつもと違う雰囲気に違和感
	○友達の動きや遊びを見て探る	(研究保育なので、園内の先生が大勢見ている)
	「○○しってる？」	
	「やったことある？」と、友達に(女児２名)	
	○太鼓橋にぶら下がる	
9：00	さゆり：「かいぞくごっこしない？」	
	「ふね！ふね！」	自分から遊びを見付ける
	○ひろみと船を持って来る	
	ひろみ：「さゆりちゃんが…」	
	さゆり：「あっ、かいぞくばんど、つけるのわすれてた」	海賊になる方法を知っている
	さゆり：「ふたりがせんとうね」と、ひろみに	(今まで遊んでいた)
	○船で海をくぐる	
	○ほか二人が宝箱を探しに	
	さゆり：「ひろみちゃん、まだ？」	後ろに置いて
	あ　ん：「きょう、ようふくかわいい」	遊びを自分で進める
	「どっちがせんちょう？」	
	さゆり：「こっち」とうなずく	
	「せんとうになって」と、ひろみに言う。	
	○二人で先頭に	
	ひろみ：「トウモロコシもってきまーす」と、抜ける(３人分)	一緒に遊ぶ人と意識
	ひろみ：「たからばこにいれときまーす」	
	ひろみ：「さゆりちゃん、せんとうね、いい」	
	さゆり→りさ→ひろみ	
	○ひろみに、トウモロコシの場所を伝える	
	ひろみ：「りさちゃんくるまでまって」	
	○強引に引っ張る	
	ひろみ：「ここが○○ね」と、地図を広げつつ決めていく	
	り　さ：「やめる」	
	ひろみ：「いいよ」	
	○ひろみが先頭に来る	
	○えみを誘うが断られる	
	○地図を見ながら動く説明…ひろみは飽きてしまう	イメージが自分の中にある。伝えようとする。
	ひろみ：「このなかがおうちってことね」	ひろみはそこまでイメージがない。
	さゆり：「いいよ」	
	○トウモロコシを食べる	
	○ひろみが太鼓橋に抜ける→さゆりも一緒に	自分で進めていきたい思いと、ひろみと遊びた
	さゆり：「○○しといて」	い思い→ひろみの動きに付いて動くこともある

時間	記　録	分　析
	ひろみ：「わかったー」 さゆり：「ちずがなくなっちゃったの」 保育者：「また作る？」　さゆり：「うん…」 ひろみ：「わたし、のこるから、つくって」 さゆり：「いやだ」 ひろみ：「おうち、とられちゃうから」 さゆり：「だれに？」 ○ひろみ、戻ろうとする 「だいじょうぶ、こっちがせんちょう」 結局、家に戻る	さゆりは引っ張っていきたいが、主張を譲らず、最終的に通るのは、ひろみ
	○男児が様子を見たり地図を取ったり ひろみ：「つかわないで」 さゆり：「さいしょに、つかってたんだよ」 男　児：「みおわったら、いいよ」 ○保育者がひろみ・さゆりの思いを伝える ○男児が「かして」と言いに来る ○貸してあげる	自分からは言えないが、ひろみが先に言ったことで、一緒に言えた 独占するのではなく「みんなで使う」。「順番に遊ぼうとする
9：25	ひろみ：「せんちょう」と、さゆりを呼ぶ、探す ○さゆりは、御飯を持って来る （卵焼きとプリン・お弁当） ひろみ：「かりてきたの」 さゆり：「かりてきた」　ひろみ：「ありがとう」 ○保育者が2枚目の地図を描いているのを見付ける ○れい・こうすけ・たけし、さゆりの遊びに興味を持つ ○男児の海賊をのぞいたり、行き来する 「そっちも海賊だったんだ」 （けいたろうが地図を描いている姿を見て） ○食べ物を全て渡す	さゆり、船長としての動き 船を動かす、地図を見て、食べ物を準備 男児が来たり、地図が必要だったりする理由が分かり互いの海賊を知り、納得する
9：32	○男児が場所を取られる ひろみ：「もうやめる？」 さゆり：「うん」 ○片付け、スキップして移動 ○クッキー屋さんをして、まゆみ・のりこに、エプロンの場所を聞く →作る場所、買う所、聞きながらやり始める 保育者：「開店ですか」 ○クッキーの上にチョコを塗る ○バナナを触る、様子を見る	場所や物を取られたが、ひと通り遊び、海賊の遊びに区切りがついて、遊びの切り替わるタイミングだったのか

P.147の続き

時間	記 録	分 析
9:45	○みさき・のりこがクッキーを皿に載せるのを手伝う 　かおり：「チョコバナナください」　みさき断る ○さゆりはチョコを売ろうとしたが、みさきの言葉でやめる ○クッキー屋さんをしていた他児がエプロンを外す ○黒から水色にエプロンを変える ○保育者が買いに来る ○みさきとお客さんとのやり取りを見ている 　ひろみが先に：「チョコバナナください」 　100円もらう 　「100円くれたよ」と、何度ものりこたちに言う ○のりこ、みさきは、お客さんがいてもどこかに行く ○さゆり、お客さんにお金をもらったり渡したり、やり取りをする 　さゆり：「チョコバナナもありますよ」 　めぐみ：「ながいの」 　さゆり：「はーい」 ○のりこがバナナを渡してしまう 　さゆり：「じゃあ、どこかいってきまーす」 　「チョコバナナたべないの？」と、みんなの部屋に宣伝 ○のりこにやっていることを取られたり、エプロンを取られたり 　「やーめた」「黒にする」など、譲ってトラブル回避？ ○水色があるのに選ばず	初めからクッキー屋さんをしていた他児の動きに付いて行けず、付いて行こうとフラフラ お店ごっこのやり取りをしたい 一人でなく仲間がいる意識 さゆり本人はイメージを膨らませて楽しみだが、他児のイメージが… できなかったとき、ほかの方法を考えて動く

B先生のグループが記録から読み取ったこと→話し合いへ

子ども理解の視点からの読み取り

☆「二人が先頭ね」と言って船に乗って海を渡っていく。遊びのイメージがあり、自分で遊びを進めている。
☆前半はひろみに自分のイメージを伝えているが、ひろみはあまり乗り気でない。ひろみの動きに合わせて動くこともある。ひろみと一緒に遊びたい気持ちが強い様子。
☆男児に地図を取られそうになる。自分から言えないが、ひろみが先に言ってくれると「さいしょにつかっていたんだよ。みおわったらいいよ」と、言うことができる。

→

話し合いへ

●さゆりは自分から遊び出していて、海賊ごっこのイメージが持てている。担任は、さゆりが自分の思いを出せていないのではないかと心配していたが、積極的なひろみにも自分のイメージを伝えている。
●さゆりの方が遊びのイメージがあるがひろみの意に添おうとしている。
●地図を取られそうな場面では、ひろみが先に言ってくれると、自分の思いを言うことができている。

教材や環境構成の視点からの読み取り

△ほどなくして男児に場を取られるが、ひと通り海賊の遊びの区切りがついたためか、ひろみの「やめる」という言葉にうなずいて遊びを変える。

→

話し合いへ

●段ボールの船があったことで、海賊ごっこが始まった。また、「かいぞくばんど」を一緒に身に付けることで、仲間という意識が強まっている。
●いくつかのグループが場をつくって海賊ごっこを始めた。ほかの遊びの様子が見えることが刺激となり、より遊びを楽しめたのではないか。

発達と援助の視点からの読み取り

◎トウモロコシを３本持って来るなど、一緒に遊ぶ人を意識している様子が見られる。
◎ひろみに「せんちょう」と呼ばれると、船を動かすしぐさをしたり、地図を見たり食べ物を準備したり、船長としての動きをする（なりきって動くことを楽しんでいる）。

→

話し合いへ

●船、海賊バンド、トウモロコシなど、具体的な物があることで友達とイメージをつなげて楽しんでいる。
●「せんちょう」と呼ばれると、それらしい動きをして楽しんでいる。遊びの中で、役があることでなりきって動くことにつながっている。

③観察記録の紹介と、そこからの読み取り＝話し合いへ　その3
すみれ組（4歳児・9月）海賊ごっこ他の場面・環境構成関連の記録　C先生

時間	記録・分析	時間	記録・分析
9：15	○チョコバナナ屋さん…けいたろう・みさき・まゆみ・ゆい・のりこ 「物」「行為」 　　バナナに見立てた物に、チョコを付けたり、トッピングしたりすることが楽しいクッキー 自分のイメージの表出 友達への思いの表出 　　同じ物を作る（イメージ表出）ことで、つながりを感じている ○製作… あいこ・るり・りさ（描画） しんじ・かいと・こうた（廃材を使って） 「物」「行為」 　　いろいろな廃材に関わる 　　いろいろな廃材を組み合わせる 　　自分の好きな色を使って　絵を描く 　　細かく切る　などを楽しんでいる 自分のイメージの表出 友達への思いの表出 　　自分なりに作ること描くことが思いの表出 　　一人で自分のやりたいことにじっくり 　　（周りの友達に目を向けている？　刺激にしている？）	9：40 9：50 10：10	けいたろうが海賊の宝箱を取る（物の魅力） けんたが怒る 保育者、けいたろうに「貸してって言ったの？」 5分後、「けんたに、入れてって言ってみたら？」 けんた：「ふねはこっちだよ」と、仲間に入る ☆私（C先生）だったら、すぐに、けいたろうにもう一つ作るが… 　保育者はすぐには作らずに、けんたに仲間に入れてもらうことを選んだ 　保育者のけいたろうへの願い（友達に関わるようになってほしい）があるからだろう これまで遊んでいた場から、ばらばらと散り始める（ここが、片付けどころだった？） 片付け ☆保育者は一斉に言葉掛け 　それぞれの遊びの状況に合わせて言葉掛けすると、明日に思いがつながるのではないか
9：22	○海賊の地図を作る…じん・たいよう・れい・ごう 「物」「人との関わり」 　　本物の地図を見ながら、保育者に思い思いのことを話す 　　（友達がなんと言っているかはどうでもよい） 自分のイメージの表出↗ 友達への思いの表出↗		◎今日の保育より 　この時期に大切にしたいこと 　「物」……保育者が、そのイメージになれるような、物や場を用意しておくこと 　「行為」…それらしい動きができるようなものの、準備や提示が大切 　※「物」が、子ども同士をつないでいる場面がたくさん見られた
9：30	○中型積み木の海賊船… 　だいごのアイディアで水色マットを敷く 　ごうが宝箱を持って来る 　数人の友達が同じ場で遊んでいるが、保育者はその中の一人のアイディアを取り上げて動くことで、そのことが同じ場の仲間に自然に広がっていく 　　↓ 「物」「行為」「空間」 　　↓ この時間は保育者の動きでイメージが共有される		

C先生が記録から読み取ったこと…担任ではない眼で見ている…「おしまい」が見えている

遊びの姿の視点から

■海賊の地図を作る場面では、本物の地図を見ながら保育者に思い思いのことを話す。友達が言っていることには捉われていない様子。自分のイメージの表出。

■9：50になると、それぞれ遊んでいた場所からバラバラと散り始める。遊びの終わり？　片付けどきだったか。

園長のコメント

◉地図に対して、それぞれが思い付いたことを話している。この時期には自分のイメージを出させていくことが大事なのね。

◉遊び出して40～50分たった頃、遊びが終わり、次の遊びへ興味が向いているわね。この時期には、遊びを無理に継続させようとしなくてもよいのでは。

発達と援助の視点から

◎けいたろうが海賊の宝を取る。けんたが怒る。保育者はけいたろうに仲間に入れてもらうよう促した。援助としてはもう一つ作る方法もあるが、担任としてはけいたろうへの願いがあったのだと思われる。

園長のコメント

◉このトラブルを解決するには、遊びの場をもう一つ作ることもできるけれど、保育者はけんたに、仲間に入るにはどうしたらよいのかを経験させたかったのね。遊びの指導の中に、一人ひとりへの願いをしっかり持つことが大切なのね。

場の設定や物との関わりの視点から

●チョコバナナ屋さん…同じ物を作ることで、同じ店の人としてのつながりを感じている。

●製作コーナーでは、いろいろな廃材を組み合わせることや自分の好きな色を使って絵を描くことを楽しんでいる。自分のやりたいことにじっくり取り組んでいる。

●中型積み木で海賊船を作っているグループの遊びは、保育者が一人の子どものイメージを取り上げて動くと、そのことが同じ場にいる仲間に自然に広がっている。

●「物」が子ども同士をつないでいる場面がたくさん見られた。

園長のコメント

◉夏休みの経験を生かせるようにと、環境にチョコバナナ、焼きトウモロコシなどを置くことで、友達と同じ動きをすることを引き出している。何を環境に置くか、物の持つ意味が大きいのね。

◉チョコバナナ屋さんでは絵の具でチョコを塗る作業をすることで、同じ店の人としてのつながりを感じているのね。

◉海賊船や洞窟のように、遊びの流れに応じて新しい場が設定されると、海賊になりきった動きが引き出されたり、ストーリーが生まれたりしていくのね。

④研究保育終了後の話し合い

○担任が保育を振り返る

- 海賊ごっこは学級の中でイメージを膨らませてきた遊び。運動会で踊る海賊のリズム遊びのときに付ける腕輪を、海賊の仲間の印として使い、「腕輪を付けたら仲間」という子どもたちが作った暗黙のルールが浸透してきて、遊び出しのときに腕輪がきっかけになっている。数日前から、甲板に見立てた巧技台のビームの上で武器を使ってバランスを取りながら戦い、下のマットに落ちないように遊ぶという遊びを楽しんでいた子どももいたが、戦うこと以外にも楽しさを広げていきたいという思いから、今日は巧技台は設定しなかった。女児が多く興味を持って加わってきたことで、遊びの中でいろいろな流れが生まれるようになってきている。今日は空き箱や芯で武器や望遠鏡を作りなりきった動きを楽しんだり、中型積み木で船を作ったり、段ボールの船に乗って遊びの拠点を移動しながら楽しんだりする姿が見られていた。洞窟、中型積み木の海賊船、段ボールの船などの場で、気の合う数名でかたまって遊ぶことを楽しんでいた。
- チョコバナナ屋さんは2・3日前から継続して遊んでいる。ずっとお店屋さんとして遊んでいる子どもを中心に、興味を持った子どもが入れ替わりながら遊ぶ様子が見られている。絵の具とのりを混ぜた物が本物のチョコのようで、素材の面白さがある。

保育を振り返り悩んでいることは以下のこと

- 4歳のこの時期に、新しい素材や、本物らしくするための素材をどこまで出したらよいか？
- 場や物ができた後、遊びが発展するようにどのように援助していったらよいか？
- 強い口調の子どもの意見が通りやすく、思いを出せていない子どももいる。そのようなときにどのように援助したらよいか？
- それぞれの遊びのメンバーが流動的で遊びが続く子どもと、移り変わる子どもがいる。魅力的なことが始まったときや、新しい素材を出したときなど、遊びを進めるには人数が多すぎるのではと思うことがあるが、そのようなときはどのよう調整していったらよいのか？

○対象児について話し合う

【あん】

- あんは遊びのイメージをしっかり持っている。一緒に遊んでいるえみは「ままごとでいいや」と言うが、あんは「プリンセスがいい！」と言い、仕切りを使ってどんどん場をつくっていく。積み木でテーブルを作り、保育室のままごとコーナーからテレビ、ガスコンロを持って来る。
- 次に製作コーナーへ行って、スカートを作り、えみの分も作って来る。
- ひろみが遊びに入ってくると銀行に行ってお金をもらったり、クッキーを買ったり遊びが変化していく。
- あんは遊びの経験が豊かで、何がどこにあるか、よく分かっているので、使いたいときにすぐに使うことができる。
- 遊びの発展に向けて、保育者の適切な援助があった(銀行・クッキー屋さん)。

【ご　う】P.142に記載【さゆり】P.146に記載

○研究テーマのごっこについて話し合う

- 見立てる物が共有になるためには、「物」「場」が必要である。
- 4歳児の遊びを見ると、「おうちごっこ」は相手の動きに応じやすい遊びだと思われる。「海賊ごっこ」は想像力が働き、楽しい遊びである。4歳児は言葉が足りないので、感じる取る力がないとつながらない。そのため、暗黙の了解ができることや雰囲気を楽しむ場が有効であると思われる。
- 思いをつなげていく環境構成が重要である。
- この時期は、友達に気持ちが向いていても、相手から返ってこないこともある。
- 「海賊ごっこ」のように次の遊びのイメージにつながっていくような環境づくりを工夫したい。
- 同じ学年のさくら組の環境は同じなのか、違うのか？→「ポスト」があって手紙のやり取りが行われていたり、「人魚」の遊びが出ている。遊びに沿った環境が必要。
- <場の設定>として、船が動くスペースの確保など、保育者が調整する必要があるかもしれない。
- 4歳児は、遊びが継続しやすい人数というものもあるかもしれない。ごうは今回仲間に入ったが、人数が多すぎるので、別の船を作ってもよいのかもしれない。

(3)学び合う園内研修となるために　山瀬範子

園内研修を通して、保育者間で子ども理解を共有

研修を通して保育者の資質向上を図ることの必要性については、幼稚園教員や保育教諭は学校教育法に、保育士の場合は保育所保育指針に示されています。保育者の研修には、園外で行われるものと園内で行われるものと二つの種類があります。園外研修は、各自治体・保育・教育関連団体・学会・保育業者等が主催して企画されるもので、保育理論・指導法・実技などの内容を講義・実技講習するものが主流となります。それに対して、園内研修とは、日々の保育実践の中から課題を持ち寄って話し合いを行うことを通して保育を見つめ直し、改善を図るものです。ともに保育を行う身近な同僚集団により、毎日の実践を通して実感している課題を検討することができる園内研修は、保育の質の向上に直結する役割を持っています。実際に行われている園内研修の様相は、園によって異なり様々な方法があります。年間テーマを決めて定期的に教職員が集まり、自分の保育実践に基づいて報告し、検討することを研修と呼んでいる園もあれば、保育の前後のちょっとした時間に子どもの様子を伝えたり、遊びの情報を交換したりすることも研修と呼んでいる園もあります。

月島幼稚園での園内研修は、「研究保育を通しての話し合い」を中心に進められています。園内研修では、事前に研究保育担当の担任の提案を基に保育者間で話し合いを行っています。４歳児すみれ組の事例では、担任のまとめた「学級の実態」を基にした仲間の保育者たちとの話し合いを通して、担任とほかの保育者が子どもの姿の見方や捉え方を確認しています。話し合いを通して、担任はこれまで自分が保育の中で実践したことや感じたこと、悩んでいたことなどを整理し、研究保育に向けての環境構成を再考し、自分が行う実践のイメージを明確化していくことができています。同時に仲間の保育者たちは事前の話し合いを通して担任の持つ保育の意図やイメージを共有する

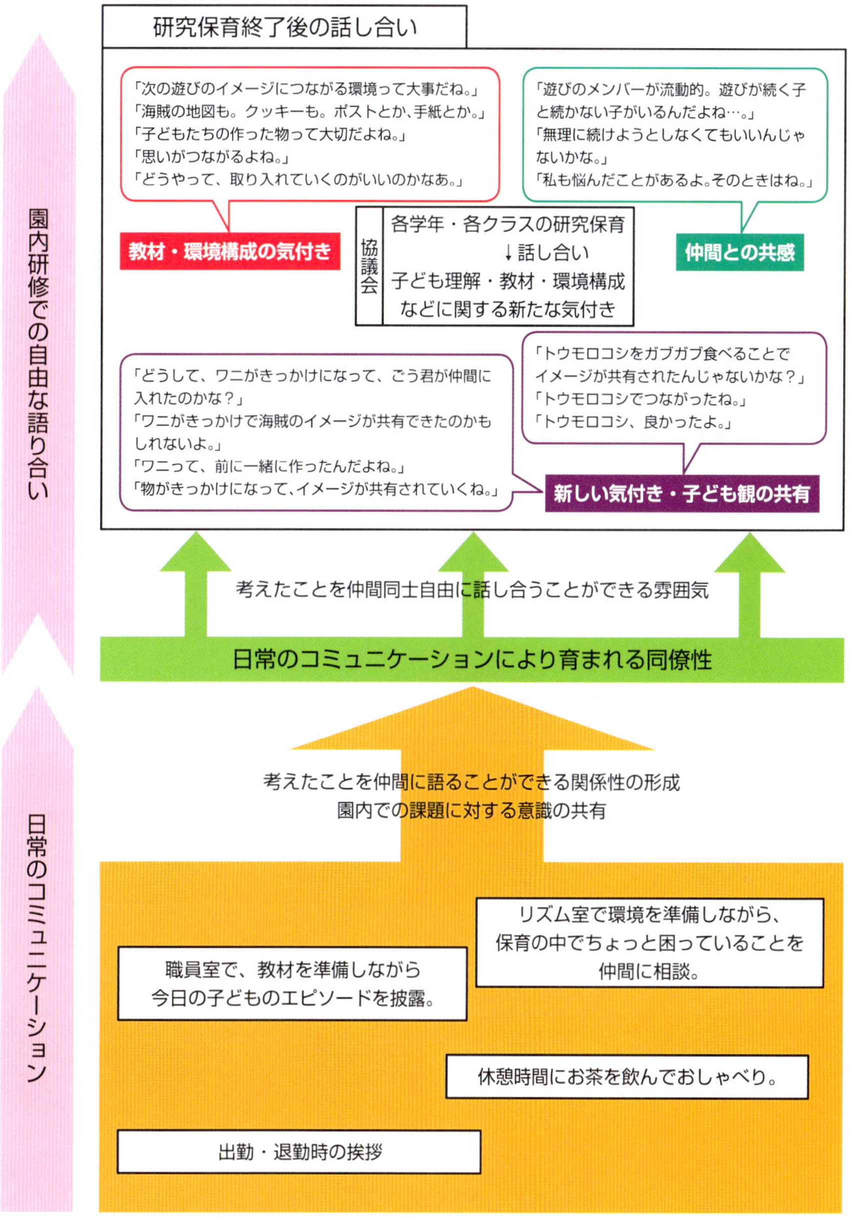

ことができていきます。このように話し合いを元に作成された指導案による研究保育では、共有された意図や課題意識を基に仲間の保育者たちが子どもの様子や保育者の関わりを記録します。研究保育の後、研究協議会では、ほかの保育者が記録とそこから読み取った子どもの姿を自由に語り合うことを通して、担任を始めとする教員集団全員が子どもへの理解を深めていきます。

日常のコミュニケーションから育まれる同僚性

月島幼稚園の教諭たちが行っている園内研修の基盤は、ちょっとした情報交換や親密なコミュニケーションを日常的に図ることにより育まれた同僚性にあります。同僚性とは、保育者同士が互いに支え合い、高め合っていく協働的な関係性のことを示します。支え合い、高め合う関係とは、どのようにして涵養されるのでしょうか。約２年間、月島幼稚園の園内研修に参加し、月島幼稚園の先生方と関わる中で、日常のささやかで温かいコミュニケーションの積み重ねに出会うことがたくさんありました。それらは、保育が終わった後の職員室でのおしゃべりであったり、保育室での教材の準備のときの会話など、どこの幼稚園でも行われている小さなコミュニケーションです。その中で、どの先生も立場や経験年数に関係なく、感じたことは素直に表現し、お互いの素直な表現をありのままに受け止め合っていらっしゃいます。そこには、年齢や立場、経験を超えてお互いを大切に尊重し合う気持ちが感じられ、一人ひとりが仲間として集団の中に確かに位置付けられている肯定感が感じられました。

定期的に園内で開催される研究保育と協議会では、ごっこ遊びをキーワードに保育実践の中から各クラス・各学年の課題を協議会に持ち寄り、話し合いが展開されていきます。協議会までには、担任が子どもの様子や遊びの展開、保育実践を通して気付いたことを同僚と語り合います。語り合うことにより、担任は新しい気付きや発見を得ることができます。園内研修の日は、午前中に研究保育を行い、子どもの様子を記録し、子どもたちの降園後、記録を素早くまとめ、協議会を行います。そこでは、各教諭が記録したこと、気付いたことを自由に語り合います。立場や経験に関係なく自由に話すことができるのは、日頃から同僚性が育まれているからです。

研修というと遊びの方法や指導の方法を知ることや検討することに焦点が当たりがちですが、園内研修として研修を行うことの意味は子どもの姿や子どもの気付きを読み解くことにあります。同じ園でともに保育を行う同僚同士だからこそ、保育について話し合うことを通して子ども理解をより一層深めていくことができるのではないでしょうか。

142頁から152頁には３人の先生それぞれの研究保育の記録とその記録を基にした研究協議会での話し合いの様子がまとめられています。ここから、担任が仲間の先生の記録から子どもの姿について新たな気付きを得て子ども理解を深める様子、保育の中で教材の持つ役割について仲間同士で読み取って環境構成に新たな工夫を取り入れようとする様子を読み取ることができます。話し合いを通して、今までなかった新しい発想を得ることができ、また、子ども理解や教材、環境構成などについて学び合うことができるのです。

月島幼稚園では、ごっこ遊びを中心に検討を行っています。話し合いでは、環境構成や援助の方法、指導の方法が話し合われますが、環境構成にせよ、援助・指導の方法にせよ、そこには、子どもの姿があります。一人ひとりの子ども、集団としての子どもたちへの理解を深めていく中で、ごっこ遊びの環境構成や援助・指導の方法の方向性が見えてくるのです。

Ⅵ

「学びに向かう力」を育むごっこ遊び

『遊びの中での学び』

～「学びの過程」を支える保育者の役割に視点を当てて～

神長美津子

「はじめに」

1. 幼児教育の現状と課題

2. 幼児教育において育みたい資質・能力

3. ３歳児、４歳児、５歳児のそれぞれの「学びの過程」

4. 「ごっこ遊び」の魅力と、それを支える保育実践力

5. ３歳児の楽しみ方、４歳児の楽しみ方、５歳児の楽しみ方がある

6. 場の設定が、ごっこ遊びをつくりだす

7. 場をつくるために必要な物を置く

8. 本物らしい物を作ることでイメージが広がる

9. ストーリーをつなぐ保育者の言葉掛けが鍵

10. 園の施設の特徴を生かした環境

11. ごっこ遊びの指導計画の持つ意味

12. ごっこ遊びを支える保育実践力を付ける園内研修

「おわりに」『幼児期に必要な学びは、全てごっこ遊びの中にある』

遊びの中での学び

～「学びの過程」を支える保育者の役割に視点を当てて～

神長美津子

子どもが真剣に遊ぶ姿は、主体的で対話的な学びの姿であり、
それは深い学びにつながっていきます。
もちろんそのためには、
子どもの「遊びの過程」＝「学びの過程」を支える保育者の役割が重要です。

「はじめに」

中央教育審議会教育課程部会答申「幼稚園、小学校、中学校、高等学校及び特別支援学校の学習指導要領等の改善と必要な方策等について」（平成28年12月21日）（以下「中教審答申」）に、これからの学校教育改革の方向性が示されました。この趣旨を受けて、幼児教育においては、幼稚園教育要領、保育所保育指針、幼保連携型認定こども園教育・保育要領のいずれも、幼児教育の基本は「遊びを通して総合的に指導」であることを確認し、幼児期において育みたい資質・能力の三つの柱や、「幼児期の終わりまでに育ってほしい姿の10項目」を共通に示しています。

今回の月島幼稚園の「ごっこ遊び」についての一連の研究は、まさに幼児教育における「遊びの中での学び」の過程を立証する研究であり、幼児教育の原点を確認するものです。３歳児、４歳児、５歳児の「ごっこ遊び」を楽しむ姿からは、「主体的・対話的で深い学び」となる「学びの過程」とそれを支える保育者の役割を読み取ることができます。

幼児期における遊びの中で学ぶ体験は、子どもたちにとって生きる世界を知る喜びの体験であり、まさに学校教育において育成すべき資質・能力の三つの柱につながる体験です。

ここでは、中教審答申の趣旨を解説するとともに、その視点で月島幼稚園の実践を振り返り、質の高い幼児教育を提供するために園の先生方が取り組んでいることを紹介します。

１．幼児教育の現状と課題

子どもや子育てを取り巻く環境が大きく変化し、現在、幼児教育は様々な課題を抱えています。

その一つは、子どもたちの育ちの問題です。少子化や情報化、都市化などにより、子どもたちの家庭や地域社会における生活が急速に変化する中で、直接的・具体的な生活体験の不足によって子どもたちの育ちが変化してきています。例えば、人間関係においては、兄弟と物を分け合うことや、同年代の子どもと遊ぶ中で順番を待つことなどの体験は、これまでの家庭や地域社会の生活では、知らず知らずのうちに体験してきたことと思いますが、近年では難しく、全く体験せずに入園してくるケースも少なくありません。また、運動体験や自然体験などが極端に少ない子どもたちもいて、発達の個人差が著しいという傾向もあります。まさに、現在は「子どもたちの失われた育ちの機会」から、発達の危機と言える状況が生まれているのです。

こうした状況の中で、幼稚園や保育所、認定こども園などの園生活では、発達の時期に応じて様々な人々と関われる場をつくったり、運動や自然体験などの多様な体験ができるように工夫していますが、家庭や地域社会における子どもを取り巻く環境は一向に改善される様子はありません。恐らく、今後、幼稚園や保育所、認定こども園に対する要求や期待はますます高まると思います。子どもたちの体験を豊かにするために、園内外の人的・物的環境をより積極的に活用し、園生活を工夫することがますます求められます。

二つ目は、平成27年度より子ども・子育て支援新制度が始まり、幼保の壁が低くなってきました。特に今回、幼稚園教育要領、保育所保育指針、幼保連携型認定こども園教育・保育要領の改訂(定)では、幼児教育を共通に考えていくことになっています。もちろん、幼稚園、保育所、認定こども園では、1日の生活の流れや保育時間などの相違、集団生活経験の有無などが異なるので、それぞれの施設において、それぞれの職員組織や体制の中で話し合い、研修を重ねて、より良い教育及び保育の計画を立てて、環境を工夫することが求められています。

三つ目は、これからの学校教育の課題に対する幼児教育としての対応です。次期学習指導要領などの基本的な視点は、社会からの学校教育への期待と学校教育が長年目指してきたものが一致し、これからの時代を生きていくために必要な育むべき資質・能力を、学校と社会が共有し、共に育んでいくことにあります。このため、「高等学校を卒業する段階で身に付けておくべき力は何か」、また、「義務教育を終える段階で身に付けておくべき力は何か」を踏まえて、幼児教育、小学校教育、中学校教育、高等学校教育それぞれの在り方を問うことを求めています。学校教育の始まりである幼児教育においては、幼児教育において育むべき資質・能力を明らかにして、こうした学校教育改革を視野に入れたカリキュラム作成や具体的実践を重ねることが求められています。このことについては、次節「2．幼児教育において育みたい資質・能力」において、詳しく述べています。

いずれにしても、これからの時代においては、子育てを巡る環境は一層複雑になり、発達における危機も深刻化すると思われます。また、女性の社会進出も拡大していくので、人々の幼児教育に対する要求や期待が多様化してくることは確かです。これからの幼稚園や保育所、認定こども園においては、子どもたちの日々、園生活の中で自然や物や人と関わり合う体験や、言葉による伝え合いを通して思考を深めることなどの幼児期としての基礎的な経験を保障する、質の高い幼児教育を提供することが課題です。

改めて「ごっこ遊び」の指導を取り上げた月島幼稚園の研究成果には、幼児教育に向けられたこれらの課題への対応を考えるヒントが詰め込まれています。ここから、これからの幼児教育について学びたいと思っています。

2．幼児教育において育みたい資質・能力

幼児教育に向けられた課題に対応するためには、まず幼児教育において育みたい資質・能力を確認することが必要です。中教審では、幼児教育から高等学校までを通じて育成すべき資質・能力の三つの柱として、「生きて働く『知識・技能』の習得」、「未知の状況にも対応できる『思考力・判断力・表現力』等の育成」、「学びを人生や社会に生かそうとする『学びに向う力・人間性』の涵養」を明確にしています。

これからの学校教育において、こうした資質・能力の三つの柱をベースにする背景には、2030年、現在の小学生が社会人となり、職業を持って働く時代を予測しています。時代の変化は著しく、10年前は当たり前に使っていたのに今ではもう使えないという物がたくさんあります。ですから、今後の10年後、20年後を予測することは難しいと思いますが、確実なことは、社会や人々の生活が変わることで、産業構造が変化し、現在の職業として当たり前にあるものが変化していく、あるいは無くなっているかもしれないということなのです。未来の予測に関する調査によれば、2030年には大学卒業の65％の人が現在存在しない職業に就くという予想も出ています。こうした状況を踏まえて、学校教育で子どもたちに何を身に付けていけばよいかを考えていかなければなりません。今、一生懸命に学習していることが、必ずしも生かされるとは限らないのです。不透明な時代に、子どもたちが自分の人生をたくましく切り開いていく力を身に付けていくことが求められているのです。

中教審答申は、子どもたちに育みたい資質・能力として、「生きて働く『知識・技能』の習得」、「未知の状況にも対応できる『思考力・判断力・表現力』等の育成」、「学びを人生や社会に生かそうとする『学びに向う力・人間

性』の涵養」の三つの柱を挙げ、各学校園では、それらを軸にして、社会に開かれた教育課程を編成することと述べています。

図1は、こうした次期学習指導要領等改訂の方向性を示しています。学びの成果として、生きて働く「知識・技能」の習得、未知の状況にも対応できる「思考力・判断力・表現力」等の育成、学びを人生や社会に生かそうとする「学びに向う力・人間性」の涵養を得ていくためには、「何を学ぶか」とともに、「どのように学ぶか」が重要であり、「主体的・対話的で深い学び」の視点から学習過程の改善を行うことが必要であることを示しています。また、これからの学校教育では、カリキュラム・マネジメントを実現させていくことも指摘しています。

資質・能力の三つの柱は、小学校以上の教育では、教科などの教育を通して育まれますが、幼児教育では、幼児期の特性から、遊びを通して総合的な指導の中で、感性を働かせて良さや美しさを感じ取ったり、不思議さに気付いたりして、できるようになったことを使いながら、試したり、いろいろな方法を工夫したりすることなどを通じて育まれます。具体的には、①遊びや生活の中で、豊かな体験を通じて、感じたり、気付いたり、分かったり、できるようになったりする「知識や技能の基礎」、②気付いたことやできるようになったことなども使いながら、考えたり、試したり、工夫したり、表現したりする「思考力・判断力・表現力等の基礎」、

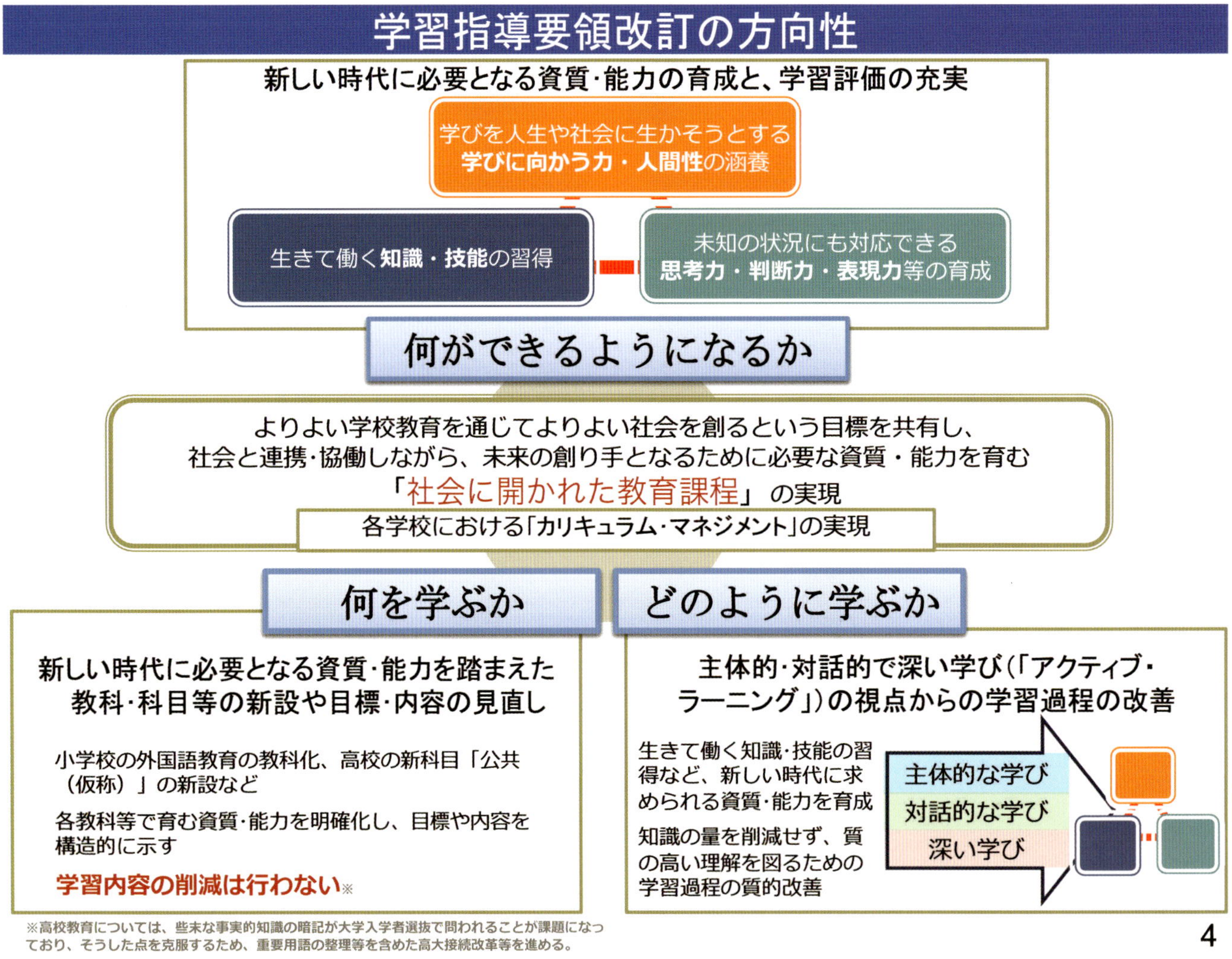

図1　次期学習指導要領等改訂の方向性（出典：中教審答申補足資料より抜粋）

③心情・意欲・態度が育つ中で、よりよい生活をつくりだそうとする「学びに向う力、人間性等」です。図2は、幼児教育において育みたい資質・能力を表しています。

幼児教育において育みたい資質・能力は、遊びを通しての総合的な指導を展開する中で育まれていきます。これらの資質・能力は、新たに設定されるわけではありません。現行の幼稚園教育要領の5領域の枠組みにおいても育んできたものであり、その枠組みで引き続き育んでいくことは可能です。5領域のねらいや内容について、子どもの生活に沿ってバランス良く組織しながら指導計画を立て、遊びを通しての総合的な指導を展開することは、これまで通りです。

むしろ、確実にその子どもの力(資質・能力)となっていくためには、「遊びの中での学び」をより強化することが必要です。遊びを通しての総合的な指導の結果、子どもの中に資質・能力の三つの柱が育つことが期待されています。もしも、これらの資質・能力について具体的に読み取ることができないとしたら、これまでの指導過程を見直すことが必要です。必要に応じて教育課程の評価・改善をしていくことも求められます。つまり、資質・能力を問うということは、「何を学ぶか」「どのように学ぶか」「何ができるようになるか」を問うことであるので、常に教育課程の実施状況を見ながら指導過程を見直す、カリキュラム・マネジメントを実現していくことが必要なのです。

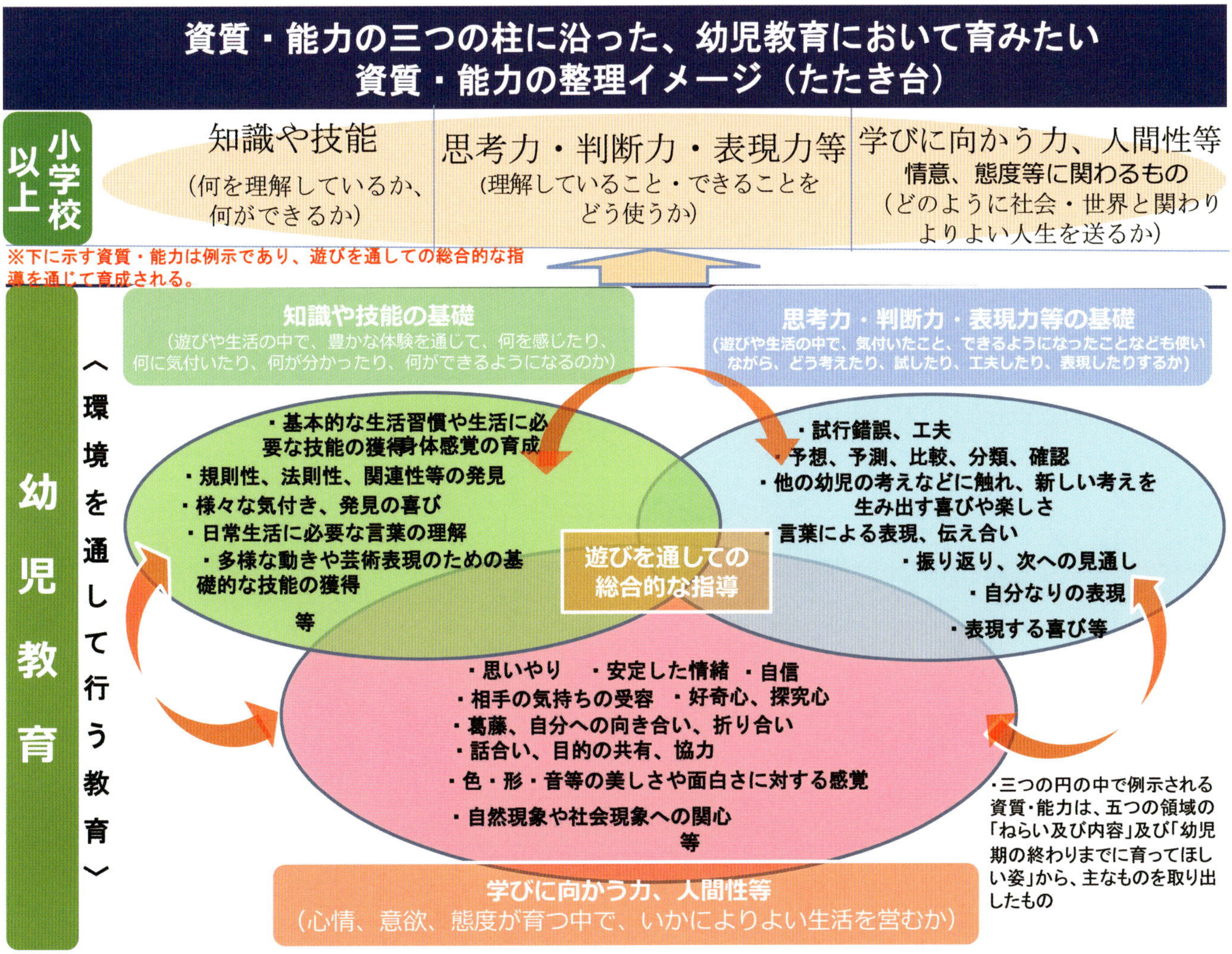

資質・能力の三つの柱に沿った、幼児教育において育みたい
資質・能力の整理イメージ（たたき台）
小学校以上
知識や技能
(何を理解しているか、何ができるか)
思考力・判断力・表現力等
(理解していること・できることをどう使うか)
学びに向かう力、人間性等
情意、態度等に関わるもの
(どのように社会・世界と関わりよりよい人生を送るか)
※下に示す資質・能力は例示であり、遊びを通しての総合的な指導を通じて育成される。
幼児教育
〈環境を通して行う教育〉
知識や技能の基礎
(遊びや生活の中で、豊かな体験を通じて、何を感じたり、何に気付いたり、何が分かったり、何ができるようになるのか)
思考力・判断力・表現力等の基礎
(遊びや生活の中で、気付いたこと、できるようになったことなども使いながら、どう考えたり、試したり、工夫したり、表現したりするか)
・基本的な生活習慣や生活に必要な技能の獲得・身体感覚の育成
・規則性、法則性、関連性等の発見
・様々な気付き、発見の喜び
・日常生活に必要な言葉の理解
・多様な動きや芸術表現のための基礎的な技能の獲得
等
・試行錯誤、工夫
・予想、予測、比較、分類、確認
・他の幼児の考えなどに触れ、新しい考えを生み出す喜びや楽しさ
・言葉による表現、伝え合い
・振り返り、次への見通し
・自分なりの表現
・表現する喜び等
遊びを通しての総合的な指導
・思いやり ・安定した情緒 ・自信
・相手の気持ちの受容 ・好奇心、探究心
・葛藤、自分への向き合い、折り合い
・話合い、目的の共有、協力
・色・形・音等の美しさや面白さに対する感覚
・自然現象や社会現象への関心
等
学びに向かう力、人間性等
(心情、意欲、態度が育つ中で、いかによりよい生活を営むか)
・三つの円の中で例示される資質・能力は、五つの領域の「ねらい及び内容」及び「幼児期の終わりまでに育ってほしい姿」から、主なものを取り出したもの

図2 幼児教育において育みたい資質・能力の三つの柱(出典：中教審答申補足資料より抜粋)

このため、幼児教育における評価の在り方についての再確認が必要です。幼児教育における評価は、子ども一人ひとりの良さや可能性を捉えていくことを基本とします。ただし、５歳児の修了時には、「幼児期の終わりまでに育ってほしい姿の10項目」を踏まえた視点を加えることが必要となります。「健康な心と身体」「自立心」「協同性」「道徳性・規範意識の芽生え」「社会生活との関わり」「思考力の芽生え」「自然との関わり・生命尊重」「数量・図形、文字等への関心・感覚」「言葉による伝え合い」「豊かな感性と表現」です。その際、ほかの子どもとの比較や、一定の基準に照らして評定していくものではないことに留意するのは、もちろんです。

今後、幼稚園、保育所、認定こども園のいずれの就学前の教育・保育施設でも、質の高い幼児教育を提供していくことが求められます。このため、これら幼児期に育みたい資質・能力に沿って保育内容の改善・充実を図ることについては、幼稚園教育要領のみならず、保育所保育指針と幼保連携型認定こども園教育・保育要領でも同様に考えています。

３．３歳児、４歳児、５歳児のそれぞれの「学びの過程」

資質・能力の三つの柱を育むためには、「主体的・対話的で深い学び」の視点からの不断の指導過程の改善を重ねることが不可欠です。幼児教育では、自発的な活動としての遊びを中心とした指導を実践しているので、指導過程は遊びを創出して発展・深化していく過程と置き換えることができます。

今回の月島幼稚園のごっこ遊びの視点からの指導の充実を図った一連の研究は、まさに「遊びの中での学び」に視点を当てた「学びの過程」の見直しにほかならないと考えています。月島幼稚園では、３歳児、４歳児、５歳児それぞれの発達の時期ごとに、遊びの姿と環境の構成と保育者の援助を捉え、子どもの習得・活用・探究という「学びの過程」を明らかにしています。

例えば、幼稚園生活１年目３歳児の遊びの姿には、子どもが環境の中から偶然に見付けた物(素材)を何かに見立てたりして遊びが生まれ、その物(素材)の面白さに触れたり、イメージを湧かしたりして繰り返して遊びを楽しみ、満足感に浸るという遊びの過程を見ることができます。保育者は、あらかじめ子どもが出会う環境やそこから生み出される活動を予測していますが、遊びの始まりは偶然の出会いから生まれることも少なくありません。いずれにしても、子どもにとって意味を持つ環境との関わりになるように、保育者による一人ひとりに応じたきめ細かな対応が求められます。保育者の役割は、偶然性を生かしながら遊びの過程を支えていくことになります。確かに３歳児の遊びの姿には、偶然生まれたり遊びが広がったりしていますが、その背景には、保育者が、その時々の子ども一人ひとりが実現したいと思っていることに焦点を当てた、場の確保や材料の準備があることは見逃せません。子どもが物や人に偶然出会ったことを生かして、教育の場としていく工夫があります。

幼稚園生活２年目４歳児になると、環境の中から選択的に遊具や用具を使いながらイメージを持って遊び出し、繰り返して遊ぶ中でさらにそのイメージは膨らみ、遊びに没頭して充実感に浸るという遊びの過程が見られます。環境との関わりの中で、子どもなりに「○○したい」という思いがより鮮明になってきて、「繰り返し関わる」という行為に結び付いています。当然、仲間関係ができてきたこの時期では、一緒に遊ぶ友達の存在は見逃せません。一緒に遊ぶ友達がいるからこそ遊びのイメージが広がったり、また反対に友達のイメージとのすれ違いを体験するからこそ、遊びのイメージや自分が実現したいと思っていることがより鮮明になったりする子どもの姿が見られます。

４歳児の場合、必ずしも初めからイメージができているわけではありません。すみれ組の海賊ごっこは、海賊が地図を手掛かりにして宝探しに行くというストーリーで展開しています。それは初めからできていたわけではなく、「なんとなく繰り返している海賊ごっこ」に対して、一つの転機になることを願って、保育者は「海賊からの贈り物」として地図を話題にしています。子どもの遊びの傍らにいて、子ども同士の遊びのイメージを支える保育者の関わりがあります。保育者の役割は、子どもたちが遊びの中で出会う様々な困難に応じて、より主体的に行動できるように、物的・空間的な環境を構成したり、友達との関係を調整したりして、より遊びのイメージが共有できる状況づくりをしていることです。

そして、幼稚園生活３年目５歳児の特に後半になると、遊具・素材・用具や場の選択などから遊びが創出され、やがて楽しさや面白さを追求し、試行錯誤などを行う中で、遊びへ没頭し、遊びが終わる段階でそれまでの遊びを振り返るという遊びの過程をも見ることができます。遊びの中で、物事を追求していく面白さを体験することからその姿勢や態度が培われ、さらに「振り返る」という行為から自らが追及していることを「自覚化」することができるようになっていきます。

わくわくランドでの５歳児たちの様子を見ていると、作っている一つ一つに対していかに思いが込められているかに驚きます。目的を持って、それに沿って材料を選択し、行動しています。そこに至るまでの試行錯誤が半端ではありません。従って、試行錯誤しながら作り上げたときの満足感や充実感は相当です。わくわくランドの入り口の所にあった「びっくりハウス」の鍵の閉まり方についてもいろいろ工夫しています。５歳児なりに、お客さんである小さい子どもたちがびっくりするかということを予測して仕掛けを作っているのです。上から入れる屋根をどうするかということについて、グループで知恵を絞っています。恐怖に陥れてはいけないので、加減をしながらやっていこうとする姿もあります。「こういうことを実現するためにはどうしたらいいか」「やってみたけどうまくいかない」さらに「こうやれば、もっとうまくいくかもしれない」と、友達や先生と一緒に目的に向かって知恵を絞り集中して取り組んでいます。ここで培われる思考力や粘り強く最後まで目的に向かっていく力(資質・能力)は本物です。保育者の役割は、物的・空間的環境を構成することはもちろんですが、子どもが自ら判断して選ぶという、５歳児の主体的な行動を支え、最後までやり抜くことにより自信を持つようにして自立を促がすことです。

このような５歳児後半の「学びの過程」を見ていると、まさに小学校１年生の「主体的・対話的で深い学び」の姿と重なってきます。試行錯誤して目的実現に向かう姿は、「学びに向かう力」そのものであると思います。

月島幼稚園の園内研修に参加させていただき、私が、「５歳児の活動もやはりごっこ遊びなの？」と先生方に素朴に伺ったことがあります。先生方は、「ごっこです」と、きっぱりと返してくださったことを印象深く覚えています。私の意図としては、小学校との円滑な接続を考えたときの、「ごっこ遊び」が「協同的な活動」になっていく過程を示した方が良いので、「あえて、ごっこ遊びと言わなくても」という思いがありました。今振り返ってみると、月島幼稚園の先生方にとっては、「ごっこ遊び」であり、自由感が保障されているごっこ遊びだからこそ、子どもたちが夢中になり、集中して遊ぶことを主張していたと思います。まだまだ、淡い目的意識ですから、こうして集中して遊ぶ気分の中で培われていく資質・能力こそ、本物であると確信します。

４．「ごっこ遊び」の魅力と、それを支える保育実践力

幼児期の子どもたちにとって「ごっこ遊び」は、自分の思いを表現しながら、物や人と関わり、自分の世界を広げていくことができる、自由感にあふれた魅力ある遊びです。一方、保育者の視点では、ごっこ遊びを通して、言葉や人間関係、環境との関わりや表現などのねらいを総合的に指導することができます。「ごっこ遊び」は幼児期の子どもの重要な学習活動です。しかし、ごっこ遊びほど指導の難しさを痛感する場面はないと思います。

幼児教育には、いろんな指導場面があります。みんなで一緒に活動する場面もあれば、一人ひとりがそれぞれの思いを持って好きなように活動する場面もあります。ごっこ遊びはどちらかと言うと、好きなように活動する場面ですが、子どもたち一人ひとりの遊びの姿から、実現したいと思っていることを引き出しながら、子ども同士の関わりをつくり、遊びのイメージを共有化するための援助が求められます。「子どもの主体性と指導の意図性のほどよいバランス」という言葉に尽きるのですが、その「ほどよいバランス」は非常に難

しいです。子どもの主体性に任せておくと、いつの間にか遊びが終わってしまいますし、だからと言って、保育者が仲立ちをしたり遊びやすい場をつくりすぎたりしても、遊びは終わってしまいます。

月島幼稚園でのごっこ遊びの指導では、この「ほどよいバランスを」どのように整えているのでしょうか。月島幼稚園で得た、保育実践力の向上につながる興味深い内容の幾つかを紹介します。

5．３歳児の楽しみ方、４歳児の楽しみ方、５歳児の楽しみ方がある

ごっこ遊びは、３歳児でも、４歳児でも、５歳児でも楽しみますが、その楽しみ方は、それぞれの発達の時期によって異なります。

３歳児は、身近な人々の生活を再現し、自分が「何かになりきる」ことを楽しんでいます。おうちごっこに始まり、アイスクリーム屋、お餅屋、クッキー屋などなど、次々と家や店ができてきて、それぞれがなりたいものになって楽しんでいます。また、興味や関心があれば、ちょっとしたモノを身に付けるだけで、空想の世界に入り込み、何かになりきることができることも、特徴の一つです。新聞紙を細く長く丸めた棒の先に、ひらひらの紙テープを付けただけで、それは妖精のステッキとなり、そこから妖精ごっこが始まるのです。ただし、一見同じ遊びを展開していても、その時々に見える子どもの世界は異なっていることに留意しなければなりません。恐らく、子どもが見ている世界にいかに近づくことができるかが、保育実践力として求められます。

３歳児の後半から４歳児になると、遊びの中にストーリー性ができてきます。保育者には、遊びの中から生まれてくるストーリーを感じながら、子どもたちの体験と体験をつないでいく関わりが必要です。例えば、４歳児の海賊ごっこでは、地図などの海賊になるためのグッズを作っている中で、子どもたちはストーリーを作っていく様子がありました。そのきっかけは、保育者の「海賊からの贈り物」がスタートにあります。「海賊からの贈り物？」「地図？」という話題から、子どもたちはストーリーを編み出します。お話の世界のように展開をしていくようなストーリーというよりは、ある設定の下で繰り広げられるストーリーであり、いつもの同じような繰り返しを楽しんでいます。ただし、ストーリー（設定）があるからこそ、友達とイメージを共有し海賊ごっこが楽しくなるのです。

５歳児では、ごっこ遊びが、次第に目的を持った協同的な遊びになってきます。特に５歳児後半では、遠足などの共通体験から遊びのイメージが生まれたり、小さい組を招待することから劇ごっこが始まったりして、継続的な協同的な活動が展開します。遊びを継続するためには、遊びを振り返る機会を持つことが必要です。振り返ることで、次の日の活動に期待を持つことができるようになり、目的を自覚して遊びに取り組むことが可能になっていくのです。

6．場の設定が、ごっこ遊びをつくりだす

月島幼稚園のごっこ遊びの指導計画は、「物との関わり」と「場の設定」があり、子ども同士の関わりと保育者の関わりも含め「人との関わり」という三つの視点を提案しています。もちろん、「物との関わり」も「人との関わり」も大事ですが、場をどうつくるかによってごっこ遊びは左右され、ごっこ遊びの中では大きな要因となります。

子どもたちのごっこ遊びを見ていると、「いつも、ここでよく遊ぶ場」をうまく活用しています。３歳児の遊びを見ていると、お店屋さんが保育室の真ん中を挟んで両側にできて、互いに見合えるような状況をつくっています。

一見すると「よく遊んでいる」だけですが、実は、場の設定がすごく左右しているのです。多分、それぞれのクラスで「よくここで遊んでいる」と気付いたり、「こんなふうにして遊ぶ」と決めたりして先生と子どもで意味付け、遊びの蓄積ができ、それを基に、場の設定をしていくのだと思います。それは保育者が一方的に設定していくわけではありません。子どもたちの遊びや動きの様子を見て、その場の意味付けを理解して設定していきます。４歳児のショーごっこでは、いつも

舞台の斜め前に出番を待つ子どもが、客席からの視線を遮らないためにしゃがんでいました。そこは、「舞台の袖」のつもりでしょう。舞台の動きが分かる、それでいて客席からの視線を遮らない場所を、子どもたちが見付けたのです。そこで、その場を「舞台の袖」という設定で囲いをしました。ごっこ遊びの指導では、保育者と子どもで場をどう意味付けて、設定していくかが重要なのです。

7．場をつくるために必要な物を置く

ごっこ遊びの必須アイテムは、子どもが場をつくる物を多様に置くことです。月島幼稚園の実践の写真を見ていると、牛乳パックで作った蛇腹のつい立て、低い長机、看板などなど、子どもが使いやすい物が多様にあることに気付きます。３歳児のごっこ遊びで、売ったり買ったりを楽しむようになると、看板の中に入ると自然に売る人になり、外に出て買う人になったりもします。看板という「仕切り」が重要で、それによって自分の役割を見付けているのです。一人で二役を楽しむ子どもにとっては、看板があるということが魅力的な環境なのです。

もちろん、ごっこ遊びに対するイメージが膨らんでくると、こういう役をやりたいからこういう場をつくるというようになり、子どもが選択的に選ぶことが多くなります。同じおうちごっこでも、家の作り方が、今までは誰でも入れる囲いでしたが、少し仲間関係ができてくると変化します。保育室の壁を背にしながら落ち着けるような場をつくり、結構同じ仲間で繰り返して遊びます。もちろん、後から入ってくる子どももいますが、「ごめんください」と言って、玄関らしき所から入ってきます。

それは、どちらがいいかというよりは、そこでどういう遊びをしたいかによって場をつくっていくわけです。子どもは、ここにつくったけれども、この子どもたちが固定化した中で遊びを楽しみたいのであれば、ちょっと寄せてあげて、人通りの激しい所に置くのではなく、壁際に寄せていくことで、必要な場の設定になっていきます。

8．本物らしい物を作ることでイメージが広がる

ごっこ遊びに夢中になっていくきっかけは、やはり「本物らしい物を作りたい」という子どもの思いを実現させてくれる素材や材料があることです。ピザ屋さんのお店には、本当に食べたくなるようなピザの材料(毛糸や色紙など)が置かれていました。子どもたちのトッピングも慣れたものでした。ごっこ遊びは、子どもたちの生活の再現に始まります。再現する世界の中で、現実の束縛を超えて子どもたちは自由に生きることができ、イメージが広がるのです。

４歳児クラスでは、おすし屋さんも面白い展開をしていました。本物らしい「ノリ巻き」がはやっていて、みんなでおすしを買いに行っていました。ふと見ると、隣で海賊ごっこをしていた海賊も、ノリ巻きを作って食べていました。「本物みたいなノリ巻き」という、わくわくさせてしまう物があるので、つい楽しくなり、自然に遊びが広がっていき、新たなストーリーが生まれてくるのだと思います。

その意味では、保育室の環境に、どんな物(材料、遊具、用具、素材など)をどれだけ置くか、どこに置くかが重要です。遊びの楽しみ方を考えると、それは、各年齢に応じた選択、置き方、出すタイミングがあると思います。

9．ストーリーをつなぐ保育者の言葉掛けが鍵

場があるのでストーリーができている、保育者がきっかけでできてくるし、また、そこの中で起こる出来事、先ほどの海賊ごっこでの、「ワニを持って来たら仲間に入れてやるよ」というのもすごいなと思いましたが、そこからストーリーができそうだというわくわく感があります。

「ワニ？　面白いな」というようなことがあって始まるのですが、でも、４歳児だから、ワニを持って来ただけで仲良く遊べるわけではありません。そこの中で、「そうなんだね」とか、「何々っていうことなんだね」という、いわゆるストーリーをつないでいくような保育者の言葉掛け、イメージとイメージが共有されるような言葉掛けがあるわけです。

ごっこが豊かになるとか、ごっこが楽しくなるというのは、もちろん子どもたちに遊ぶ力があるからですが、遊ぶ力を付けていく繰り返しの中で、保育者がいろいろな素材を提供できるか、いろんなアイデアを提供できるか、ストーリーや役割が編み出せるかというのは大きいと思います。

10. 園の施設の特徴を生かした環境

ごっこ遊びの環境、特に場のつくり方については、自分の「引き出し」をたくさん持つことが必要です。「そう言えば、去年の５歳児はここでこんなことをやっていた」など、それぞれの園での遊びの姿を思い起こして、当時の子どもが活動していた姿からヒントを得ることも結構あります。例えば、月島幼稚園の５歳児は、廊下の突き当たりの所で、美容室ごっこをしていました。「廊下の突き当たり」という場は、遊びが継続するために必要な空間です。つまり、保育室をメインとするなら、廊下の突き当たりは、美容室の人、あるいは美容室に来る客が、目的を持って出掛けて来る場所です。片付けの時間は片付けをしますが、次の日、また同じような遊びが展開します。場が確保されることで、目的の継続が確保されているのです。仲間関係ができて、目的がはっきりしていると、遊びが継続していくためにはどこにつくるのかを考える必要があります。その際、園の施設の特徴を生かしたつくり方をすることも大切です。

11. ごっこ遊びの指導計画の持つ意味

ごっこ遊びは、どの園でも見られます。子どもたちは長期間にわたってごっこを楽しみ、その中で確かに育っていきます。ただし、確実に、毎年育ちを保障しているかと聞かれると、すんなり答えられない所もあります。おうちごっこもお店屋さんも必ずやっていますが、繰り返し遊んでは消えて、４歳児、５歳児ぐらいになると「いつの間にかままごとをやらなくなった」というくらい日常的なので、「育ちの保障」という視点で見てはいないのだと思います。

今回の月島幼稚園の指導計画を読んでいて、どのような場を設定し、どのような手立てをしていくと、どのような子どもの姿が見られるのか、さらにそこではどのようなことが指導のポイントとなるのかが書かれています。今までなかなか文字として表れていない保育者の役割が書かれているので、それぞれの発達の時期における「育ちの保障」についても、自信を持って答えることができます。

３歳児、４歳児、５歳児と、見通しを持って取り組むことで、幼児期に育みたい資質・能力をしっかり育てることができると確信します。その意味では、改めて「ごっこの持つ教育的な意味」と、それを支える保育者の指導力を学ぶことができます。

12. ごっこ遊びを支える保育実践力を付ける園内研修

月島幼稚園の園内研修に参加するたびに、子ども理解、保育の進め方、教材の選択や環境の構成、園内研修の進め方などについて、改めて気付かされることが多々ありました。

保育について話し合う園内研修は、保育者の保育実践力を磨く場です。月島幼稚園では、研究保育を通して、互いの子ども理解や保育についての見方・考え方を交流し、共有していました。研究保育で実際に保育をするときは、保育を担当する保育者(担任)以外の同僚が、一人ひとりの子どもの姿を分担して記録を取っています。保育終了後の話し合いでは、記録を基に「なぜ、そうしたのか」「その後子どもがこんな言葉を言っていた」などなど、話し合いが始まります。一人の子どもについて複数の保育者が記録を取るので、情報交換ができます。同じ場で、異なる視点から見ている子どもの姿についての意見交換は興味深いです。私自身も、ほかの保育者が話を聞いていて、「なるほど」とふに落ちたことが何度もあります。こうした日頃からの話し合いの中で、子ども理解が深まり、保育実践力が付いていくのだと思います。つくづく、深い子ども理解と環境の工夫の上に、「子どもの主体性と保育者の意図性とのほどよいバランス」を取ることができるのだと思いました。

「おわりに」

『幼児期に必要な学びは、全てごっこ遊びの中にある』

折しも中教審の議論に参加するときと重なり、まさしくこれからの幼児教育を考えるときでもありました。不思議とごっこ遊びで育つものと中教審の議論につながるものがありました。子どもたちは、ごっこ遊びの中で、言葉や人間関係、環境との関わりや表現など、様々なことを学んでいます。「幼児期に必要な学びは、全てごっこ遊びの中にある」と言っても過言ではありません。例えば、遊びに必要な物を作る中で、いろんな物に対する感覚が豊かになっています。「これはこんなふうに使える」とか、「こういうふうに使うと面白い」とか、頭でイメージしたことを自分の手で作り出す中で、イメージしたり自己決定したり確認したり、子どもたちはいろんなことを体験しています。そういう時間や場を保障していくというのが、まさにごっこ遊びです。

月島幼稚園の保育を参観したある方が、「月島幼稚園の子どもたちは、遊びのプロフェッショナル」と、言っていました。確かに、「本当にプライドを持ってクレープ屋さんをやっている」「わくわくランドの中の一つの遊具を動かしている」「工夫してお化け屋敷を作っている」と、遊び込んでいます。ただし、月島幼稚園の実践の背景には、それを支える保育者の子どもたちの生活や発達を見通す力と保育実践力があることを見逃してはなりません。ベースには、幼児教育を担う保育者としての保育実践力があるからこそ、子どもたちは遊び込むことができ、「遊びのプロフェッショナル」と言われるのです。

この本の元になった園内研修

研修テーマ

豊かに表現する幼児の育成を目指して

～ごっこ遊びの指導の工夫～

ご指導いただいた先生

國學院大學教授・中央教育審議会委員　神長美津子　先生

國學院大學准教授　山瀬範子　先生

月島幼稚園（平成27年度当時研修に携わった教職員）

園　　長	岩城眞佐子	保育補助員	菅波　明子
副 園 長	眞家　順子	保育補助員	竹田　陽子
主任教諭	田代　綾子	保育補助員	浅見　誠子
教　　諭	浦木　智子	保育補助員	野原　千裕
教　　諭	上野今日子	保育補助員	秋元　智江
教　　諭	大澤　志織	保育補助員	山﨑ゆう子
教　　諭	若林　芽	保育補助員	松永　聖子
教　　諭	望月　絵里	保育補助員	中村　美栄
幼稚園講師	見明英美子	主　　事	横張　京子
保育補助員	岡　尚子	主　　事	熊倉　敬介

平成26年度

教　　諭	菱田　佳奈
主　　事	君島百合子

参考・引用文献

中央教育審議会　「教育課程企画特別部会　論点整理」 2015年８月

中央教育審議会　「幼稚園、小学校、中学校、高等学校及び特別支援学校の学習指導要領等の改善及び必要な方策等について」 2016年12月

西久保礼造　著　『保育実践用語辞典』 ぎょうせい　1981年

八木紘一郎　編著　『ごっこ遊びの探究―生活保育の創造をめざして―』 新読書社　1998年

中心メンバーからのひと言

子どもたちが遊びの中で何を楽しみ学んでいるかを、いかに読み取れるかで、今回学んだ視点の援助を生かしていくことができるのではないかと感じました。子どもの心に寄り添う感性、磨き続けていきたいです。

副園長 **眞家　順子**

ごっこ遊びは、知れば知るほど奥深く、子どもにとって大きな価値のある遊びだと分かりました。子どもたちの心の動きを読み取り、共に“楽しみながら”遊びを支えていく保育者であるよう心掛けます。

主任教諭 **田代　綾子**

研究保育や事例検討を繰り返し行う中で、幼児理解や援助について具体的な子どもの姿を通して学ぶことができました。これからも学び続ける姿勢を持ち続けていきたいと思います。

浦木　智子

この研究を通じて、子どもの遊びを物や場や人との関わりという三つの視点で考察していったことで、保育を振り返り、子どもの遊びに必要なことは何かを深く考えることができました。

上野　今日子

子どもの楽しんでいることを捉え、遊びが楽しくなるような援助だけでなく、一人ひとりに応じた援助をしていくことの大切さを学びました。これからも試しながら援助を考えていきたいです。

大澤　志織

自分自身、ごっこ遊びが楽しくなりました。援助のポイントが少しずつ分かるようになり、「こうしてみようかな」と、保育に応用して考えることができるようになりました。

若林　芽

子どもが自由に遊ぶ姿を温かく「見守る」という保育者の援助や、言葉掛け一つ一つの大切さを知ることができました。僅か半年ほどでしたが、新米の私にとって大きな糧となる研究になりました。

望月　絵里

子どもたちが、どのようなことに興味を持ち、楽しさを感じているかを知り、発達に合った援助をすることの大切さが分かりました。2年の研究を通して学び得たことは、大きな財産です。

見明　英美子

お名前と所属は、平成27年度現在のものです。

監修・編著●神長美津子（かみなが　みつこ）

國學院大學　人間開発学部　子ども支援学科　教授
宇都宮大学教育学部附属幼稚園において20年間勤務。
その後、文部省初等中等教育局幼稚園課（後に幼児教育課）教科調査官。
平成17年より東京成徳大学にて保育者養成に携わり、平成25年より現職。
平成20年改訂の幼稚園教育要領解説書の作成協力者。幼保連携型認定こども園教育・保育要領の検討委員。
現在は、中央教育審議会教育課程部会教育課程企画特別部会委員、幼児教育部会委員（副主査）。

主な著書

「保育のレベルアップ講座」（ひかりのくに）
「保育の基本と環境の構成」（ひかりのくに）
「（子ども社会シリーズ2）幼児教育の世界」（学文社）
「はじめよう幼稚園・保育所『小学校との連携』―実践事例集―」（フレーベル館）
「専門職としての保育者」（光生館）

編著●岩城眞佐子（いわき　まさこ）

東京都 中央区立月島幼稚園長（平成24年4月～）
全国国公立幼稚園・こども園長会会長（平成26年6月～平成28年6月）

- 昭和52年4月　世田谷区立松丘（まつがおか）幼稚園教諭として採用。
- その後、大田区立志茂田（しもだ）幼稚園、大田区立松仙（しょうせん）幼稚園で教諭を務める。
- 平成12年4月　中央区立有馬（ありま）幼稚園教頭に昇任。
- 平成16年4月　中央区立月島第二幼稚園園長に昇任。
- 平成18年4月　中央区立月島第一幼稚園園長に着任。
- 平成21年4月　中央区立豊海（とよみ）幼稚園園長に着任。
- 平成24年4月　中央区立月島幼稚園園長に着任。現在に至る。

協力・執筆●山瀬範子（やませ　のりこ）

Ⅲ章・部分執筆／Ⅳ章・P.153～154まとめ執筆

國學院大學　人間開発学部　子ども支援学科　准教授
九州大学大学院人間環境学府発達・社会システム専攻教育学コース博士課程単位取得後満期退学　修士（教育学）
九州工業大学工学部非常勤講師、四国大学短期大学部幼児教育保育科専任講師を経て、現職。

STAFF

本文デザイン／永井一嘉
本文イラスト／たかぎ*のぶこ
編集担当／安藤憲志
校正／永井一嘉・永井裕美

幼児教育・保育の アクティブ・ラーニング
3・4・5歳児の ごっこ遊び

2017年3月　初版発行
2021年3月　第6版発行
監修・編著　神長美津子
編著　岩城眞佐子
発行人　岡本　功
発行所　ひかりのくに株式会社

〒543-0001　大阪市天王寺区上本町3-2-14　郵便振替 00920-2-118855　TEL.06-6768-1155
〒175-0082　東京都板橋区高島平6-1-1　郵便振替 00150-0-30666　TEL.03-3979-3112
ホームページアドレス　https://www.hikarinokuni.co.jp

印刷所　凸版印刷株式会社

©Mitsuko Kaminaga , Masako Iwaki 2017
乱丁、落丁はお取り替えいたします。

Printed in Japan
ISBN　978-4-564-60888-9　C3037
NDC376　168p 26 × 21 ㎝

本書のコピー、スキャン、デジタル化等の無断複製は著作権法上での例外を除き禁じられています。本書を代行業者等の第三者に依頼してスキャンやデジタル化することは、たとえ個人や家庭内の利用であっても著作権法上認められておりません。